일잘러의

노션 100% 활용법 개정판

내 업무와 일상생활에 딱 맞는
나만의 노션 템플릿 만들기

일잘러의 노션 100% 활용법 개정판

내 업무와 일상생활에 딱 맞는
나만의 노션 템플릿 만들기

지은이 제레미 강

펴낸이 박찬규 엮은이 윤가희, 전이주 디자인 북누리 표지디자인 아로와 & 아로와나

펴낸곳 위키북스 전화 031-955-3658, 3659 팩스 031-955-3660

주소 경기도 파주시 문발로 115 세종출판벤처타운 311호

가격 18,000 페이지 320 책규격 175 x 235mm

초판 발행 2022년 09월 20일

ISBN 979-11-5839-368-7 (13000)

등록번호 제406-2006-000036호 등록일자 2006년 05월 19일

홈페이지 wikibook.co.kr 전자우편 wikibook@wikibook.co.kr

일잘러의
노션 100% 활용법

내 업무와 일상생활에 딱 맞는 나만의 노션 템플릿 만들기

제레미 강 지음

개정판

위키북스

필자는 NGO 활동가로 전 세계의 소외된 이웃을 돕기 위해 모금 활동, 프로젝트 계획, 모니터링, 평가 등의 활동을 합니다. 프로젝트 매니저로 해외 국제개발 협력사업을 담당하고 있으며 필리핀, 베트남, 우간다에서 국제개발 협력사업에 참여했습니다. 지금도 NGO 활동가로 국내외 소외된 이웃들을 돌보기 위해 노력하고 있습니다.

해외 국제개발현장에서 근무할 때 효율적인 프로젝트 관리를 위해 직원과의 소통이 매우 중요함을 뼈저리게 느꼈습니다. 하지만 현장에서는 한국 직원과 현지 직원이 같이 근무하는 환경이고, 사용하는 언어도 다르고 업무 문화도 다르기에 어려움이 많았습니다.

프로젝트 관리를 위해 다양한 도구와 방법을 연구하고 현장에 적용하려고 시도했지만 결국 실패했습니다. 하지만 결과적으로 실패가 좋은 자양분이 되었습니다. 그리고 그 자양분이 노션을 만나서 꽃을 피웠습니다. 노션을 배우고 활용하면서 업무 소통을 할 수 있는 창구를 만들었고 협업을 위한 환경을 구축했습니다. 서류 관리와 일정 관리도 노션을 활용해 프로젝트 파트너와의 소통도 수월해졌습니다. 노션으로 프로젝트를 관리한 경험을 바탕으로 '노션으로 일잘러 되기 프로젝트'를 연재했습니다.

노션은 업무와 일상생활을 정리할 수 있는 생산성 앱입니다. 노션은 블록을 생성해 업무 환경과 일상생활에 필요한 템플릿을 만들어 활용할 수 있습니다. 이것이 노션의 가장 큰 장점이면서 단점이기도 합니다. 노션은 빈 도화지에 그림을 그리는 것과 비슷합니다. 도화지에 나의 개성을 살려 그림을 잘 그리는 사람이 있고, 어떤 그림을 그려야 할지 몰라서 그림을 그리는 것조차 시도하지 못 하는 사람도 있습니다. 따라서 이 책은 노션 초보자가 노션 템플릿을 제작할 수 있는 원리와 노션 활용 노하우를 배울 수 있게 집필했습니다.

노션을 활용해 프로젝트와 업무를 수월하게 관리하고 일상생활에 필요한 정보와 자료를 정리해 일잘러가 되시기 바랍니다.

2021년 3월

제레미 강

제레미 강

NGO 프로젝트 매니저로 전 세계의 소외된 이웃을 돕기 위한 국제개발협력 사업을 진행하고 있습니다. 국제개발협력은 국제사회가 직면한 문제를 해결하고 빈부의 격차를 줄여 인간의 기본권을 지키기 위한 국제사회의 협력을 의미합니다. 이런 목표를 달성하기 위해 사업 기획, 모금, 프로젝트 운영, 모니터링, 평가 등을 실시하고 있습니다.

필리핀, 베트남, 방글라데시, 우간다, 몽골 등의 다양한 국가에서 국제개발협력 사업에 참여하면서 국내외 다양한 사람들을 만나고 소통하고 프로젝트를 운영하는 노하우를 습득하였습니다. 이런 경험을 바탕으로 노션을 활용하여 프로젝트의 복잡한 업무를 체계적으로 분류하고 효율적으로 운영할 수 있게 되었습니다. 노션 활용 노하우를 블로그에 연재하며 노션으로 프로젝트를 관리하는 방법과 업무 생산성 향상 비법을 공유하고 있습니다.

1.1. 정리 끝판왕 노션

노션은 노트 필기, 문서 작성, 일정 관리 등 일상생활과 업무를 정리할 수 있는 올인원 생산성 앱입니다. 노션이 내세우는 개념은 '작성, 계획, 협업을 모두 할 수 있는 올인원 워크스페이스(All-in-one workspace)'입니다. 노션에서 문서를 작성하고 계획을 세우고 협업하고 정리하는 모든 것이 가능합니다. 한마디로 노션은 모든 것을 정리할 수 있는 '정리 끝판왕' 앱입니다. 그럼, 노션이 왜 정리 끝판왕인지 살펴보겠습니다.

1.1.1. 나의 일상생활과 업무를 정리할 수 있는 노션

일상생활이나 업무를 체계적으로 관리하고 정리하려고 다이어리나 스마트폰 앱을 사용해본 적 있으신가요? 그러면 다이어리나 앱을 사용하실 때 편리하셨나요? 혹시 일정이나 업무를 정리하는 게 불편해서 사용을 그만두셨나요?

많은 분이 연초가 되면 새해를 알차게 보낼 계획을 세우고 일정이나 계획을 다이어리나 스마트폰 앱으로 정리합니다. 하지만 한두 달이 지나면 다이어리에 관심을 두지 않게 되고 앱을 실행하지 않습니다. 왜 그럴까요? 자신에게 맞지 않는 다이어리나 앱을 사용하는 것이 주요 원인입니다.

하지만 노션을 사용하게 되면 그런 문제를 해결할 수 있습니다. 노션은 커스터마이징이 가능하기 때문입니다. 내 마음대로 페이지를 만들 수 있고 블록을 만들 수 있으며 편집할 수 있습니다. 나에게 유용한 노션 템플릿을 만들 수 있습니다. 이제는 나에게 맞지 않는 다이어리나 스마트폰 앱을 사용하지 않아도 됩니다. 예를 들어 일정 위주로 정리하고 싶으면 캘린더를 두세 개 만들어 프로젝트별, 주제별로 일정을 정리할 수 있습니다. 할 일 목록 위주로 정리하고 싶다면 체크 리스트를 만들어 업무를 정리할 수 있습니다. 이처럼 자신의 성향에 맞춰 정리할 수 있게 도와주는 도구가 바로 노션입니다.

1.1.2. 정리의 끝판왕 노션을 사용해야 하는 이유

노션이 정리 끝판왕이라면 다음과 같은 질문이 생깁니다.

정리 끝판왕 노션을 사용해야 하는 이유는 뭘까요? 노션으로 나의 일상생활이나 업무를 정리하면 무엇이 달라질까요?

노션을 우리의 일상과 업무에 사용해야 하는 이유는 다음과 같습니다.

첫째, 우리의 직장생활은 끊임없는 정리의 연속입니다. 아침에 출근해서 오늘 하루의 일정을 정리합니다. 오전에 있을 회의를 준비하기 위해 지난주에 있었던 사업을 정리해서 보고서를 만듭니다. 회의가 끝나면 회의에서 나왔던 논의사항을 정리하여 회의록으로 만듭니다. 그렇게 오후 시간이 되면 사업의 진행 상황을 확인하고 정리해 업무일지에 기록하게 됩니다. 퇴근하기 전에는 빠뜨린 업무가 없는지 확인하며 하루를 정리하고 마무리합니다.

위의 사례처럼 직장생활은 정리의 연속입니다. 업무를 정리하지 않는다면 서류가 뒤죽박죽 섞이게 됩니다. 업무 관련 자료와 보고서는 어디에 두었는지 찾기가 힘듭니다. 회의를 준비하기도 쉽지가 않습니다. 무질서 속에서 일은 열심히 하지만 일의 성과는 높지 않습니다. 결과적으로 동료에게 인정을 받지 못합니다.

둘째, 노션은 나의 일상을 관리하고 보좌합니다. 바쁜 현대인들에게는 하루 24시간이 부족합니다. 회사의 업무와 각종 모임과 취미 활동 등으로 바쁜 하루를 보내고 있어, 한 치의 실수도 허용되지 않습니다. 노션을 사용하면 일정이나 계획을 관리해야 하는 부담감이 줄어듭니다. 정해진 일정에 맞춰 알람이 울리고 저장해 둔 정보를 확인할 수 있습니다.

셋째, 일상생활과 업무가 정리되어 시간이 절약되므로 가용시간을 늘릴 수 있습니다. 바쁜 일상이 정리되었기에 무언가를 찾느라고 분주할 필요가 없습니다. 혼돈의 책상과 정리되지 않은 서류 속에서 필요한 정보를 찾으려고 시간을 낭비할 필요가 없습니다. 주어진 시간에 효율적으로 일할 수 있습니다.

1.1.3. 나를 발전시키는 노션

노션으로 일상생활과 직장생활에 관련된 모든 정리를 했다면, 이제는 우리가 한 단계 성숙하고 발전할 준비가 된 것입니다. 진정한 자기계발은 정리에서부터 시작됩니다. 주위를 한번 둘러보세요. 내 책상, 옷장, 서류철, 컴퓨터는 잘 정리되어 있습니까? '그거 어디에 있더라? 여기에 있었는데?'라며 무질서 속에서 무언가를 찾으려고 하지 마십시오. 대신 정리된 노션으로 자기발전에 더 힘을 쓰십시오.

반대로 정리가 되지 않으면 우리의 생산성은 떨어지게 됩니다. 우리는 누구나 하루 24시간의 삶을 살아가고 있습니다. 1분 1초가 아까운 시간에 무언가에 집중하여 우리를 발전시켜야 합니다. 하지만 정리되지 않는 일상과 업무는 비포장도로를 달리는 차와 같습니다. 차가 성능이 좋아도 도로에 돌이 많고 땅바닥이 파인 부분이 있다면 제 속도를 낼 수 없습니다. 정리가 그만큼 중요한 것입니다.

정리의 끝판왕 노션을 사용하기 시작했다면, 이제는 진정한 자기계발의 길로 들어선 것입니다. 노션을 통해 더욱더 성장할 수 있는 계기를 만들어 보세요.

1.2. 노션의 특징

노션은 개인의 일상생활부터 협업까지 다양하게 사용할 수 있는 생산성 도구입니다. 노션은 올인원을 추구하며, 모든 업무를 노션에서 가능하게 만들고 있습니다. 코로나 19 시대에 재택근무와 원격근무 환경이 필요한 회사와 직장인들이 노션에 주목하기 시작했습니다. 노션의 특징은 블록 기능과 강력한 데이터베이스 기능과 관계형 속성입니다. 또한, 구글 드라이브, PDF 등의 임베드 기능을 제공하고 있습니다. 편집이 가능하며 활용도 높은 템플릿은 개발자나 프로젝트 매니저 사이에서 인정받고 있습니다. 결국 줌(Zoom)과 함께 실리콘 밸리가 인정하는 기업으로 성장하게 되었습니다. 결국, 노션은 시대의 흐름에 편승하여 많은 사용자가 사랑하는 생산성 앱이 되었습니다.

그렇다면 사람들은 왜 노션에 주목하게 되었을까요? 바로 노션이 가지고 있는 특징 때문입니다. 노션에는 다섯 가지 주요한 특징이 있습니다.

첫째, 마음대로 만들고 편집할 수 있는 블록이 있습니다. 노션은 백지에서부터 시작됩니다. 아무것도 없는 흰 도화지에 그림을 그리는 것과 같은 작업에서 그림의 재료가 되는 것이 바로 블록입니다. 그림을 그린 사람의 취향에 따라 그림이 그려지듯이, 노션 사용자의 취향에 따라 블록을 사용할 수 있습니다. 블록을 활용해 자신이 원하는 템플릿을 만들 수 있습니다.

둘째, 데이터베이스를 표, 갤러리, 타임라인 등의 다양한 보기로 활용할 수 있습니다. 하나의 메인 데이터베이스만 입력하면 손쉽게 다양한 보기 모드로 사용할 수 있고 템플릿이나 다른 프로그램에 자료를 이동시키지 않아도 되어 업무의 효율성을 높일 수 있습니다. 또한 필요할 때마다 보기 모드를 바꿔 사용할 수 있습니다.

셋째, 다른 사람에게 노션 페이지를 공유할 수 있습니다. 업무 템플릿을 만들어 동료들과 공유할 수 있습니다. 학생들은 수업 노트를 만들어서 친구들과 공유할 수 있습니다. 일정 관리 템플릿을 만들어서 가족 간의 일정을 공유할 수 있습니다. 친구나 동호회 회원들은 정보 공유를 위한 노션 페이지를 만들어서 공유할 수 있습니다. 노션으로 인터넷으로 연결되는 모든 사람과 정보를 공유할 수 있는 것이 특징입니다.

넷째, 노션은 윈도우, 안드로이드, iOS 등 다양한 운영 체제에서 사용할 수 있으며 실시간으로 동기화가 이뤄집니다. 사무실에서 컴퓨터로 노션을 사용하고 출장이나 외부 업무 중에는 스마트폰으로 노션을 이용할 수 있습니다.

다섯째, 다양한 임베드 기능을 제공합니다. 그동안 업무에 필요한 자료나 데이터는 에버노트나 구글 드라이브와 같은 클라우드 서비스를 이용했습니다. 하지만 임베드 기능을 활용하면 트위터, 구글 맵, 깃허브 지스트(Github Gist), PDF 등을 노션에서 보관하고 관리할 수 있습니다. 협업에 사용하는 다양한 문서나 정보를 공유할 수 있습니다.

1.3. 노션 가입하기

노션을 사용하려면 먼저 회원가입을 해야 합니다.

1.3.1. 회원가입 페이지

노션 회원가입을 위해 노션 웹사이트(https://www.notion.so/)에 접속합니다. 노션 홈페이지 오른쪽 상단의 'Notion 무료 체험' 버튼을 클릭합니다(그림 1.1). 그러면 그림 1.2와 같은 회원 가입 페이지가 나옵니다. 회원가입은 구글 계정, 애플 계정, 이메일의 3가지 방법으로 가입할 수 있습니다.

그림 1.1 노션 홈페이지

그림 1.2 3가지 회원가입 방법

구글 계정으로 가입하기

안드로이드 폰 또는 구글 계정 이용자는 'Google로 계속하기'를 클릭합니다. 안내에 따라 로그인 창에 구글 계정을 입력하고 비밀번호를 입력하면 노션 계정이 생성됩니다. 회원가입을 완료하면 앞으로 구글 계정으로 로그인할 수 있습니다.

애플 계정으로 가입하기

아이폰, 아이패드 사용자는 애플 계정으로 회원가입을 할 수 있습니다. 로그인 페이지에서 'Apple로 계속'을 클릭하면 애플 페이지로 이동하게 됩니다. 안내에 따라 애플 아이디와 비밀번호를 입력하면 노션 계정이 생성됩니다. 앞으로 애플 계정으로 로그인할 수 있습니다.

이메일 주소로 가입하기

구글 계정이나 애플 계정이 아닌 다른 이메일 계정으로 가입할 수 있습니다. '이메일 주소를 입력하세요' 창에 이메일을 입력하면 다음과 같은 문구가 나옵니다.

"이 이메일 주소와 연결된 계정을 찾을 수 없습니다. 해당 이메일로 임시 비밀번호를 전송하였습니다. 받은 메일함을 확인해 보세요."

입력한 이메일로 이동하면 노션에서 보낸 이메일이 있습니다. 이메일에서 임시 등록 코드를 확인합니다. 임시 등록 코드를 복사해서 회원가입창에 붙여넣으면 회원가입이 완료됩니다.

그림 1.3 이메일로 받은 등록 코드 확인하기

1.3.2. 프로필 설정

노션 계정을 만들고 가장 먼저 할 일은 프로필 설정입니다. 프로필 설정은 아래와 같이 진행합니다.

01. **사진 추가** 버튼을 누르고 프로필 사진을 선택합니다.

02. **이름**을 입력합니다.

03. **비밀번호 설정**란에 비밀번호를 입력합니다.(이메일로 회원가입한 경우)

04. **계속** 버튼을 누르면 프로필이 완성됩니다.

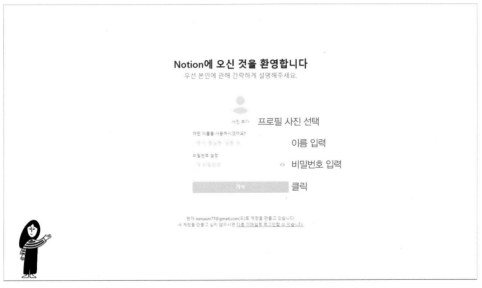

그림 1.4 프로필 설정 페이지

1.3.3. 용도 설정

노션을 개인용으로 사용할지 팀에서 사용할지 결정해야 합니다. 프로필 설정 이후 노션의 용도를 물어보는 페이지가 나옵니다. 개인적인 용도로 사용하면 **개인용**을 체크하고 **Notion으로 이동** 버튼을 클릭합니다. 노션 설정이 완료되고 시작 페이지로 이동합니다.

그림 1.5 노션 사용 용도 확인하기

팀에서 노션을 사용할 계획이면 **팀용**을 선택합니다. 팀용은 무료로 사용할 수 있지만 생성할 수 있는 블록은 1,000개로 제한됩니다. **계속** 버튼을 클릭합니다. 팀은 개인과 다르게 팀 워크스페이스에는 워크스페이스의 이름을 입력하고 회사 규모와 팀 유형을 선택할 수 있습니다.

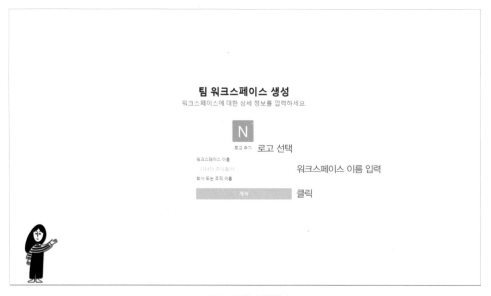

그림 1.6 팀용 선택하기

01. **로고 추가**를 클릭하고 데스크톱에서 회사 로고를 선택합니다.

02. **워크스페이스 이름**에는 회사 이름을 입력합니다.

팀 워크스페이스 설정을 마치면 팀원을 초대하는 페이지가 나옵니다. 팀원을 초대하는 방법은 두 가지입니다. 첫 번째 방법으로 **링크 복사**를 클릭해 팀원들에게 SNS로 공유 링크를 전달할 수 있습니다. 두 번째는 초대하기 옵션 창에 이메일을 입력하는 방법입니다. 만약, 초대해야 할 팀원이 3명 이상이라면 옵션 창 하단에 '+ 사용자를 추가하거나 여러 명을 한 번에 초대하세요.'를 클릭하세요. 바뀐 옵션창에 팀원들의 이메일 입력하고 쉼표, 띄어쓰기, 줄 바꿈으로 구분하면 3명 이상의 팀원을 한 번 초대할 수 있습니다. 이메일 주소 입력을 완료했으면 아래의 **초대하고 Notion 접속하기** 버튼을 클릭합니다. 팀용 페이지 설정이 모두 끝났습니다.

> 처음 노션을 사용하면 메뉴가 영어로 나올 수도 있습니다. 노션에서 사용하는 언어를 한글로 변경하고 싶
> 다면 이 책의 15쪽 언어와 지역을 참고해주세요. 이 책에서는 한국어를 기준으로 설명합니다.

1.3.4. 멀티 계정 로그인

노션에는 멀티 계정 로그인 기능이 있어 2개 이상의 계정을 바꿔가며 사용할 수 있습니다. 예를 들어, 개인용 계정을 사용하다가 회사용 계정으로 전환할 수 있습니다. 멀티 계정 로그인은 다음과 같이 설정합니다.

그림 1.7 멀티 계정 로그인

01. 왼쪽 사이드바 상단에 있는 프로필을 클릭합니다.

02. 다른 계정 추가를 클릭합니다.

03. 계정 추가 화면에서 멀티 계정을 로그인합니다.

멀티 계정 로그인이 완료되었으면 왼쪽 상단 사이드바에서 확인할 수 있습니다. 멀티 계정은 로그인한 순서대로 배치됩니다. 멀티 계정 위치 변경이 안 되니 주 계정을 로그인하고 부 계정을 추가하세요.

1.4. 노션 데스크톱 프로그램 및 스마트폰 앱 설치

노션 계정에 가입을 했으면 컴퓨터, 태블릿, 스마트폰에 노션 프로그램을 설치할 차례입니다. 노션에서 지원하는 OS는 윈도우, 안드로이드, iOS입니다. 다양한 운영 체제에서 사용할 수 있다는 것이 노션의 장점입니다. 예를 들어, 윈도우와 맥에서 작성을 하고 스마트폰으로 확인할 수 있습니다. 각 운영 체제에서 노션 프로그램을 설치하는 방법을 알아보겠습니다.

1.4.1. 윈도우와 맥용 프로그램 설치하기

윈도우와 맥 운영 체제의 경우에는 브라우저에서 사용하는 방법과 프로그램을 설치해 사용하는 방법이 있습니다. 노션 다운로드 사이트(https://www.notion.so/ko-kr/desktop)에 접속합니다. 페이지 중간에 있는 'Mac 용 다운로드'나 'Windows용 다운로드'를 클릭하면 운영 체제에 맞는 노션 프로그램을 내려받을 수 있습니다.

맥 운영 체재용으로는 Intel 프로세서를 탑재한 Mac용과 Apple M1을 탑재한 Mac용 두 가지 버전을 지원합니다. Windows용 다운로드를 클릭하면 윈도우용 프로그램이 다운로드 됩니다. 자신의 운영 체제에 맞는 노션 프로그램을 내려받으세요.

1.4.2. 안드로이드와 iOS 앱 설치하기

안드로이드와 iOS 앱은 구글 플레이 스토어나 애플 앱 스토어에서 다운로드할 수 있습니다. 안드로이드의 크롬 브라우저나 iOS의 사파리 브라우저로 https://www.notion.so/ko-kr/mobile에 방문하면 **Play Store** 버튼과 **App Store** 버튼이 나옵니다. 버튼을 클릭하면 노션 모바일 앱을 다운로드 할 수 있습니다.

그림 1.8 웹 브라우저에서 플레이 스토어와 앱 스토어로 이동하기(왼쪽: 크롬, 오른쪽: 사파리)

1.5. 화면 구성과 기본 구성요소 소개

노션 메인 화면 레이아웃은 왼쪽의 사이드바와 오른쪽의 메인 페이지로 구성됩니다. 왼쪽 사이드바에서는 노션을 설정하고 페이지와 휴지통 등을 관리합니다. 오른쪽 메인 페이지에는 블록을 삽입하고 데이터베이스를 만들고 텍스트를 입력합니다.

그림 1.9 노션 화면 구성과 기본 구성요소

먼저 왼쪽 사이드바의 구성부터 살펴보겠습니다. 왼쪽 사이드바는 세 부분으로 나눌 수 있습니다. 상단에는 프로필과 제어판이 있습니다. 가운데에는 즐겨찾기, 워크스페이스 또는 공유된 페이지, 개인 페이지가 있습니다. 즐겨찾기는 메뉴에서 즐겨찾기를 클릭하면 생성됩니다. 워크스페이스는 팀별 요금제를 사용할 경우 자동으로 생성됩니다. 공유된 페이지는 개인 요금제에서 다른 사용자를 게스트로 초대하면 생성됩니다. 개인 페이지는 즐겨찾기, 워크스페이스, 공유된 페이지를 만들 경우에 자동으로 생성됩니다. 하단에는 템플릿, 다른 프로그램에서 데이터 가져오기, 휴지통이 있습니다.

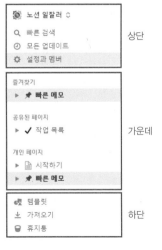

그림 1.10 왼쪽 사이드바 메뉴 구성

1.5.1. 왼쪽 사이드바

왼쪽 사이드바 상단 - 빠른 검색, 모든 업데이트, 설정과 멤버

상단 제어판에는 빠른 검색, 모든 업데이트, 설정과 멤버의 3개 메뉴가 있습니다.

빠른 검색

빠른 검색을 클릭하면 검색창이 열립니다. 검색창에는 검색어를 검색할 수 있고 최근에 방문한 페이지로 바로 이동할 수 있습니다.

모든 업데이트

알림 옵션 창에서 노션의 모든 알림이나 페이지 수정 내용 등을 확인할 수 있습니다. 표시되는 내용은 크게 다섯 가지입니다.

01. 페이지에 사용자가 언급되었을 때

02. 사람 속성으로 데이터베이스에서 언급되었을 때

03. 사용자가 생성한 페이지에 댓글이 달렸을 때

04. 페이지에 초대되었을 때

05. 팔로우하는 페이지에 변경 사항이 있을 때

설정과 멤버

노션 계정 정보, 알림 설정, 언어와 지역 설정, 요금제 정보, 계정 삭제 등의 정보를 설정할 수 있습니다. 팀 평가판 요금제에서 사용할 수 있는 무료 블록 수는 왼쪽 하단에서 확인할 수 있습니다.

그림 1.11 설정과 멤버

설정과 멤버 페이지에는 11개의 탭이 있습니다.

01. 탭 상단에 있는 **내 계정**은 프로필 변경, 비밀번호 변경, 모든 기기에서 로그아웃 등을 할 수 있습니다. **위험 구역**에 있는 **내 계정 삭제** 버튼을 클릭하면 노션 계정이 완전히 삭제되며, 한번 삭제된 계정은 복구할 수 없습니다. 노션 계정을 삭제할 때만 사용하세요.

그림 1.12 계정 삭제

02. 내 알림과 설정 탭에서는 알림의 옵션과 설정을 변경할 수 있습니다. 푸시 알림, 이메일이 필요하다면 알림을 켜기로 설정하세요. **모바일 푸시 알림**을 설정하면 스마트폰 노션 앱에서 알림이 옵니다. **데스크 톱 푸시 알림**을 설정하면 왼쪽 사이드바에 있는 **모든 업데이트**에서 알람 표시가 나옵니다. **이메일 알림**을 설정하면 계정 이메일로 알림이 갑니다. **항상 이메일 알림 전송**을 하면 노션을 사용하면서 업데이트된 내용이 전부 이메일로 전송됩니다. 또한 **테마**를 라이트 모드나 다크 모드로 변경할 수 있습니다. **다크 모드**는 노션의 하얀색 배경을 검은색 배경으로 바꾸어주는 기능입니다. 다크 모드는 어두운 환경이나 밤에 사용할 때도 필요한 기능입니다. 때로는 페이지를 이쁘게 꾸밀 때 사용하거나 시력 보호 차원에서 사용합니다. 테마 외에 **시작 페이지**와 **쿠키 설정**도 할 수 있습니다.

03. 연결된 앱 탭에서는 구글 드라이브, 깃허브, 지라, 슬랙, 아산나, 트렐로, 에버노트 등의 데이터베이스를 노션으로 가져올 수 있습니다. 데이터베이스를 가져오려면 원하는 프로그램의 **연결**을 클릭하고 로그인합니다. 해당 계정의 승인을 얻으면 프로그램에 있는 데이터베이스를 노션으로 옮길 수 있습니다.
에버노트를 예로 들어 데이터를 옮겨오는 방법을 설명하겠습니다. 에버노트 하단에 있는 **연결**을 클릭하세요. 에버노트 로그인 창에 나옵니다. 로그인을 하면 노션이 에버노트의 계정을 접근할 수 있도록 요청하는 페이지가 열립니다. 승인 기간은 1일, 1주, 30일, 1년으로 선택할 수 있습니다.

04. 언어와 지역 탭은 언어를 한국어와 영어로 선택할 수 있습니다. 노션은 2020년 8월 한국어 서비스를 정식으로 시작했습니다. 한국 사용자는 한국어로 노션을 사용할 수 있습니다. 영어를 사용하고 싶다면 영어로 선택하실 수 있고, 일본어와 프랑스어도 선택할 수 있습니다. 또한 캘린더에서 한 주의 시작을 월요일로 설정할 수 있습니다.

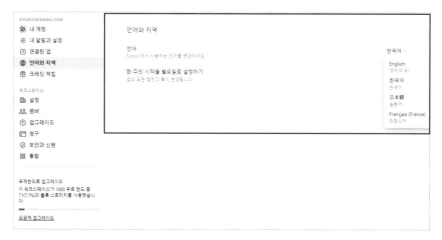

그림 1.13 언어 선택과 캘린더 선택

05. 크레딧 적립 탭에서 요금제 업그레이드에 필요한 크레딧을 적립할 수 있습니다. 크레딧 적립 방법을 확인하고 시도해보세요.

그림 1.14 크레딧 잔액과 적립 방법

06. 워크스페이스 설정 탭에는 3가지 기능이 있습니다.

첫째는 워크스페이스 이름, 아이콘, 도메인 주소를 수정하거나 변경할 수 있습니다.

둘째는 콘텐츠 내보내기 기능입니다. 콘텐츠를 PDF, HTML, Markdown & CSV의 형태로 보낼 수 있습니다. 그리고 기업 요금제 사용자의 경우 워크스페이스에 있는 멤버들을 CSV 파일로 내보내기 할 수 있고, 콘텐츠 PDF 파일을 다운로드할 수 있습니다.

셋째로, 현재 작업을 하고 있는 워크스페이스를 삭제할 수 있습니다. **위험 구역 – 워크스페이스 삭제**는 현재 작업을 하고 있는 워크스페이스를 삭제하는 것입니다. 계정을 완전히 삭제하는 것은 아닙니다. 하지만 작업을 하던 소중한 자료가 삭제될 수 있으니 주의해야 합니다. **워크스페이스 삭제** 버튼을 클릭하면 삭제 옵션 창이 나옵니다. 옵션 창에 워크스페이스의 이름을 입력하고 **워크스페이스 영구 삭제** 버튼을 클릭하면 워크 스페이스가 삭제됩니다.

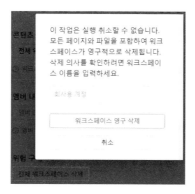

그림 1.15 워크스페이스 삭제

07. 멤버 탭에서는 팀원이나 멤버를 추가할 수 있습니다. 하지만 팀원을 추가하려면 팀 요금제를 사용해야 합니다. 팀에서 노션을 사용할 경우에는 요금제를 먼저 업그레이드한 다음 팀원을 추가해 보세요. 팀 평가판 요금제에서는 블록이 1,000개로 제한됩니다.

08. 업그레이드 탭에서는 개인, 개인 프로, 팀, 기업의 요금제를 확인할 수 있습니다. 개인 요금제를 비교해 보겠습니다. 개인 무료 요금제는 페이지와 블록을 무제한으로 생성할 수 있습니다. 하지만 초대할 수 있는 게스트는 5명에 불과하며 파일 업로드도 5MB만 가능합니다. 개인 프로 요금제는 게스트를 무제한으로 초대할 수 있으며 파일도 무제한 용량으로 업로드할 수 있습니다. 개인 프로 요금제는 연간 결제 시 월 4달러, 매달 결제 시 5달러입니다.

팀과 기업용 요금제는 개인 요금제보다는 더 많은 기능을 제공합니다. 팀원들이 작업할 수 있는 '공동 워크스페이스'를 제공합니다. 이 외에 개인보다는 권한과 보안 면에서 더 많은 지원을 받을 수 있습니다. 팀 요금제는 멤버 1인당 연간 결제 시 월 8달러, 매달 결제 시 10달러입니다. 기업 요금제는 멤버 연간 결제 시 1인당 20달러, 매달 결제 시 25달러입니다. 기업 요금제를 고민하고 있다면 노션의 영업팀에 문의를 해서 도움을 받아 보세요.

09. 청구 탭은 유료 요금제의 결제 정보를 확인할 수 있습니다. 갱신 날짜도 확인할 수 있습니다. 다음 요금 결제 날짜를 확인해보세요.

10. 보안 및 신원 탭은 기업용 요금제를 사용하는 사용자를 위한 페이지입니다. 기업에서 사용할 때 보안을 강화하는 옵션입니다.

11. API 통합은 노션에서 사용하는 API를 통합 관리할 수 있습니다. API는 Application Programming Interface의 약자로 구글 드라이브나 슬랙과 같은 프로그램과 노션이 상호작용할 수 있도록 하는 인터페이스입니다. API를 활용하면 구글 캘린더에 작성한 내용이 노션 데이터베이스에 자동으로 기록됩니

다. API를 사용하려면 자피어(Zapier.com)나 오토메이트(automate.io) 등에 방문해서 상호작용할 수 있는 프로그램으로 무엇이 있는지 확인하고, API로 서비스를 활용하여 데이터베이스를 연동하면 됩니다.

그림 1.16 API 통합

왼쪽 사이드바 가운데 – 즐겨찾기, 워크스페이스, 개인/공유된 페이지

왼쪽 사이드바의 가운데는 크게 즐겨찾기, 워크스페이스, 개인 페이지, 공유된 페이지로 나눌 수 있습니다. 용도에 따라 노션 페이지를 구별하고 사용할 수 있습니다.

즐겨찾기

즐겨찾기는 워크스페이스와 개인 페이지에서 필요한 페이지만 모아주는 기능입니다. 노션 페이지의 상단 오른쪽에 보면 **즐겨찾기**(⭐)가 있습니다. **즐겨찾기**를 클릭하면 왼쪽 사이드바 가운데에 **즐겨찾기**가 생성되고 즐겨찾기를 누른 페이지를 모아서 볼 수 있습니다. **워크스페이스**나 **개인 페이지**에 있는 페이지는 모두 즐겨찾기로 선택할 수 있습니다.

워크스페이스

워크스페이스는 처음 노션 설정을 할 때 팀용으로 만들면 생성되는 페이지입니다. 노션 초기 설정에서 팀용 페이지를 만들지 않았다면 워크스페이스는 만들어지지 않습니다. 팀용 워크스페이스를 추가하려면 아래를 참고해주세요.

01. 왼쪽 사이드바 상단에 있는 프로필을 클릭하세요.

02. 프로필 오른쪽 상단 메뉴(···)를 클릭하고 **워크스페이스 생성 또는 참여** 버튼을 클릭합니다.

03. 이후의 절차는 1.3.3 '용도 설정'을 참고해주세요.

그림 1.17 워크스페이스 추가하기

개인 페이지

팀용 워크스페이스로 만들지 않는 페이지는 모두 **개인 페이지**에 표시됩니다. 개인이 사용하는 페이지는 제한 없이 필요한 만큼 생성할 수 있습니다. 페이지는 메인 페이지와 하위 페이지로 나누어집니다. 하위 페이지는 메인 페이지 이름 옆에 토글을 누르면 확인할 수 있습니다.

공유된 페이지

공유된 페이지는 공유 기능으로 게스트를 초대한 페이지입니다. 기업용에 팀원들이 같이 작업하는 워크스페이스가 있다면, 개인 용에는 게스트들과 함께 작업할 수 있는 공유된 페이지가 있습니다. 공유된 페이지는 게스트 관리와 공유된 페이지의 관리를 수월하게 할 수 있습니다.

그림 1.18 개인 페이지와 하위 페이지

왼쪽 사이드바 하단 - 템플릿, 가져오기, 휴지통

왼쪽 사이드바 하단은 **템플릿, 가져오기, 휴지통**으로 구성되어 있습니다.

템플릿

템플릿은 노션에서 사용자들에게 제공하는 기본 템플릿입니다. '**템플릿**'을 클릭하면 템플릿 옵션 창이 나옵니다. 먼저 옵션 창 오른쪽 카테고리에서 원하는 템플릿을 선택합니다. 오른쪽 상단에 있는 '**이 템플릿 사용**' 버튼을 클릭하면 나의 계정으로 복사됩니다. 더 다양한 템플릿이 필요하면 오른쪽 상단에 있는 **템플릿 더 살펴보기**를 클릭해보세요.

노션에서 제공하는 템플릿 외에 한국 사용자들이 만든 '노션 공식 템플릿 갤러리(https://www.notion.so/ko-kr/templates)'가 있습니다. 노션 사용자들이 직접 만든 도서 목록, 포트폴리오, 자기계발 계획, 개인OKR 등의 템플릿을 공유하고 있습니다. 사용자들이 직접 만든 템플릿이기에 일상생활이나 업무에서 노션을 유용하게 사용할 수 있습니다.

템플릿 복사에 대한 자세한 내용은 4.9.1 '템플릿 복제'를 확인해주세요.

가져오기

가져오기를 클릭하면 다양한 프로그램의 데이터를 가져올 수 있습니다. 노션으로 자료를 가져올 수 있는 프로그램 목록은 다음 그림과 같습니다.

그림 1.19 가져오기 목록

에버노트, 트렐로, 아사나, 구글 독스 등의 프로그램 데이터를 사용하려면 로그인을 하고 접근 권한 승인을 받아야 합니다. HTML, 마이크로소프트 워드 등은 데스크톱에서 파일 업로드를 할 수 있습니다. 사용하던 프로그램의 데이터를 '가져오기' 기능으로 노션 페이지로 옮겨보세요.

휴지통

휴지통은 삭제된 페이지나 데이터베이스를 보관합니다. 휴지통에 있는 삭제된 페이지나 데이터베이스는 복원이나 영구 삭제가 가능합니다. '관계형' 속성으로 연결된 페이지나 데이터베이스는 휴지통에 있어도 계속 연결된 상태입니다. '관계형 속성'을 삭제하지 않으면 기존의 페이지나 데이터베이스와 계속 연결된 상태로 유지됩니다. 따라서 휴지통을 정기적으로 살펴보고 불필요한 페이지나 데이터베이스는 삭제하는 것이 좋습니다.

1.5.2. 오른쪽 상단

오른쪽 상단에는 **공유, 댓글 사이드바 열기, 업데이트 사이드바 열기, 즐겨찾기, 메뉴(⋯)**가 있습니다. **공유**는 4.9.2 '페이지 공유'를 참고해주세요. '즐겨찾기'는 '왼쪽 사이드바 가운데 – 즐겨찾기, 워크스페이스, 개인/공유된 페이지'를 참고해주세요.

댓글 사이드바

댓글 사이드바는 페이지나 데이터베이스에서 작성한 댓글을 모아서 볼 수 있는 사이드바입니다. 댓글 사이드바에서 해결된 댓글과 미해결된 댓글을 분류해서 볼 수 있기에 팀원들과 원활한 커뮤니케이션이 가능해집니다. 이 사이드바에서는 해당 페이지의 댓글만 볼 수 있습니다. 상위 페이지에서 하위 페이지에 있는 댓글은 보이지 않는 점을 참고해주세요.

업데이트 사이드바

업데이트 사이드바는 페이지에서 작업한 내용이 기록되어 있는 사이드바입니다. 사이드바에서 페이지를 수정한 날짜와 내용을 확인할 수 있습니다. 업데이트 사이드바는 개인적으로 작업을 하거나 팀원들과 작업을 하다가 오류가 나거나 이전 버전으로 복구할 때 사용할 수 있습니다.

그림 1.20 오른쪽 상단 업데이트 팝업창

메뉴

맨 오른쪽에 있는 메뉴(•••)의 기능은 다음과 같습니다.

01. 스타일: 글씨체를 기본, 세리프, 모노로 변경할 수 있습니다.

02. 작은 텍스트: 텍스트의 크기를 작게 줄일 수 있습니다.

03. 전체 너비: 여백 없이 화면 전체를 사용해 노션 페이지를 표시합니다.

04. 옮기기: 현재 페이지를 노션 내 다른 페이지나 데이터베이스로 이동할 수 있습니다.

05. 페이지 사용자 지정: 백링크와 페이지 댓글에 대한 옵션을 설정할 수 있습니다.

  – 백링크: 펼치기, 숨기기, 팝오버로 표시

  – 페이지 상단 댓글: 펼치기, 숨기기

  – 페이지 댓글: 기본값, 최소화

06. 페이지 잠금/해제: 노션을 사용하다가 실수로 페이지를 수정하거나 삭제하는 것을 방지하기 위해 페이지를 잠글 수 있습니다. 페이지 잠금이 되면 왼쪽 상단에 있는 페이지 이름 옆에 자물쇠 표시와 **잠금**이 표시됩니다. **페이지 잠금 해제**를 클릭하면 잠금이 해제됩니다.

07. 즐겨찾기에 추가/삭제: 즐겨찾기로 지정하거나 해제할 수 있습니다.

08. 링크 복사: 현재 페이지의 웹사이트 주소를 복사합니다.

09. Windows 앱에서 열기: 웹브라우저를 통해 로그인했을 경우, 현재 페이지를 데스크톱 프로그램으로 전환해 사용할 수 있습니다.

10. 실행 취소: 마지막 작업을 취소합니다. 참고로 단축키는 Ctrl + Z 입니다.

11. 페이지 기록: 유료 사용자만 사용할 수 있는 메뉴입니다. 노션에서 작업한 내용이 기록됩니다. 개인 프로 요금제와 팀 요금제는 30일, 기업 요금제는 무제한으로 기록이 보관됩니다.

12. 삭제된 페이지 표시: 삭제된 페이지를 휴지통에서 확인할 수 있습니다.

13. 삭제: 현재 페이지가 삭제됩니다.

14. 가져오기: 다른 프로그램의 데이터를 가져올 수 있습니다. (왼쪽 사이드바 하단의 **가져오기**와 같은 기능입니다.)

그림 1.21 메뉴 목록

15. **내보내기**: PDF, HTML, Markdown & CSV로 노션 페이지를 내보낼 수 있습니다. PDF의 경우에는 하위 페이지까지 내보내려면 회사 요금제를 사용해야 합니다.

16. **Slack 채널 연결**: 노션과 슬랙의 채널을 연결합니다. Slack 채널 연결을 클릭하고 Slack에 로그인하고 채널을 연결하면 Slack과 노션을 연동해서 사용할 수 있습니다.

1.5.3. 오른쪽 하단

오른쪽 하단을 보면 물음표(?) 아이콘이 있습니다. 클릭하면 도움말과 설명서, 지원팀에 메시지 보내기 키보드 단축키, 새로운 소식 등을 확인할 수 있습니다.

그림 1.22 도움말

01. **도움말과 설명서**: 노션을 사용하다가 모르는 내용이 있으면 '**도움말과 지원**'을 클릭해보세요. 노션에서 제작한 매뉴얼로 이동합니다.

02. **지원팀에 메시지 보내기**: 노션 사용 중 불편한 점이나 건의사항이 있으면 '**메시지 보내기**'를 클릭해 보세요. 메시지를 작성해 노션 본사로 전송할 수 있습니다. 메시지는 한국어로 작성해도 됩니다.

03. **키보드 단축키**: 노션 키보드 단축키 페이지로 이동합니다.

04. **새로운 소식**: 노션 업데이트 페이지로 이동합니다. 노션의 소식과 업데이트 내용을 확인할 수 있습니다. 단, 노션 소식은 아직 한글 지원이 되지 않습니다.

05. **Twitter – @NotionHQ**: 노션 트위터로 연결됩니다. 트위터 사용자들은 노션 트위터를 팔로우해보세요.

06. **Terms & privacy**: 노션의 정책 페이지로 연결됩니다.

07. **Status**: 노션 운영 시스템의 상태를 확인할 수 있습니다.

02장

노션
개인 페이지 만들기

2장에서는 노션의 기능을 활용해 개인 페이지를 만들어 보겠습니다. 개인 페이지는 노션에서 사용하는 모든 페이지와 데이터베이스를 모은 주 페이지입니다. 개인 페이지는 내가 필요한 형태로 블록을 만들고 꾸밀 수 있습니다. 필요한 기능만 채울 수 있고 불필요한 기능은 뺄 수 있습니다.

개인 페이지의 상단은 1행 2열로 나누고 아이콘과 커버를 추가하고 인용구와 콜아웃 기능을 사용합니다. 가운데는 1행 3열로 나누고 텍스트 편집 기능과 하위 페이지를 만듭니다. 하단은 1행 2열로 나누고 데이터베이스의 '캘린더 보기', 글머리 기호 목록, 할 일 목록, 백링크 기능을 사용합니다. 개인 페이지를 꾸미는 데 필요한 기능을 단계별로 소개하고 개인 페이지 만들기를 실습해보겠습니다. 완성된 개인 페이지의 모습은 그림 2.1과 같습니다.

그림 2.1 완성된 개인 페이지

2.1. 신규 페이지 만들고 아이콘과 커버 꾸미기

개인 페이지를 위한 신규 페이지를 만들고 아이콘과 커버로 꾸미는 방법을 살펴보겠습니다.

2.1.1 신규 페이지 만들기

왼쪽 사이드바의 '**+ 페이지 추가**'를 클릭해 새로운 페이지를 만들고 제목을 입력합니다.

그림 2.2 신규 페이지 만들기

페이지 제목 위에 마우스 포인터를 가져가면 '**아이콘 추가**', '**커버 추가**', '**댓글 추가**' 버튼이 나타납니다.

2.1.2 아이콘 추가하기

신규 페이지는 제목이 없기에 '제목 없음'으로 표시됩니다. 신규 페이지를 사용할 때는 페이지의 이름을 먼저 입력합니다. 제목 위에 아이콘 추가하기를 클릭하고 아이콘을 추가하면 페이지의 제목 위에 표시됩니다. 아이콘은 페이지를 구별하거나 꾸미는 기능으로 사용합니다. 아이콘을 사용하는 3가지 방법을 알아보겠습니다.

첫째는 노션에서 기본으로 제공하는 이모지를 사용합니다. **아이콘 추가** 버튼을 클릭하면 아이콘이 임의로 선택됩니다. 임의로 만들어진 아이콘을 클릭하면 아이콘 옵션 창이 나옵니다. 옵션 창의 상단에 **이모지** 탭이 있습니다. 이 탭에는 노션에서 기본적으로 제공하는 사람, 활동, 사물 등의 다양한 이모지가 있습니다. 좋아하는 이모지를 선택해보세요. 이모지 선택이 어렵다면 옵션 창 오른쪽 위에 있는 **랜덤** 버튼을 클릭해보세요. 이모지가 임의로 선택됩니다.

그림 2.3 이모지 옵션 창

둘째는 데스크톱에 있는 이미지를 업로드하는 방법입니다. **커스텀** 탭을 클릭하면 '**파일 업로드**'
버튼이 있습니다. 버튼을 클릭하면 데스크톱에서 원하는 이미지를 업로드할 수 있습니다. 단, 이
미지의 크기는 280×280픽셀이어야 합니다.

그림 2.4 이미지 업로드

셋째는 웹사이트의 이미지를 링크로 연결해 사용하는 방법입니다. **커스텀** 탭을 클릭하면 웹 주
소를 입력할 수 있는 창이 나옵니다. 아이콘이 있는 웹 주소를 입력창에 붙여넣으면 아이콘이 생
성됩니다.

그림 2.5 링크

아이콘을 사용하고 싶지 않다면 아이콘 옵션 창 오른쪽 상단의 **제거**를 클릭해 보세요. 아이콘이 삭제됩니다.

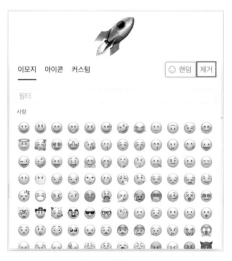

그림 2.6 아이콘 삭제

2.1.3 커버 추가하기

아이콘을 생성했으면 커버도 만들어보겠습니다. 커버는 페이지의 상단에 표시되며 페이지를 꾸미는 데 사용합니다. 커버를 사용하는 방법은 4가지가 있습니다. 첫째는 노션에서 제공하는 기본 갤러리, 둘째는 가지고 있는 이미지를 선택해서 업로드, 셋째는 이미지 웹사이트 주소를 입력, 넷째는 언스플래시(Unsplash)에서 제공하는 커버를 사용하는 방법입니다.

첫째로 노션에서 제공하는 기본 갤러리를 사용하려면, 제목 위의 '커버 추가'를 클릭합니다. 기본 갤러리는 옵션 창 상단의 **갤러리** 탭에서 선택할 수 있습니다. 기본 갤러리 '색과 그라데이션', '나사 아카이브', '메트로폴리탄 미술관 – 패턴', '암스테르담 국립미술관', '메트로폴리탄 미술관 – 일본 프린트', '메트로폴리탄 미술관'에서 원하는 커버를 선택할 수 있습니다.

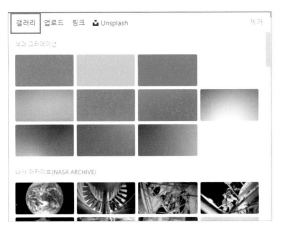

그림 2.7 커버 기본 갤러리

둘째로 커버 옵션 창의 '**업로드**' 탭에서 원하는 사진이나 이미지를 커버로 업로드하는 방법입니다. 주의할 점은, 커버의 이미지 크기는 1500픽셀 이상이어야 합니다. '**이미지를 선택하세요**'를 클릭하고 데스크톱에 있는 파일을 선택하면 커버가 업로드됩니다. 무료 요금제 사용자는 5MB가 넘는 파일을 업로드할 수 없습니다.

그림 2.8 커버 사진 업로드

셋째로 웹에 있는 이미지를 커버로 사용하는 방법입니다. 커버 옵션 창의 **링크** 탭을 클릭하면 웹 주소 입력창이 나옵니다. 여기서 이미지가 있는 웹 주소를 붙여넣으면 이미지가 커버에 업로드됩니다. 모든 사이트에 있는 이미지를 가져올 수는 없고 특정 사이트만 이용할 수 있다는 점에 주의합니다.

그림 2.9 커버 사진 링크 걸기

넷째로 언스플래시 사이트에서 제공하는 사진을 커버로 사용하는 방법입니다. 언스플래시 사이트는 저작권 없이 사진을 사용할 수 있는 사이트입니다. **Unsplash** 탭에서 키워드를 입력하면 키워드와 관련 있는 사진이 나옵니다. 그중에 좋아하는 사진을 선택해서 커버로 사용할 수 있습니다.

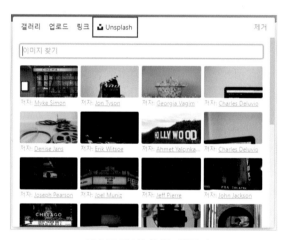

그림 2.10 언스플래시를 이용하기

커버를 사용하고 싶지 않다면 커버 옵션 창 오른쪽 상단의 **제거**를 클릭하면 커버가 삭제됩니다. 단, 커버는 삭제되지만 커버가 있는 공간은 사라지지 않습니다.

그림 2.11 커버 제거하기

2.2. 페이지 단 나누기

노션 페이지는 단을 원하는 만큼 나눌 수 있습니다. 단을 나누면 노션 페이지의 공간을 빈틈없이 효율적으로 사용할 수 있다는 장점이 있습니다. 단을 만들고 제거하는 것은 어렵지 않습니다. 이번 절에서는 단을 만들고 제거하는 방법을 배워보겠습니다.

2.2.1. 3단 만들기

3단을 만들려면 3개의 속성이 필요합니다. 텍스트가 될 수도 있고, 숫자나 사진도 가능합니다. 각 속성의 왼쪽 핸들(⠿)을 클릭하고 만들고자 하는 행의 오른쪽 끝으로 이동합니다. 끝으로 이동하면 파란색 가로줄이 나오고 2단이 만들어집니다. 또 다른 속성을 클릭해 2단의 오른쪽 끝으로 이동하고 파란색 가로줄이 나올 때까지 이동하면 3단이 만들어집니다.

그림 2.12 3가지 텍스트 나열하기

그림 2.13 두 번째 속성을 첫 번째 속성으로 오른쪽 끝으로 이동하기

그림 2.14 세 번째 속성을 2단으로 오른쪽 끝으로 이동하기

그림 2.15 완성된 3단

2.2.2. 단 나누기 메뉴 활용하기

앞서 설명한 방법 외에 메뉴를 이용해 간단하게 단을 나누는 방법이 있습니다. 단 나누기를 어려워하는 사용자들을 위해 노션에서는 단 나누기 기능을 제공합니다. 왼쪽 핸들(⠿)을 클릭한 다음 '전환' 메뉴를 보면 '2개의 열' 부터 '5개의 열' 메뉴가 있습니다. 여기서 '3개의 열'을 클릭하면 3개의 열이 만들어집니다. 수동으로 열을 만드는 것이 어렵다면 새로 업데이트 된 단 나누기 기능을 사용해보세요.

2.2.3. 나누어진 단에서 탈출하기

단을 나누었으면 단의 구역에서 블록을 생성하고 작업을 할 수 있습니다. 하지만 단이 더 이상 필요하지 않게 될 경우, 만들어진 단의 구역을 탈출해야 합니다. 단을 탈출하려면 아무 빈칸의 왼쪽 핸들(⁞⁞)을 클릭합니다. 단으로 나누어진 구역 아래로 마우스를 내려 파란색 줄이 생기는 곳으로 이동시킵니다. 그러면 단의 구역은 사라집니다.

그림 2.16 빈칸의 핸들을 클릭

그림 2.17 하단 빈칸으로 옮겨 단 탈출하기

2.2.4. 단의 너비 조정하기

2단을 만들면 정확하게 반을 나누어 단이 만들어집니다. 3단을 만들면 화면을 3등분해 단을 나누게 됩니다. 하지만 단의 너비가 일정하지 않게 해야 할 때도 있습니다. 이럴 때는 단의 간격을 조정할 수 있습니다.

단과 단 사이 공간에 마우스 포인터를 갖다대면 회색 세로줄이 생깁니다. 이 세로줄을 좌우로 드래그하면 단의 너비를 조정할 수 있습니다.

그림 2.18 단의 너비 조정하기

2.2.5. 단 제거하기

단을 만들었으니 제거도 가능합니다. 단을 제거하는 방법은 단을 만들었던 역순으로 진행합니다. 위에서 만든 3단에서 한 개의 단 구역의 왼쪽 핸들(⠿)을 마우스 왼쪽 버튼을 누른 채로 아래 빈칸으로 움직이면 2단이 됩니다. 2단에서 동일한 방법으로 단을 아래로 내리면 단은 완전히 제거됩니다.

2.2.6. 구분선

구분선은 단락이 바뀔 때 블록과 블록을 구분합니다. 구분선을 기준으로 블록이 분리되므로 블록이 섞이는 것을 방지할 수 있습니다. 블록이 많을 때는 구분선을 활용해보세요. 구분선으로 블록이 시작되는 지점과 끝나는 지점을 알 수 있습니다. 단, 구분선은 가로선만 가능하고 세로선은 만들 수 없습니다.

'/구분선' 명령을 입력하면 구분선이 만들어집니다. 구분선 왼쪽 핸들(⠿)을 클릭하면 이동할 수 있습니다.

그림 2.19 '/구분선' 명령

2.3. 개인 페이지 실습 – 상단 만들기

신규 페이지를 만들고, 아이콘과 커버를 추가하고, 단을 나누고, 인용과 콜아웃 기능을 사용하여 개인 페이지 상단을 만들어보겠습니다.

01. 개인 페이지를 만들려면 우선 신규 페이지를 만들어야 합니다. 왼쪽 사이드바에 있는 '**+ 페이지 추가**'를 클릭합니다. 페이지 제목을 '개인 페이지'로 입력합니다. 맨 오른쪽에 있는 메뉴(**···**)를 클릭하고 전체 너비를 켜기로 변경하여 전체 화면을 사용합니다.

그림 2.20 페이지를 추가하고 제목 입력하기

02. 제목 위에 **아이콘 추가**와 **커버 추가**가 있습니다. **아이콘 추가**를 클릭하면 아이콘이 무작위로 생성됩니다. 아이콘을 클릭하고 옵션 창의 **활짝 웃는 얼굴**을 선택합니다.

03. 제목 위에 있는 **커버 추가**를 클릭합니다. 커버도 아이콘과 같이 임의로 선택됩니다. 커버의 오른쪽 아래에 '**커버 변경**', '**위치 변경**'이 나옵니다. **커버 변경**을 클릭하고 **나사 아카이브**에 있는 **우주 셔틀 챌린저**를 선택합니다.

그림 2.21 아이콘과 커버 추가

04. 제목 아래에 '/인용'을 입력해 인용 상자를 만듭니다. 그 아래에 '2021년 목표'를 입력합니다. 왼쪽 핸들(⠿)을 클릭해 '**전환 ▶ 제목2**'를 선택하고 같은 방법으로 '**색 ▶ 주황색 배경**'으로 설정합니다. 그 아래에는 '/콜아웃'을 입력해 콜아웃 상자도 만듭니다.

그림 2.22 '2021년 목표'를 입력하고 제목2로 변경하기

그림 2.23 주황색 배경으로 전환하기

05. '2021년 목표'의 왼쪽 핸들(⠿)을 클릭해 인용의 오른쪽으로 이동해 2단을 만들고 콜아웃 상자도 같은
방법으로 '2021년 목표' 아래로 이동합니다. 인용은 행의 2/3 너비로, 콜아웃은 행의 1/3 너비로 간격을
조정합니다.

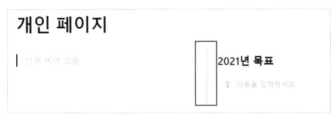

그림 2.24 2단 만들고 간격 조정하기

06. 인용에는 좋아하는 문구나 명언을 입력합니다. 작성한 문구를 드래그하면 텍스트 편집 창이 나옵니다.
편집 창에서 **텍스트 색(A)**를 클릭하고 **초록색**을 선택하면 텍스트가 초록색으로 변경됩니다.

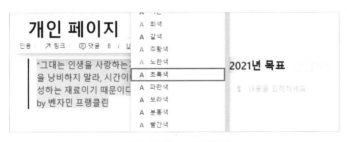

그림 2.25 텍스트 색 바꾸기

07. 콜아웃 상자에는 2021년의 목표를 기록합니다. 콜아웃 상자에 텍스트를 작성할 때 Shift + Enter 키를
눌러 줄바꿈을 합니다. 줄바꿈 기능으로 콜아웃에 필요한 만큼 텍스트를 입력할 수 있습니다.

08. 상단이 완성되었으면 빈칸 왼쪽 핸들(⠿)을 클릭하고 화면 하단으로 내려서 2단을 탈출합니다. 그리고
'/구분선'을 입력해 상단과 가운데를 구분합니다.

개인 페이지 상단에 필요한 기능을 배우고 실습했습니다. 다음 절에서는 기본 블록을 활용하는
방법을 배워보겠습니다.

그림 2.26 완성된 개인 페이지 상단

2.4. 텍스트 편집 기능과 이모지 활용하기

기본 블록을 편집할 수 있는 텍스트 편집 기능이 있습니다. 이 기능을 사용하면 텍스트를 볼드체, 이탤릭체와 같이 변경할 수 있습니다. 링크 추가나 글자색이나 배경색 변경도 가능합니다. 또한, 다양한 이모지를 텍스트와 같이 사용할 수 있습니다. 텍스트 편집 기능과 이모지 기능을 사용하면 개성 있는 노션 페이지를 만들 수 있습니다.

2.4.1. 텍스트 편집 기능

텍스트 편집 창은 노션 페이지에 고정되어 있지 않습니다. 텍스트 편집 창은 텍스트를 드래그하면 나옵니다. 편집 창에는 텍스트 편집 기능 외에도 다양한 기능이 있습니다. 편집 창의 메뉴는 다음과 같습니다.

❶ **전환**: 기본 블록에서 제공하는 기능으로 전환

❷ **링크**: 텍스트에 링크 추가

❸ **댓글**: 텍스트에 댓글 추가

❹ **굵게**: 텍스트를 볼드체로 표시

❺ **기울임꼴로 표시**: 텍스트를 이탤릭체로 표시

❻ **밑줄**: 텍스트에 밑줄 표시

❼ **취소선**: 텍스트에 취소선 표시

❽ **코드로 표시**: 코드 공식으로 전환

❾ **수학 공식 만들기**: 수학 공식 입력창으로 전환

❿ **텍스트 색**: 텍스트 색이나 배경색을 변경

⓫ **사용자, 페이지 또는 날짜에 관해 멘션**: 날짜, 사람, 페이지에 대한 링크 불러오기

⓬ **메뉴 아이콘**: 메뉴 팝업창 불러오기

그림 2.27 텍스트 편집 창

2.4.2. 이모지 기능 활용

텍스트를 입력할 수 있는 모든 공간에 이모지를 삽입할 수 있습니다. 노션에서 기본으로 제공하는 이모지는 사람의 감정이나 사물을 표현하기에 충분합니다. 글을 쓸 때 텍스트로 전달하기 어려운 감정이나 기분을 이모지로 대신할 수 있습니다. 개인 홈페이지나 블로그를 만들 때 이모지를 활용해 자신만의 개성을 살릴 수 있습니다.

이모지의 카테고리는 '사람, 동물 및 자연, 음식 및 음료, 활동, 여행 및 장소, 사물, 기호, 국기'입니다. 이모지를 사용하는 방법은 두 가지입니다. 첫째는 '/이모지' 명령을 입력하면 나오는 이모지 옵션 창에서 입력하는 방법입니다. 원하는 이모지를 선택하거나 키워드를 검색합니다. 두 번째 방법은 콜론(:)을 입력하고 키워드를 바로 입력하는 방법입니다. 키워드와 관련 있는 이모지가 옵션 창에 표시됩니다.

그림 2.28 '/이모지' 명령

그림 2.29 키워드로 이모지 검색

2.5. 하위 페이지 만들기

주 페이지에서는 하위 페이지를 만들어서 페이지를 상하 구조로 만들 수 있습니다. 주 페이지에 하위 페이지를 만들고 정보를 보관하면 정보를 효율적으로 관리할 수 있습니다. 하위 페이지를 만들고 활용하는 방법을 알아보겠습니다.

2.5.1. 하위 페이지

하위 페이지는 주 페이지에 소속된 페이지입니다. 페이지 아래에 또 다른 페이지를 만든 것입니다. 예를 들어, 주 페이지가 집이라고 가정하면 하위 페이지는 집에 있는 방입니다. 하위 페이지를 주 페이지와 분리하여 사용할 수 있고 주 페이지가 될 수 있습니다. 그렇다고 해서 주 페이지와 하위 페이지가 항상 종속적인 관계는 아닙니다. 하위 페이지가 주 페이지에서 독립하여 새로운 주 페이지가 될 수 있습니다.

하위 페이지를 만드는 방법은 두 가지가 있습니다. 첫 번째는 '/페이지' 명령을 입력하는 방법입니다. 두 번째는 데이터베이스 블록에서 **전체 페이지**를 선택해 하위 페이지가 자동으로 생성되게 하는 방법입니다. 두 가지 방법 다 하위 페이지로 바로 이동합니다.

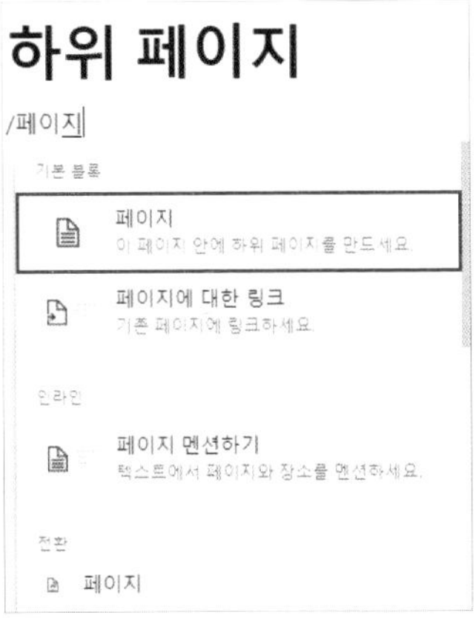

그림 2.30 '/페이지' 명령

그림 2.31 데이터베이스 블록의 전체 페이지

2.6. 개인 페이지 실습 – 가운데 만들기

텍스트 편집 기능, 이모지 기능, 하위 페이지 기능을 활용해 개인 페이지의 가운데를 만들어보겠습니다.

01. 가운데에는 '개인', '자기계발', '업무' 3개의 카테고리를 만들려고 합니다. '개인' 왼쪽에 ':하트 눈 얼굴'을 입력해 **하트 눈 얼굴**(😍) 이모지를 선택합니다. 왼쪽 핸들(⋮⋮)을 클릭해 '**전환 ▶ 제목2**'와 '**색 ▶ 파란색 배경**'으로 설정합니다.

02. '자기계발' 왼쪽에 ':올린 엄지'를 입력하고 **올린 엄지**(👍) 이모지를 선택합니다. 왼쪽 핸들(⋮⋮)을 클릭해 '**전환 ▶ 제목2**'와 '**색 ▶ 노란색 배경**'으로 설정합니다.

03. 업무 왼쪽에 ':자오선 지구'를 입력하고 **자오선 지구**(🌐) 이모지를 선택합니다. 왼쪽 핸들(⋮⋮)을 클릭해 '**전환 ▶ 제목2**'와 '**색 ▶ 보라색 배경**'으로 설정합니다.

04. '자기계발'의 왼쪽 핸들(⋮⋮)을 클릭하고 '개인'의 오른쪽으로 이동해 2단을 만듭니다. '업무'의 핸들(⋮⋮)을 클릭해 '자기계발'의 오른쪽으로 이동해 3단을 만듭니다.

05. 각 카테고리에 하위 페이지를 만들어보겠습니다. 카테고리별로 하위 페이지 제목을 입력합니다. 예시로 개인은 일기, 가계부, 버킷 리스트를 입력합니다. 자기계발은 영어 공부, 독서 노트, 요리 레시피를 입력합니다. 업무는 주간 업무일지, 주간 일정 관리, 회의록을 입력합니다.

06. 하위 페이지 제목들을 드래그한 다음 왼쪽 핸들(⠿)을 클릭하고 '**전환 ▶ 페이지**'를 선택합니다. 페이지 제목 옆에 있는 아이콘을 클릭하고 좋아하는 이모지를 선택합니다.

07. 빈칸의 왼쪽 핸들(⠿)을 클릭하고 하단으로 이동해 3단을 탈출합니다. '/구분선'을 입력해 가운데와 하단을 구분 짓습니다.

그림 2.32 완성된 개인 페이지 가운데

2.7. 글머리 기호 목록과 할 일 목록 활용하기

텍스트의 가독성을 높이거나 정보를 요약할 때는 글머리 기호가 유용합니다. 체크 리스트를 만들려면 할 일 목록을 사용합니다. 글머리 기호와 할 일 목록을 알아보겠습니다.

2.7.1. 글머리 기호 목록 이해하기

글머리 기호 목록은 각 행에서 글머리 기호가 표시되는 기능입니다. 글머리 기호는 텍스트가 많을 때 텍스트를 효율적으로 정리해 가독성을 높입니다. 또한 개조식[1] 문서 스타일로 문서를 작성하는 데도 유용합니다.

글머리 기호에는 세 가지 특징이 있습니다.

첫째는 불릿 형태의 글머리 기호만 제공합니다. 화살표, 네모, 별 등의 다른 모양의 글머리 기호로 바꿀 수는 없습니다.

둘째는 하위 글머리 기호를 만들 수 있습니다. 글의 요점을 정리하거나 추가할 때 하위 글머리 기호를 만들 수 있습니다. 하위 글머리 기호는 탭을 누르면 들여쓰기가 되고 하위 글머리 기호가 만들어집니다.

---

1 (엮은이) '개조식'은 완전한 서술형으로 문장을 종결하지 않고 핵심적인 요소만 간추려 항목별로 나열하듯이 표현하는 방식입니다.

셋째, 글머리 기호는 글씨 크기를 제목1, 제목2, 제목3으로 변경할 수 없습니다. 기본 블록에서 제공하는 한 가지의 기능만 사용할 수 있습니다. 글씨 크기와 글머리 기호 목록을 동시에 사용할 수 없습니다. 텍스트 편집 창에서 볼드체, 이탤릭체, 밑줄, 취소선 등은 가능합니다.

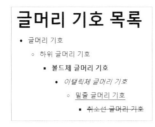

그림 2.33 글머리 기호와 하위 글머리 기호 목록

2.7.2. 할 일 목록 이해하기

할 일 목록은 잊지 말고 반드시 해야 할 일을 기록하기 위해 체크박스를 만들어주는 기능입니다. 할 일을 완료하면 체크박스를 체크해 완료된 일과 미완료된 일을 구별할 수 있습니다. 할 일 목록은 내가 해야 하는 일을 분명하게 정리합니다. 할 일 목록을 만들지 않는다면 누락되는 일이 발생할 수 있습니다. 할 일 목록을 만들면서 해야 할 일이 무엇인지 기억할 수 있습니다.

글머리 기호와 마찬가지로, 들여쓰기로 하위 할 일 목록을 만들 수 있습니다. 또한 텍스트 편집 창에서 볼드체, 이탤릭체, 밑줄, 취소선 등을 선택할 수 있습니다.

그림 2.34 할 일 목록

2.8. 표의 '캘린더 보기'를 활용해 캘린더 만들기

노션의 가장 큰 특징은 데이터베이스입니다. 데이터베이스에 입력된 정보는 6개의 보기(표, 보드, 타임라인, 캘린더, 리스트, 갤러리)로 표시할 수 있습니다. 개인 페이지에서는 그중 '**캘린더 보기**'를 사용해 보겠습니다. '**캘린더 보기**'는 일정 관리와 업무 관리에 유용합니다. '**캘린더 보기**'는 두 가지 장점이 있습니다. 첫째는 캘린더 보기를 노션 페이지에서 원하는 위치에 배치할 수 있습니다. 두 번째는 캘린더를 목적별로 구분해서 사용할 수 있습니다. '**캘린더 보기**' 활용 방법을 알아보겠습니다.

데이터베이스의 속성에서 '**날짜**' 속성을 2개 선택합니다. 날짜 속성 한 개는 '국내 사업'으로 이름을 변경하고, 다른 한 개의 날짜 속성은 '해외 사업'으로 변경합니다. 캘린더의 오른쪽 상단의 메뉴를 클릭하고 '레이아웃 캘린더 〉'를 선택합니다. '**캘린더 표시 기준 보기**'를 클릭하면 옵션에서 '국내사업'과 '해외사업'이 있습니다. '국내사업'을 선택하면 국내사업에 해당하는 날짜가 표시되고, '해외사업'을 선택하면 해외사업에 해당하는 날짜가 표시됩니다.

01. '**일정**'의 오른쪽 위에 있는 메뉴(…)를 클릭하고 '**레이아웃**'을 선택합니다.

그림 2.35 메뉴 – 캘린더 기준

02. 캘린더를 선택할 수 있는 옵션 창이 나옵니다. 옵션 창에서 사용할 캘린더를 클릭합니다.

그림 2.36 옵션 창에서 캘린더 선택하기

03. '일정' 위의 **기본 보기**'를 클릭합니다. 옵션 창에서 '**이름 바꾸기**'를 클릭합니다. 옵션 입력창에 '**기본 보기**'를 삭제하고 국내 사업을 입력합니다. 그러면 '기본 보기'가 '국내사업'으로 바뀝니다.

그림 2.37 캘린더 보기 이름 입력하기

그림 2.38 변경된 이름이 적용된 캘린더

2.8.1. 캘린더를 원하는 곳에 배치하기

캘린더 기준을 선정했으면 캘린더를 원하는 위치에 배치해보겠습니다. 캘린더는 한 화면이 가득 차게 사용할 수 있게 단을 나누어서 크기를 조정할 수 있습니다. 데이터의 정보를 정확하고 빠르게 파악하려면 한 화면에 가득 차게 사용하는 것이 좋습니다. 하지만 단순히 달력으로 사용하거나 캘린더의 비중이 높지 않다면 캘린더의 크기를 작게 만드는 것도 좋습니다. 캘린더의 특성상 가로 크기를 줄일 수는 있으나 세로 크기는 줄일 수 없습니다.

기본적인 캘린더는 한 화면에 가득 찬 모습입니다. 하지만 2단을 만들고 단으로 이동하게 되면 캘린더의 크기가 작아집니다. 전체화면은 일정의 세부내용을 확인할 수 있다는 장점이 있습니다. 2단은 왼쪽 단에는 메모나 할 일 목록 등을 기록하고 오른쪽 단에는 캘린더를 활용할 수 있다는 장점이 있습니다.

캘린더를 2단으로 만들 때 주의해야 할 점이 있습니다. 캘린더를 움직여서 2단으로 만드는 것은 안 됩니다. 먼저 2단을 만든 뒤에 캘린더를 이동해야 합니다. 단을 만드는 것은 빈 블록만 가능합니다. 단을 만들고 캘린더를 움직이는 순서대로 작업을 해야 아래 그림과 같이 만들어집니다.

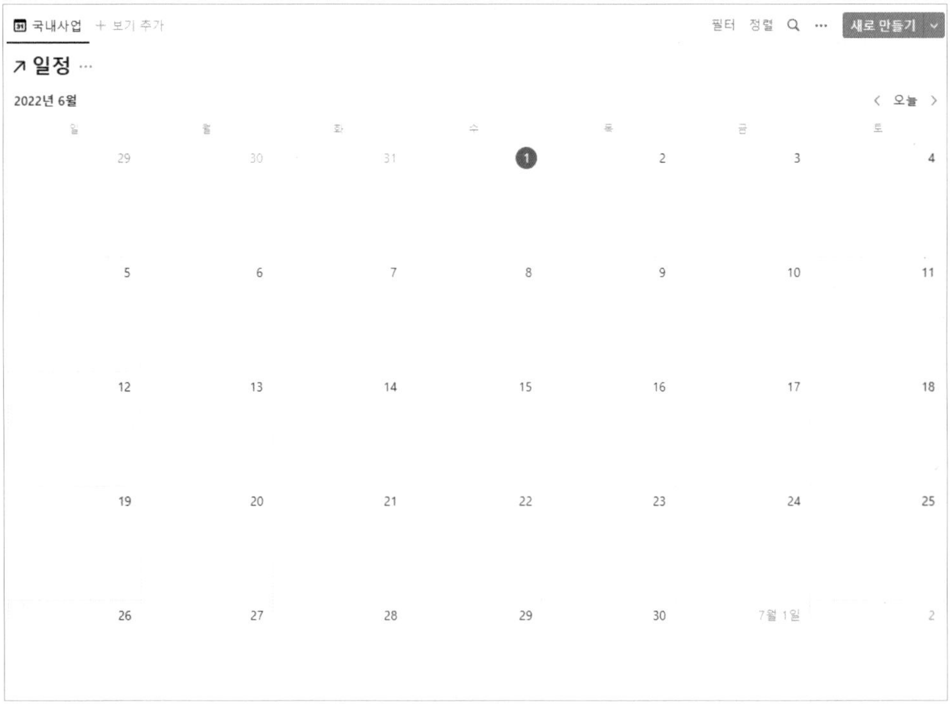

그림 2.39 1단 캘린더

그림 2.40 2단 캘린더

2.9. 필터 기능과 속성 기능 활용하기

필터와 속성 기능을 사용하면 원하는 정보를 손쉽게 찾을 수 있습니다. 필터는 데이터를 필터링하는 것이고, 속성은 필요한 데이터만 보여주는 것입니다. 데이터베이스에 데이터가 많더라도 필터와 속성 기능만 있으면 문제없습니다. 필터와 속성 기능을 활용하는 방법을 알아보겠습니다.

2.9.1. 필터의 활용

노션을 사용하다 보면 데이터양이 늘어나게 됩니다. 데이터의 양이 많아지면 필요한 데이터를 찾기가 힘들어집니다. 필터 기능을 활용하면 원하는 데이터만 검색할 수 있습니다. 필터는 두 가지 특징이 있습니다. 첫째는 모든 속성을 다 필터링합니다. 예를 들어, 날짜 속성에 필터를 사용하면 일정 기간의 데이터만 표시합니다. 선택 속성에 필터를 사용하면 특정 태그와 관련 있는 데이터만 표시합니다. 둘째는 필터는 여러 개의 조건을 한 그룹을 설정해 세밀한 필터링도 가능합니다. 필터 그룹은 여러 개의 조건에 맞는 데이터를 필터링합니다. 필터 그룹을 잘 활용해야 필요한 정보를 빠르게 검색할 수 있습니다.

그림 2.41 모든 속성이 필터링 가능

2.9.2. 속성의 활용

속성은 6개의 보기에서 표시할 데이터베이스와 숨길 데이터베이스를 선택하는 기능입니다. 속성 메뉴에서 켜기로 설정하면 해당 데이터가 표시됩니다. 반대로 끄기로 설정하면 표시되지 않습니다. 속성 기능을 사용하면 필요한 데이터만 선별해 보여줄 수 있습니다. 데이터베이스의 모든 정보를 다 보여주지 않게 됩니다.

예를 들어, **리스트 보기**로 회의록을 만든다고 가정합시다. 데이터베이스의 오른쪽에 있는 메뉴 (•••)를 클릭합니다. 메뉴에서 속성을 선택하면 '**보기 설정**' 옵션 창이 나옵니다. 레이아웃 탭을 클릭하고 '**리스트**'를 선택합니다. 뒤로 가기를 한 다음에 **속성** 탭을 클릭합니다. 회의 날짜와 회의의 종류 알려주는 **태그** 열의 속성과 **날짜** 열의 속성을 켜기로 설정합니다. 나머지 속성은 끄기로 설정합니다. 그러면 회의록의 이름, 태그, 날짜만 보이게 됩니다.

그림 2.42 회의록 데이터베이스를 리스트 보기로 전환

그림 2.43 '리스트 보기'에서 속성 설정하기

2.9.3. 필터 기능과 속성 기능 100% 활용하기

필터와 속성의 기능을 100% 활용하려면 '링크된 데이터베이스 생성'과 같이 사용해야 합니다. 원본 데이터베이스는 그대로 두고, 링크된 데이터베이스를 생성해 필터와 속성 기능을 사용하면 나에게 필요한 정보만을 표시할 수 있습니다. 링크된 데이터베이스와 필터와 속성 기능을 활용하는 방법은 다음과 같습니다.

01. 원본 데이터베이스의 링크된 데이터베이스를 생성

02. 속성 기능으로 필요한 데이터 정보를 표시

03. 필터 기능으로 필요한 데이터만 필터링

예를 들어, 업무일지 데이터베이스를 만들었다고 가정합시다.

01. 직원들이 사용할 업무일지 데이터베이스를 만듭니다.

02. '**선택**' 속성을 사용해 직원들의 이름을 입력합니다.

03. 직원 수만큼 링크된 데이터베이스 생성합니다.

04. 링크된 데이터베이스를 리스트 보기로 전환합니다.

05. 속성에서는 '**담당자**' 열의 속성을 켜기로 설정합니다.

06. 필터로 각 담당자의 이름을 필터링합니다.

필터 기능과 속성 기능으로 직원별로 업무일지가 만들어집니다.

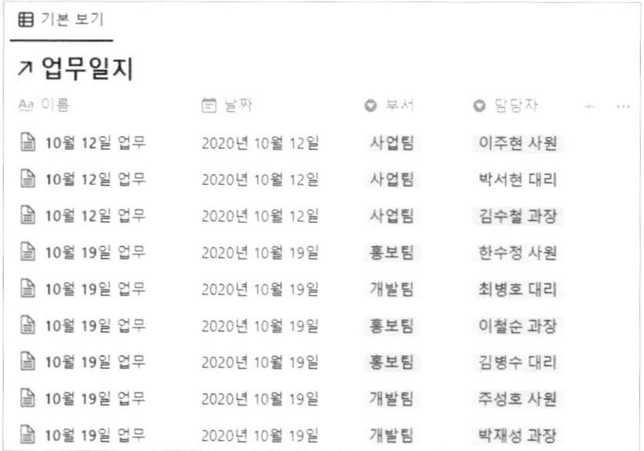

이름	날짜	부서	담당자
10월 12일 업무	2020년 10월 12일	사업팀	이주현 사원
10월 12일 업무	2020년 10월 12일	사업팀	박서현 대리
10월 12일 업무	2020년 10월 12일	사업팀	김수철 과장
10월 19일 업무	2020년 10월 19일	홍보팀	한수정 사원
10월 19일 업무	2020년 10월 19일	개발팀	최병호 대리
10월 19일 업무	2020년 10월 19일	홍보팀	이철순 과장
10월 19일 업무	2020년 10월 19일	홍보팀	김병수 대리
10월 19일 업무	2020년 10월 19일	개발팀	주성호 사원
10월 19일 업무	2020년 10월 19일	개발팀	박재성 과장

그림 2.44 링크된 데이터베이스의 필터와 속성

그림 2.45 리스트 보기에서 '선택' 속성 설정하기

그림 2.46 필터 설정하기

2.10. 다른 페이지와 연결해주는 백링크

백링크는 현재 작업하는 페이지에서 다른 페이지에 있는 데이터베이스나 페이지를 연결하는 기능입니다. 다른 페이지에 있는 데이터베이스를 현재 작업하는 페이지에서 사용할 수 있습니다. 백링크는 데이터베이스의 분산화를 막고 필요한 데이터베이스를 중앙화할 수 있는 강력한 기능입니다.

2.10.1. 백링크 사용법

백링크를 사용하는 두 가지 방법이 있습니다. 첫째는 '/페이지 멘션하기'를 입력하고 연결할 페이지를 입력하는 방법입니다. 페이지를 입력하는 옵션 창이 나옵니다. 페이지 제목을 입력하고 연결할 페이지를 선택합니다.

그림 2.47 '/페이지 멘션하기' 명령 입력

그림 2.48 백링크 선택 옵션 창

둘째는 '@'과 페이지 이름을 입력하는 방식입니다. 옵션 창에 페이지 제목을 입력하고 연결할 페이지를 선택합니다. 첫 번째 방식에 비해서 간단하고 빠르게 페이지를 연결할 수 있습니다.

그림 2.49 '@' 명령 옵션 창

백링크로 연결된 페이지로 이동하면 해당 페이지가 어떤 페이지와 연결됐는지 확인할 수 있습니다. 그림 2.50과 같이 페이지 제목 아래에 링크된 백링크를 확인할 수 있습니다.

그림 2.50 백링크로 연결된 페이지

2.11. 개인 페이지 실습 – 하단 만들기

글머리 기호 목록, 할 일 목록, 캘린더 보기, 필터와 속성 기능과 백링크 기능을 활용하여 하단을 만들어보겠습니다.

01. 하단은 '주요일정', '체크 리스트', '캘린더 보기'를 만들어보겠습니다. ':달력'을 입력하고 **달력(📅)** 이모지를 선택합니다. 달력 이모지 오른쪽에 '캘린더'를 입력합니다. 왼쪽 핸들(⠿)을 클릭하고 **'전환 ▶ 제목2'**와 **'색 ▶ 분홍색 배경'**을 선택합니다.

02. '/표 보기'를 입력하고 데이터베이스를 만듭니다. 데이터베이스의 오른쪽 기존 데이터베이스 선택 옵션 창에서 '일정'을 입력하고 하단에 **'+ 새 데이터베이스: 일정'**을 클릭합니다. 데이터베이스의 오른쪽 '+'를 2번 클릭하여 2개의 열을 추가합니다.

위치	이름	속성	사용방법
1번째	이름	텍스트	개인과 업무의 일정을 입력합니다. 예) 결혼기념일, 회사 워크숍, 시장 조사 등
2번째	날짜	날짜	캘린더에서 날짜를 선택합니다.
3번째	종류	선택	일정의 종류를 입력합니다. 예) 기념일, 출장, 휴가, 모임 등
4번째	중요도	선택	일정의 중요도를 입력합니다. 예) 중요, 보통, 낮음

03. 데이터베이스에 일정을 기록합니다. 예시로, 다음과 같이 기록해보겠습니다.

이름	날짜	종류	중요도
현장 답사	2022년 3월 3일	외근	보통
회사 워크숍	2022년 3월 15일	출장	중요
결혼기념일	2022년 3월 23일	기념일	중요

그림 2.51 완성된 데이터베이스

04. 표 아래의 아무 빈칸에 마우스를 옮기면 왼쪽에 핸들(⠿)이 나옵니다. 핸들(⠿)을 클릭하고 캘린더의 맨 오른쪽에 파란색 세로선이 나올 때까지 이동합니다. 그러면 캘린더 오른쪽에 단이 만들어집니다. 왼쪽 단의 길이는 1/3로, 오른쪽 단의 길이는 2/3로 조정합니다. 표는 **'캘린더 보기'**로 전환합니다. 캘린더를 오른쪽 단으로 이동합니다.

그림 2.52 2단 만들고 간격 조정하기

05. 첫 번째 단의 '캘린더' 아래에 '이번 달 주요행사'를 입력합니다. '/글머리 기호 목록'을 입력합니다. 글 머리 기호 목록에는 백링크를 활용해 주요행사를 표시해 보겠습니다. '@'를 입력하고 데이터베이스에 있는 일정 제목을 입력합니다.

06. 주요행사 아래로 체크 리스트를 만들어보겠습니다. '체크 리스트'를 입력합니다. '/할 일 목록'을 입력
해 체크박스를 만듭니다. 체크박스에는 이번 달에 반드시 해야 할 일을 기록합니다.

07. 체크 리스트를 완성했으면 빈칸의 왼쪽 핸들(:::)을 클릭하고 화면 하단으로 이동해 2단을 탈출합니다.
'/구분선'을 입력해 하단의 구역을 마무리합니다.

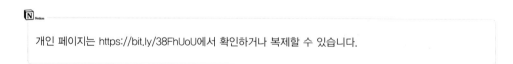

그림 2.53 완성된 하단

개인 페이지를 완성했습니다. 개인 페이지를 활용해서 일정 관리나 업무 관리를 해 보세요. 좋아
하는 사진이나 그림도 삽입해 꾸며보세요.

개인 페이지는 https://bit.ly/38FhUoU에서 확인하거나 복제할 수 있습니다.

03장

블록과
데이터베이스

3.1. 여러 가지 블록 만들기

노션은 레고처럼 원하는 모양으로 만들 수 있습니다. 노션에서는 모든 기능을 블록처럼 사용할 수 있기 때문입니다. 블록은 ① 기본 블록, ② 인라인 블록, ③ 데이터베이스 블록, ④ 미디어 블록, ⑤ 임베드 블록, ⑥ 고급 블록의 6가지로 구성됩니다.

3.1.1. 기본 블록

노션의 기본 블록을 알아보겠습니다. 기본 블록은 주로 텍스트와 관련이 있습니다. 기본 블록을 사용하려면 '/'를 입력하고 팝업 창에서 선택합니다. 기본 블록에는 다음과 같은 것이 있습니다.

❶ **텍스트**: 일반 텍스트로 사용

❷ **페이지**: 페이지에서 하위 페이지를 생성

❸ **할 일 목록**: 체크박스를 생성

❹ **제목1**: 글씨 크기를 대(大)로 전환

❺ **제목2**: 글씨 크기를 중(中)으로 전환

❻ **제목3**: 글씨 크기를 소(小)로 전환

❼ **표**: 단순한 표 블록을 생성

❽ **글머리 기호 목록**: 글머리 기호 목록을 생성

❾ **번호 매기기 목록**: 번호 목록을 생성

❿ **토글 목록**: 토글을 생성

⓫ **인용**: 인용 문구를 작성하는 인용 블록 생성

⓬ **구분선**: 블록을 시각적으로 구분하는 구분선 생성

⓭ **페이지에 대한 링크**: 기존 페이지로 이동하는 링크 생성

⓮ **콜아웃**: 콜아웃 상자를 생성

기본 블록

❶ 텍스트 - 일반 텍스트 사용
❷ 📄 페이지 - 하위 페이지를 생성
❸ ☐ 할 일 목록 - 체크박스를 생성

❹제목1 - 글씨 크기를 대(大)로 전환

❺제목2 - 글씨 크기를 중(中)으로 전환

❻제목3 - 글씨 크기를 소(小)로 전환

❼ 표   단순 표를 생성

❽ • 글머리 기호 목록 - 글머리 기호 목록을 생성
❾ 1. 번호 매기기 목록 - 번호 목록을 생성
❿ ▶ 토글 목록 - 토글을 생성
⓫ │ 인용 - 인용 문구를 작성성하는 인용 블록 생성
⓬ 구분선 - 블록을 시각적으로 구분하는 가로줄 생성
⓭ 📄 페이지에 대한 링크 - 기존 페이지로 이동하는 링크 생성

⓮ 💡 콜아웃 - 콜아웃 상자를 생성

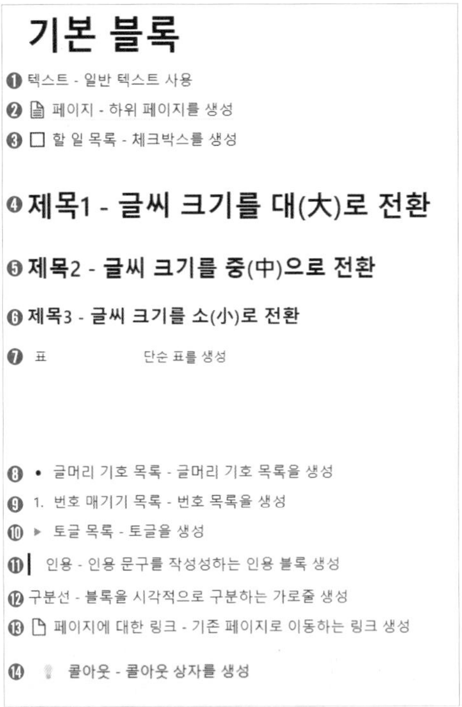

그림 3.1 기본 블록 보여주기

3.1.2. 인라인 블록

인라인 블록은 페이지에 다른 유형의 콘텐츠를 삽입합니다. 5개의 인라인 블록을 살펴보겠습니다.

01. **사용자 멘션하기**: 워크스페이스에서 다른 사용자를 호출합니다. 팀원에게 의견을 남기거나 업무 요청을 할 때 사용할 수 있습니다.

그림 3.2 사용자 멘션하기

02. **페이지 멘션하기**: 워크스페이스에서 다른 페이지로 이동하는 링크를 만듭니다. 데이터베이스를 찾으러 다른 페이지로 이동할 필요가 없습니다. **페이지 멘션하기** 기능을 사용하면 현재 작업하는 페이지에 필요한 페이지의 링크를 만들 수 있습니다.

03. **날짜 또는 리마인더**: **날짜 또는 리마인더**는 페이지에 날짜를 입력하면 일정을 알려주거나 리마인더 기능으로 알람을 사용할 수 있습니다. 날짜와 시간을 입력하면 날짜를 표시하고, 리마인더와 날짜를 입력하면 알람으로 사용할 수 있습니다. 날짜를 입력하는 방법은 @ 와 '년/월/일 오전/오후 00:00'순으로 입력합니다. 예를 들어, '@2022년 12월 31일 오후 07:00'와 같이 입력합니다. 리마인더는 '@리마인더 + 년/월/일 오전/오후 00:00)'를 입력합니다. 예를 들어, '@리마인더 2022년 12월 31일 오후 07:00'와 같이 입력합니다.

그림 3.3 날짜 또는 리마인더

04. 이모지: '이모지'는 노션에서 기본 제공하는 이모지를 사용할 수 있습니다. 이모지 팝업창이 나오면 원하는 이모지를 선택합니다. 한글이나 영어를 입력하면 키워드로 이모지가 검색됩니다.

05. 인라인 수학 공식: '인라인 수학 공식'에서는 수학 방정식과 기호, 표현식 등의 수학 기호를 입력할 수 있습니다. 텍(TeX) [1] 언어 수식을 사용해 수학 공식을 입력할 수 있습니다. 수학 공식 팝업창이 나오면 수학 공식을 텍스트로 입력합니다. 문법에 맞게 입력하면 수학 기호가 표시됩니다.

그림 3.4 인라인 수학 공식

3.1.3. 데이터베이스 블록

데이터베이스 블록은 크게 세 가지 종류로 나뉩니다. 첫째는 인라인, 둘째는 전체 페이지, 셋째는 링크된 데이터베이스 생성입니다. 첫 번째 인라인 블록과 두 번째 전체 페이지 블록의 종류를 살펴보겠습니다.

인라인	전체 페이지
표	표
보드	보드
갤러리	갤러리
리스트	리스트
캘린더	캘린더
타임라인	타임라인

01. 인라인과 전체 페이지의 블록은 동일한 형태입니다. 다만 활용하는 방법이 다릅니다. 인라인은 페이지 안에 블록을 삽입합니다. 전체 페이지는 페이지 전부를 해당 데이터베이스로만 사용합니다. 전체 페이지 블록을 사용할 경우 보기만 변경할 수 있습니다. 하지만 다른 블록이나 텍스트는 삽입할 수 없습니다.

---

1 (엮은이) https://ko.wikipedia.org/wiki/TeX

'표 데이터베이스 – 인라인'과 '표 데이터베이스 – 전체 페이지'로 예를 들어보겠습니다. 그림 3.5와 같
이 '표 데이터베이스 – 인라인'은 블록을 생성하고 다른 내용도 추가할 수 있습니다. 하지만 '표 데이터
베이스 – 전체 페이지'는 표 외에는 어떤 내용도 추가할 수 없습니다.

그림 3.5 표 – 인라인

그림 3.6 표 – 전체 페이지

02. 링크된 데이터베이스 생성은 특정 데이터베이스를 현재 페이지로 불러올 수 있는 기능입니다. 링크된
데이터베이스는 원본 데이터베이스와 구별하기 위해 제목 앞에 **화살표(↗)**가 자동으로 만들어집니다.
링크된 데이터베이스 생성은 원본 데이터베이스와 실시간으로 동기화됩니다. 따라서 원본 데이터베이
스 위치와 상관없이 편집과 수정이 가능합니다. 하지만 보기나 필터와 같은 세부 설정은 동기화되지 않
습니다.

그림 3.7 링크된 데이터베이스

3.1.4. 미디어 블록

일상이나 업무에 필요한 동영상이나 오디오, 파일과 같은 미디어를 정리해야 할 때가 있습니다. 이럴 때는 미디어 블록을 사용하면 미디어를 보관하고 필요할 때 사용할 수 있습니다. 또한 블록을 움직이거나 크기를 조절할 수 있습니다. 미디어 블록을 살펴보겠습니다.

이미지 블록

이미지 블록을 만드는 3가지 방법이 있습니다. 첫째는 데스크톱에서 파일을 바로 업로드하는 방법입니다. 둘째는 링크 임베드 기능을 활용하는 것입니다. 셋째는 언스플래시 사이트에서 필요한 사진을 검색해 사용하는 방법입니다.

'/이미지'를 입력하면 이미지 옵션 창이 나옵니다. 옵션 창 상단에는 '**업로드**', '**링크 임베드**', '**Unsplash**'가 있습니다.

01. **업로드** 탭에서 '**파일 업로드**' 버튼을 클릭하면 파일 탐색기가 열립니다. 데스크톱에서 필요한 파일을 선택하고 업로드하면 사진이 삽입됩니다.

그림 3.8 이미지 옵션 창

02. **링크 임베드** 탭을 선택하면 웹사이트 주소를 넣을 수 있는 옵션 창이 열립니다. 이미지 링크 주소를 넣고 **이미지 임베드**를 클릭하면 사진이 삽입됩니다.

03. 언스플래시는 저작권 없이 무료로 사용할 수 있는 이미지 사이트입니다. Unsplash 탭에서 키워드를 검색하면 사진이 나옵니다. 언스플래시에서 제공하는 다양한 무료 이미지를 사용해보세요.

북마크 블록

북마크 블록은 웹사이트 주소를 시각적으로 보여주는 기능입니다. 웹사이트 주소를 입력하면 해당 사이트의 정보와 설명과 웹 주소 등을 간략하게 표시합니다. '/북마크'를 입력하면 웹사이트 주소를 입력하는 옵션 창이 나옵니다. 여기에 웹사이트 주소를 입력하고 **북마크 생성**을 클릭하면 시각적인 북마크가 생성됩니다.

그림 3.9 북마크 블록

동영상 블록

동영상 블록은 두 가지 기능이 있습니다. 첫째는 유튜브, 비메오(Vimeo) 같은 동영상 사이트의 동영상을 재생합니다. 둘째는 MP4, AVI 등의 동영상 파일을 블록으로 만들어서 재생할 수 있습니다. 동영상 블록은 크기 조절도 가능하고 원하는 곳에 배치할 수 있어 사업 제안서, 개인 포트폴리오 등에서 다양하게 활용할 수 있습니다.

01. 동영상 블록을 만들려면 '/동영상'을 입력합니다. 옵션 창의 '링크 임베드' 탭에 동영상 사이트의 주소를 입력합니다. 그러면 동영상 블록이 만들어지고 노션 페이지에서 시청할 수 있습니다.

미디어 블록

동영상 임베드 또는 업로드

링크 임베드   업로드

동영상 링크 붙여넣기

동영상 임베드

YouTube, Vimeo 등과 호환됨

그림 3.10 동영상 임베드 옵션 창

02. 동영상 블록 옵션 창에서 **업로드** 탭을 선택하면 동영상 파일을 데스크톱에서 직접 올릴 수 있습니다. 단, 요금제에 따라 업로드할 수 있는 용량에 제한이 있습니다. 업로드하기 전에 동영상 파일의 용량을 확인해주세요.

오디오 블록

오디오 블록은 노션 페이지에 오디오를 삽입할 수 있는 기능입니다. 오디오 업로드를 하는 2가지 방법이 있습니다. 첫째는 데스크톱에서 직접 파일을 업로드하는 것입니다. 둘째는 사운드클라우드(SoundCloud), 스포티파이(Spotify) 같은 오디오 제공 웹사이트를 이용하는 것입니다.

01. 오디오 블록을 사용하려면 '/오디오'를 입력합니다. 오디오 옵션 창에서 **업로드** 탭을 선택하고 '파일을 선택하세요'를 클릭하면 오디오 파일을 데스크톱에서 직접 업로드할 수 있습니다. 요금제에 따라 업로드 파일 용량에 제한이 있으니 파일의 용량을 먼저 확인해보세요.

그림 3.11 오디오 파일 업로드

02. 오디오 옵션 창에서 '링크 임베드'를 선택하면 음원 사이트 주소를 입력할 수 있는 옵션 창이 나옵니다. 옵션 창에 웹 주소를 입력하고 '오디오 임베드'를 클릭하면 음원 사이트의 오디오를 포함하는 블록을 생성합니다. 또한 음원 플레이도 가능합니다.

코드 블록

노션 페이지에 코드 블록을 만들 수 있습니다. 코드 블록을 이용하면 데이터베이스와 코드를 분리할 수 있습니다. 또한 다양한 프로그래밍 언어를 지원해 언어별로 관리할 수 있습니다. 코드 블록이 필요한 2가지 이유가 있습니다. 첫째는 다른 개발자와 코드를 쉽게 공유할 수 있습니다. 둘째는 프로그래밍 라이브러리를 보관하고 관리하는 데 유용합니다.

코드 블록은 '/코드'를 입력하고 옵션 창에서 **코드**를 선택합니다. 코드 블록 왼쪽 상단에서는 언어의 종류를 선택할 수 있습니다. 오른쪽 상단에서는 복사, 캡션, 메뉴를 선택할 수 있습니다.

그림 3.12 코드 블록

파일 블록

파일 블록은 데스크톱에 저장된 파일을 노션 페이지의 원하는 위치에 삽입하는 기능입니다. 워드, PPT, PDF 등의 파일을 블록으로 저장하고 관리할 수 있습니다. 파일 블록을 만들려면 '/파일'을 입력합니다. **업로드** 탭은 데스크톱에 있는 파일을 업로드할 수 있습니다. 링크 임베드는 구글 드라이브, PDF 등의 웹 주소를 입력하면 파일이 블록으로 만들어집니다.

그림 3.13 파일 블록

3.1.5. 임베드 블록

노션에서는 PDF, 구글 드라이브, 트위터 등의 다양한 프로그램을 임베드할 수 있습니다. 노션에서 제공하는 임베드 목록은 아래와 같습니다. 임베드의 활용은 4.8절을 참고해주세요.

Google Drive	Tweet	GitHub Gist	Google Maps
Figma	Abstract	Invision	Framer
Whimsical	Miro	Sketch	Excalidraw
PDF	Loom	Typeform	CodePen
Replit	Hex	Deepnote	GitHub
Jira	Slack	Zoom	Asana
Trello	Dropbox		

3.1.6. 고급 블록

지금까지 언급한 기본 블록 외에도 노션의 활용도를 높여줄 수 있는 고급 블록이 있습니다. 고급 블록의 종류를 살펴보고 그 기능을 하나씩 살펴보겠습니다.

목차

목차는 페이지의 목차를 만들어주는 기능입니다. 목차를 만들면 페이지에서 필요한 내용만 빠르게 검색할 수 있습니다. 목차를 만들려면 기본 블록의 제목1, 제목2, 제목3을 사용해야 합니다. '/목차'를 입력하면 제목1, 제목2, 제목3의 순서대로 자동으로 목차가 만들어집니다.

그림 3.14 목차 만들기 예시

수학 공식 블록

수학 공식 블록은 텍 문법으로 수학 공식을 만들어주는 기능입니다. 수학 기호가 나오더라도 빠르고 정확한 수학 공식을 입력할 수 있습니다. 수학 공식 블록을 사용하려면 '/수학 공식 블록'을 입력합니다. 옵션 창에 텍 문법으로 수학 공식을 입력하고 **완료** 버튼을 클릭합니다. 그러면 수학 공식이 블록으로 생성됩니다.

그림 3.15 수학 공식 블록

템플릿 버튼

템플릿 버튼은 노션에서 반복적으로 사용하는 서식을 만들어 주는 블록입니다. 일일업무일지, 회의록 등을 템플릿 버튼으로 만들어 놓으면 문서 작성 시간을 줄일 수 있습니다. 템플릿 버튼을 만들려면 '/템플릿 버튼'을 입력합니다.

템플릿 버튼은 3개의 파트로 구성되어 있습니다.

01. 상단의 '템플릿 버튼 구성'은 템플릿 수정이 완료되면 **닫기** 버튼을 클릭합니다.

02. 가운데는 템플릿 버튼의 제목입니다. 기본값은 '새로운 할 일 추가'입니다.

03. 하단은 자동으로 생성될 서식입니다. 서식은 할 일 목록, 글머리 기호 목록, 토글 등의 기본 블록을 이용할 수 있습니다. 기본값은 '할 일 목록'입니다.

모든 편집이 완료됐으니 상단의 '닫기' 버튼을 클릭합니다. 그러면 할 일 목록을 만들 수 있는 **+ 새로운 할 일 추가** 템플릿 버튼이 생성됩니다.

그림 3.16 템플릿 버튼

동기화 블록

동기화 블록은 2개 이상의 블록을 실시간 양방향으로 동기화할 수 있는 블록입니다. 여러 페이지에 동기화 블록이 있더라도, 한 개의 동기화 블록에서 내용을 수정하면 다른 페이지의 동기화블록도 동일하게 수정됩니다. 동기화 블록에는 텍스트, 데이터베이스, 미디어 블록 등 노션의 모든 기능을 활용할 수 있습니다. 동기화 블록의 메뉴를 클릭하면 원본의 위치와 동기화된 블록의위치를 알려줍니다. 또한, 필요에 따라서는 동기화를 해제할 수 있습니다.

그림 3.17 동기화 블록

제목 토글 1,2,3

제목 토글 1,2,3은 제목1,2,3과 토글을 합친 기능으로 제목 1,2,3 아래에 콘텐츠를 숨길 수 있습니다. 이 기능은 문서 작성 시 불필요한 내용을 제목 아래에 토글로 숨겨서 문서를 깔끔하게 편집하고자 할 때 사용합니다.

그림 3.18 제목 토글

3.2. 데이터베이스와 다양한 보기

노션의 가장 핵심적인 기능은 데이터베이스와 6개의 '보기'입니다.

데이터베이스는 노션에서 가장 중요한 기능입니다. 데이터베이스 없이는 노션을 100% 활용할 수 없습니다. 데이터베이스는 엑셀과 같은 표의 형태입니다. 열은 날짜, 숫자, 텍스트 등의 속성을 선택할 수 있습니다.

데이터베이스는 표, 보드, 타임라인, 캘린더, 리스트, 갤러리의 6개 '보기' 형태로 사용할 수 있습니다. 원본 데이터베이스를 다양하게 시각적으로 표시할 수 있습니다. 보기를 활용하면 원본 데이터를 가공해 다른 종류의 문서를 만들 필요가 없습니다.

데이터베이스는 두 가지 형태로 '보기'를 사용할 수 있습니다. 첫 번째는 표, 보드, 타임라인, 캘린더, 리스트, 갤러리의 6가지 형태입니다. 6개의 보기를 활용하면 원본 데이터베이스에 입력된 데이터를 다양한 시각적인 형태로 표시할 수 있으며, 원본 데이터를 추가 가공하지 않고 200% 활용할 수 있습니다. 두 번째는 데이터베이스의 하위 페이지 보기 옵션으로 3가지 옵션이 있습니다. 첫째는 하위 페이지를 화면 오른쪽 사이드에서 볼 수 있는 '사이드 보기', 둘째는 중앙에 팝업창처럼 볼 수 있는 '중앙에서 보기', 셋째는 전체 페이지로 전환해주는 '전체 페이지 보기'입니다. 하위 페이지의 보기 옵션을 업무 종류에 따라 설정하면 클릭수가 줄어들고 업무에 집중할 수 있기에 생산성 증가로 이어집니다. 참고로 이 기능은 데스크톱에서만 사용할 수 있습니다.

그럼, 기본적인 데이터베이스부터 살펴보겠습니다.

3.2.1. 데이터베이스 만들기

노션의 기초인 데이터베이스를 만들어 보겠습니다. '/표 보기'를 입력하여 데이터베이스를 만듭니다. '기존 데이터베이스 선택' 하단에 있는 옵션 창에 데이터베이스의 이름을 입력하고 최하단에 '+ 새 데이터베이스 생성'을 클릭하면 표 데이터베이스가 만들어집니다.

위치	이름	속성	특징
첫 번째 열	이름	제목	속성 변경이 불가능 이름은 변경 가능 하위 페이지의 제목으로 사용 위치는 이동 가능
두 번째 열	태그	다중선택	원하는 속성과 이름으로 변경해서 사용 가능

그림 3.19 기본 형태의 데이터베이스

데이터베이스에는 다양한 속성이 존재합니다. 데이터베이스에 다른 속성을 추가하려면 맨 오른쪽에 있는 '+'를 클릭해 보세요. 그러면 이름 '열'과 텍스트 속성이 자동으로 생성되면서 메뉴 창이 나옵니다. 메뉴 창에서 원하는 속성을 선택할 수 있습니다. 속성에는 기본 속성과 고급 속성이 있습니다. 우선 데이터베이스에서 사용 가능한 기본 속성부터 알아보겠습니다.

3.2.2. 기본 속성

기본 속성은 데이터베이스를 활용하기 위한 기초 기능입니다. 기본 속성을 알아야 데이터베이스를 제대로 활용할 수 있습니다. 우선 데이터베이스 속성의 종류와 특징을 알아보겠습니다.

이름	특징
제목	하위 페이지의 제목과 입장(제목 칸의 '열기' 버튼을 클릭하면 해당 열의 하위 페이지로 들어갈 수 있음)
텍스트	텍스트를 입력
숫자	숫자를 입력. 텍스트는 입력이 안 됨
선택	한 가지 옵션을 선택
다중 선택	여러 개의 옵션을 선택
상태	업무의 진행사항을 파악할 수 있는 옵션을 제공
날짜	캘린더에 날짜 선택, 리마인더 지정
사람	팀원을 선택
파일과 미디어	파일을 업로드
체크박스	체크박스 생성

이름	특징
URL	웹사이트 주소를 입력
이메일	이메일 주소를 입력
전화번호	전화번호를 입력

제목

제목 속성은 하위 페이지의 제목이기에 각 행에 반드시 있어야 합니다. 수정이나 삭제는 안 됩니다. 각 칸의 오른쪽에 **열기** 버튼이 있습니다. **열기**를 클릭하면 하위 페이지가 열립니다.

텍스트

텍스트 속성을 선택하면 칸에 텍스트를 입력할 수 있습니다. 기본적인 정보나 설명, 메모 등을 기록할 수 있습니다. 주의해야 할 점은 '텍스트' 속성은 '제목' 속성과는 다르다는 것입니다.

숫자

숫자 속성을 선택하면 데이터베이스에 숫자를 입력할 수 있습니다. 숫자 속성에 텍스트를 입력하면 자동으로 삭제됩니다. 숫자 속성은 다양한 옵션을 사용할 수 있습니다. 숫자 속성 칸에 마우스를 올려놓으면 왼쪽에 123이 생깁니다. 이것을 클릭하면 퍼센트, 쉼표가 포함된 숫자, %, 달러, 유로 등 원하는 방식으로 숫자를 표현할 수 있습니다. 단, 1개의 열에는 한 가지 숫자 옵션만 설정 가능합니다.

선택

선택 속성은 데이터베이스에 필요한 태그를 추가하는 기능입니다. 태그를 사용하려면 선택 속성 옵션 창에 태그를 입력해야 합니다. **선택** 속성은 한 개의 태그만 선택할 수 있습니다. **선택** 속성은 **보드**의 그룹화를 할 때 필요합니다. 자세한 내용은 3.2.3 '다양한 데이터베이스의 보기'를 확인해주세요.

다중 선택

다중 선택 속성은 **선택** 속성과 같이 태그를 추가하는 기능입니다. 하지만 두 속성에는 차이점이 있습니다. **선택** 속성은 1개의 태그만 선택할 수 있습니다. 그에 비해 **다중 선택** 속성은 1개 이상의 태그를 사용할 수 있습니다. 여러 개의 태그가 필요할 때는 '다중 선택' 속성을 사용합니다.

상태

상태는 업무의 진행 상황을 파악할 수 있도록 도와주는 속성입니다. '상태' 속성 체크박스나 선택 속성 중 하나로 사용할 수 있습니다. 상태의 기본 옵션은 세 가지입니다. 첫 번째 옵션 '상태'는 Not started, 두 번째 옵션 '진행 중'은 In progress, 세 번째 옵션 '완료'는 Done으로 표시됩니다. 협업을 하거나 프로젝트를 관리할 때 상태 속성을 사용합니다.

날짜

날짜 속성은 데이터베이스의 날짜를 지정하거나 리마인더로 사용하는 속성입니다. **캘린더 보기**를 사용하기 위해서는 꼭 필요한 속성입니다.

날짜 속성에는 3가지 옵션이 있습니다.

01. 지정한 날짜를 미리 알려주는 리마인더 옵션입니다. 알림 옵션은 이벤트 정각부터 2일 전까지 설정할 수 있습니다.

02. 종료일을 설정할 수 있습니다. 종료일을 켜면 옵션 상단에 두 개의 날짜가 표시됩니다. 왼쪽 날짜는 시작일이고 오른쪽 날짜는 종료일입니다.

03. 시간을 설정할 수 있습니다. 시간을 켜면 날짜 옵션 상단에는 시작일과 종료일의 시간을 선택할 수 있습니다.

사람

사람 속성은 협업을 하는 팀원을 호출하거나 지정할 수 있는 기능입니다. **사람** 속성은 공유된 페이지에서 사용할 수 있습니다. 데이터베이스의 특정 행에 배정하거나 팀원을 호출할 때 사용합니다.

파일과 미디어

파일과 미디어 속성은 파일을 업로드하거나 웹 주소를 입력할 수 있는 속성입니다. 파일과 미디어 옵션에는 **업로드** 탭과 **링크 임베드**의 두 가지 탭이 있습니다.

01. **업로드** 탭은 데스크톱에서 파일을 직접 업로드할 수 있습니다. 파일이 아닌 이미지를 업로드하면 섬네일처럼 사진이 표시가 됩니다.

02. **링크 임베드** 탭에서는 웹사이트 주소를 입력하고 **링크 임베드** 버튼을 클릭하면 웹사이트 주소가 표시됩니다. 옵션 창을 클릭하면 해당 사이트로 바로 이동할 수 있습니다.

체크박스

체크박스 속성은 완료와 미완료를 확인할 수 있는 기능입니다. 마우스로 체크박스를 클릭하면 체크와 해제가 됩니다. 체크박스 속성은 데이터베이스의 완료 여부를 확인할 수 있어 전체 업무 진행률 계산으로 활용되기도 합니다.

URL

URL 속성은 웹사이트 주소를 입력하는 기능입니다. 데이터베이스와 관련 있는 웹사이트 주소를 연결하는 용도로 사용합니다. 옵션 창을 클릭하면 오른쪽에 **URL 편집** 아이콘이 나옵니다. 이것을 클릭하면 웹사이트 주소를 편집할 수 있습니다.

이메일

이메일 속성은 데이터베이스와 관련 있는 팀원, 관계자, 거래처 직원 등의 이메일을 기록할 수 있습니다. 옵션 창을 클릭하면 오른쪽에 **이메일 편집** 아이콘이 나옵니다. 아이콘을 클릭하면 이메일 주소를 편집할 수 있습니다.

전화번호

전화번호 속성은 팀원, 담당자, 거래처 직원 등의 전화번호를 입력할 수 있습니다. 스마트폰 앱에서 전화번호 오른쪽에 있는 **통화** 아이콘을 클릭하면 전화를 걸 수 있습니다.

3.2.3. 다양한 데이터베이스의 보기

지금까지 데이터베이스의 기본 속성을 살펴보았습니다. 지금부터 데이터베이스를 다양하게 활용하는 6개의 '보기'를 알아보겠습니다. 데이터베이스 왼쪽 상단에 있는 '**+ 보기 추가**'를 클릭하면 '**보기**' 옵션 창이 나옵니다. 옵션 창에는 표, 보드, 타임라인, 캘린더, 리스트, 갤러리 총 6개의 보기가 있습니다. 원하는 보기를 선택하고 데이터베이스의 이름을 변경할 수 있습니다.

그림 3.20 6개의 보기

각 보기의 특징을 살펴보겠습니다.

표 보기

표는 데이터베이스를 생성하고 관리하는 가장 기본적인 구조입니다. 이는 마치 엑셀의 스프레드시트처럼 데이터베이스를 관리할 수 있습니다. '**표 보기**'를 제외한 나머지 5개 '**보기**'는 표에 생성된 속성을 기반으로 활용할 수 있습니다.

그림 3.21 표 보기

보드 보기

보드 보기는 데이터베이스의 모든 속성을 그룹화해 만들어지는 칸반(Kanban) 보드입니다. 데이터베이스의 데이터는 카드로 만들어집니다. 보드 보기는 그룹화와 하위 그룹화로 사용할 수 있습니다. 그룹화는 가로 행이고 하위 그룹화는 세로 열입니다. 보드 보기의 기본값은 가로 행이고, 메뉴에서 하위 그룹화를 선택하면 세로 열을 만들 수 있습니다. 카드를 드래그해 다른 그룹으로 자유롭게 이동할 수 있습니다.

그림 3.22 보드 보기

타임라인 보기

타임라인은 데이터를 바(Bar)의 형태로 관리하는 기능입니다. 데이터베이스를 시각화해 직관적으로 관리할 수 있습니다. 또한 타임라인을 활용하면 데이터베이스의 시작과 끝을 표시할 수 있습니다. 타임라인을 활용하면 데이터베이스의 전체 일정을 파악할 수 있습니다.

그림 3.23 타임라인 보기

캘린더 보기

'**캘린더 보기**'는 데이터베이스의 정보를 캘린더에 표시하는 기능입니다. 캘린더 속성을 사용하려면 데이터베이스에 '**날짜**' 속성이 반드시 있어야 합니다. 날짜와 연관 있는 특정 데이터를 캘린더에 표시합니다.

그림 3.24 캘린더 보기

리스트 보기

리스트 보기는 데이터베이스의 각 행의 제목을 중점적으로 표시해 줍니다. 핵심적인 정보를 전달할 때는 리스트 보기가 적합합니다. 또한 정보가 많지 않은 데이터베이스를 관리할 때도 유용합니다.

그림 3.25 리스트 보기

갤러리 보기

갤러리 보기는 이미지 중심의 데이터베이스에 적합합니다. 섬네일 이미지가 표시되고 이미지 크기를 조정할 수 있습니다. 갤러리 카드에 데이터베이스 제목과 기타 정보도 삽입할 수 있습니다. 시각적인 데이터베이스를 관리할 때 유용합니다.

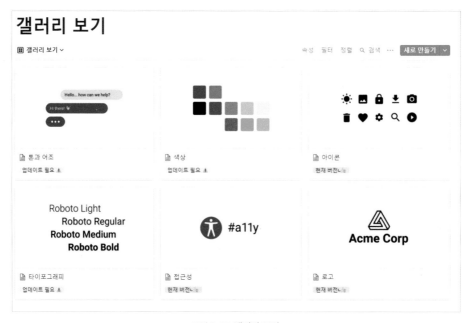

그림 3.26 갤러리 보기

6개 '보기'는 용도가 다릅니다. 1개의 보기만 사용하기보다는 2~3개의 보기를 같이 사용하는 것을 추천합니다. 예를 들면, 프로젝트 관리를 위해서는 업무 일정을 관리할 수 있는 **타임라인 보기**와 업무의 진행사항을 점검할 수 있는 **보드 보기**를 같이 사용하는 것이 효과적입니다. 여행 일지를 만들려면 여행에 필요한 목록을 정리한 **리스트 보기**와 여행 일정을 확인할 수 있는 **캘린더 보기**를 같이 사용하는 것이 효과적입니다.

3.2.4. 데이터베이스 하위 페이지 보기 옵션 설정하기

데이터베이스는 데이터와 하위 페이지로 구성됩니다. 데이터의 제목을 클릭하면 하위 페이지로 이동하여 자료나 정보를 입력할 수 있습니다. 하위 페이지는 세 가지 방식(사이드 보기, 중앙에서 보기, 전체 페이지 보기)으로 볼 수 있습니다.

데이터베이스의 하위 페이지 보기 옵션을 설정하려면 데이터베이스 오른쪽 상단의 … 메뉴를 클릭하고 메뉴에서 '**레이아웃**'을 선택합니다. 레이아웃 옵션 하단의 '**페이지 보기 선택**'에서 보기 옵션을 선택할 수 있습니다. 참고로 '**사이드 보기**'가 기본값이지만 언제든지 '**중앙에서 보기**', '**전체 페이지 보기**'로 바꿀 수 있습니다. 또한 하위 페이지 왼쪽 상단에서도 보기 옵션을 바꿀 수 있습니다.

그림 3.27 하위 페이지 왼쪽 상단에서 보기 옵션 설정

첫 번째 '**사이드 보기**'는 화면 중앙에 데이터베이스가 있고, 화면 오른쪽 사이드바에서 하위 페이지를 볼 수 있는 방식입니다. 여러 개의 데이터를 작성하고 편집하는 것이 쉽고, 사이드의 크기도 조정할 수 있다는 장점이 있지만, 데스크톱에서만 사용할 수 있고, 한 화면에 데이터베이스와 하위 페이지가 동시에 표시돼 집중력이 떨어진다는 단점이 있습니다.

그림 3.28 사이드 보기

두 번째 '**중앙에서 보기**'는 하위 페이지를 화면 중앙에 팝업 창처럼 볼 수 있는 방식입니다. 선택한 데이터의 하위 페이지로 이동하여 자료나 정보를 입력할 수 있고, 이전 페이지로 돌아가서 다른 데이터의 자료나 정보를 입력할 수 있습니다. 하위 페이지에서 상위 페이지로 이동하기 쉽고 작업하던 페이지를 유지할 수 있다는 장점은 있지만, 하위 페이지가 팝업 창으로 표시되므로 작업에 집중하려면 전체 페이지로 전환해야 한다는 단점도 있습니다.

그림 3.29 중앙에서 보기

세 번째 '**전체 페이지 보기**'는 하위 페이지를 전체 페이지로 전환하는 방식입니다. 선택한 하위 페이지에서 바로 작업할 수 있도록 하위 페이지를 전체 페이지로 전환합니다. 전체 페이지 보기는 하위 페이지에 집중하여 작업할 수 있도록 전체 페이지로 전환한다는 장점이 있지만, 상위 페이지로 이동하기에는 다소 불편하다는 단점이 있습니다.

그림 3.30 전체 페이지 보기

3.3. 데이터베이스 정보를 분류할 수 있는 필터와 정렬

노션을 사용하다 보면 데이터베이스의 양이 조금씩 늘어납니다. 데이터의 규모가 커질수록 데이터 관리의 어려움이 생깁니다. 이럴 때 필요한 것은 필터와 정렬 기능입니다.

3.3.1. 필터의 기능과 사용방법

필터는 데이터베이스에서 지정하는 조건과 일치하는 데이터만을 표시하는 기능입니다. 데이터가 100개, 1000개가 된다고 하더라도 필터 기능을 사용하면 원하는 데이터만 빠르게 검색할 수 있습니다. 필터는 데이터베이스의 모든 속성을 활용해 필터링할 수 있습니다. 예를 들어, 선택 속성이면 옵션에 입력된 태그로 필터링을 할 수 있습니다. 날짜 속성이면 특정 기간을 설정해 필터링을 사용할 수 있습니다.

필터를 사용하는 방법은 다음과 같습니다.

01. 데이터베이스의 오른쪽 상단 메뉴(…)를 클릭하고 **필터**를 선택합니다.

02. 옵션 창의 **고급 필터 추가**를 클릭합니다. **필터 규칙 추가**와 **필터 그룹 추가** 두 가지 옵션이 나옵니다.

03. **필터 규칙 추가**는 한 개의 필터를 설정하는 것이고, **필터 그룹 추가**는 필터 그룹을 만들어서 더 세밀한 필터링을 할 수 있습니다.

그림 3.31 필터 그룹 추가

3.3.2. 정렬의 기능과 사용 방법

정렬은 데이터베이스에서 데이터를 배열하는 순서를 정하는 것입니다. 시간의 순서대로 정렬할 수 있고, 알파벳 순으로 정렬할 수 있습니다. 정렬은 오름차순과 내림차순으로 설정할 수 있습니다. 오름차순은 값이 낮은 것부터 큰 것으로 정렬하는 것입니다. 한글은 ㄱ부터 ㅎ순으로 정렬되고, 알파벳은 A부터 Z순으로 정렬됩니다. 내림차순은 그 반대로 정렬됩니다.

정렬 기능을 설정하는 방법은 다음과 같습니다.

01. 데이터베이스 우측 상단에 있는 메뉴(…)를 클릭하고 **정렬**을 선택하면 정렬 옵션 창이 열립니다.

02. 옵션 창에서 **정렬할 속성**을 클릭하면 정렬 설정 창이 열립니다. 왼쪽 설정은 정렬할 속성을 선택하고, 오른쪽 설정은 오름차순이나 내림차순을 설정합니다.

03. 정렬 옵션을 추가하려면 옵션 창에서 **정렬 추가**를 클릭하세요.

그림 3.32 정렬 옵션 창

04장

템플릿을 만드는
원리

4.1. 템플릿의 뼈대가 되는 3가지 메인 데이터베이스 만들기

노션은 마치 레고 블록과 같습니다. 원하는 모양과 스타일대로 노션을 만들고 조립할 수 있습니다. 하지만 노션의 이러한 장점이 있음에도 초보자는 노션을 자유자재로 활용하기가 어렵습니다. 그렇다면 문제를 어떻게 해결해야 할까요? 해답은 노션의 뼈대를 이루는 메인 데이터베이스를 만드는 것입니다.

이 책에서는 노션을 잘 활용하기 위해 '만능 태그', '만능 태스크', '만능 지식창고'라는 3대 메인 데이터베이스를 만들어 사용합니다. 메인 데이터베이스를 통해 노션을 100% 활용할 수 있습니다. 3가지 메인 데이터베이스의 역할과 관계를 살펴보겠습니다.

4.1.1. 3가지 메인 데이터베이스의 역할과 관계

3개의 메인 데이터베이스는 유기적인 관계를 유지하며 데이터를 교환합니다. 만능 태그는 만능 태스크가 할 일을 정해주고, 만능 지식창고는 만능 태스크를 지원하는 역할을 합니다. 만능 태스크와 만능 지식창고는 만능 태그가 없으면 관계를 유지할 수 없습니다.

3가지 메인 데이터베이스의 관계를 건축에 비유하자면, 만능 태그는 건축가이고 만능 태스크는 건축 노동자이고 만능 지식창고는 건설 장비입니다. 예를 들어, 집을 짓는다고 가정합시다. 건축

가가 집의 구조를 만들고 안방, 공부방, 화장실과 같은 방의 용도를 정합니다. 건축 노동자는 건축가의 지시에 따라 작업을 합니다. 건축 노동자는 건설 장비를 활용해 작업합니다.

3가지 메인 데이터베이스는 상하의 계층적 구조가 아니라 수평적인 구조이고 상호 보완적인 관계입니다. 위에서도 살펴보았듯이, 3가지 데이터베이스는 태그가 업무의 범위를 정해주고, 태스크가 태그에 맞는 업무를 수행하고, 지식창고가 태스크를 지원합니다. 이런 건강한 관계가 유지될 때 좋은 템플릿이 만들어지는 것입니다.

그렇다고 3가지 데이터베이스가 모든 템플릿에 항상 필요한 것은 아닙니다. 상황에 따라 만능 태스크나 만능 지식창고가 필요하지 않을 수도 있습니다. 예를 들면, 회사 위키를 만든다고 할 때는 만능 태그와 만능 지식창고만 필요합니다. 업무 공유판을 만들 때는 만능 태그와 만능 태스크만 필요합니다. 그럼 각 데이터베이스의 특징을 살펴보고 데이터베이스를 만드는 방법을 알아보겠습니다.

4.1.2. 만능 태그

만능 태그는 노션의 데이터베이스에서 동일하게 사용할 수 있는 태그 데이터베이스입니다. 태그는 옷이나 물건, 화물 등에 붙여 물건의 특징을 설명해주는 꼬리표입니다. 노션에서 태그는 업무의 카테고리를 설명해주는 역할을 합니다. 노션의 강력한 기능인 관계형 속성으로 모든 데이터베이스와 연결해 사용합니다.

만능 태그의 특징

만능 태그는 두 가지 특징이 있습니다. 첫째, 노션의 모든 데이터베이스에서 같은 태그를 사용할 수 있습니다. 일반적으로 노션 사용자들은 데이터베이스를 만들 때마다 '**선택**' 속성이나 '**다중 선택**' 속성을 사용하여 태그를 만듭니다. 하지만 '**선택**'이나 '**다중 선택**'으로 태그를 만들면 같은 태그이지만 페이지마다 태그의 이름이 달라질 수 있다는 문제가 있습니다. 예를 들어, '국내 사업'이라는 태그를 사용한다고 가정합시다. 업무일지 페이지에서는 '국내 사업', 프로젝트 관리 페이지에서는 '프로젝트 A'라고 태그를 사용하는 문제가 발생합니다. 하지만 만능 태그를 사용하면 모든 페이지나 데이터베이스에서 '국내 사업' 태그를 사용할 수 있습니다.

둘째, 만능 태그를 만들면 만능 태그와 연결된 모든 데이터베이스가 만능 태그에 모이게 됩니다. 태그와 연결된 모든 데이터베이스를 만능 태그에서 확인할 수 있습니다. 첫 번째 예시처럼, 국내 사업과 관련 페이지가 업무 일지와 프로젝트 관리 페이지가 있다고 가정합시다. 만능 태그가 없다면 각 페이지를 돌아다니면서 국내 사업에 관련된 데이터베이스를 찾아야 합니다. 일일이 찾다보면 누락되는 데이터베이스가 생길 수 있습니다. 하지만 만능 태그에는 이미 모든 데이터베이스가 연결되었기에 누락되는 데이터베이스가 없습니다.

만능 태그 만들기

만능 태그를 사용해야 하는 이유를 알아보았습니다. 이제는 만능 태그를 만들어보겠습니다.

01. 만능 태그 데이터베이스를 관리하는 페이지를 새로 만듭니다. 왼쪽 사이드바 하단에 있는 '**+ 새 페이지**' 버튼을 클릭합니다. 페이지 제목을 '만능 태그'로 입력합니다.

02. '/표 보기'를 입력하고 데이터베이스를 만듭니다. 데이터베이스의 오른쪽 **기존 데이터베이스 선택** 옵션 창에서 '만능 태그'를 입력하고 하단에 '**+ 새 데이터베이스: 만능 태그**'를 클릭합니다.

03. 만능 태그 데이터베이스는 아래와 같이 표를 구성합니다.

위치	이름	속성	사용방법
1번째	이름	제목	태그 이름을 기록 예) 국내 사업, 해외 사업, 일기, 취미 등
2번째	태그	다중 선택	태그의 종류를 기록 예) 업무, 일상, 개인, 기념일 등

그림 4.1 완성된 만능 태그

만능 태그가 완성됐습니다. 만능 태그의 형태는 간단하지만 만능 태스크, 만능 지식창고와 연결하면 다양한 데이터가 모이게 됩니다.

다음으로 만능 태스크를 살펴보겠습니다.

4.1.3. 만능 태스크

만능 태스크는 만능 태그의 감독하에 구체적인 행동을 하고 업무를 직접 처리하는 데이터베이스입니다. 직장인은 만능 태스크에 세부업무를 기록하고 그것을 캘린더나 칸반 보드로 활용할 수 있습니다. 학생은 수업 계획, 학사 주요 일정 등을 기록하고 일정을 관리할 수 있습니다. 일상생활에서 할 일을 기록하고 관리할 수 있습니다.

만능 태스크의 특징

만능 태스크는 3가지 특징이 있습니다.

첫째, 만능 태스크에는 업무와 일상생활에 관련된 모든 할 일을 입력합니다. 업무나 할 일을 중앙화시킵니다. 만능 태스크를 사용하지 않는다면 각 페이지의 데이터베이스별로 할 일을 입력해야 합니다. 그러다 보면 업무나 할 일을 빠뜨리는 일이 생길 수 있습니다. 이런 상황을 방지하려고 만능 태스크를 중앙에서 관리합니다.

둘째, 만능 태스크를 만능 태그와 연결함으로써 할 일을 체계적으로 관리합니다. 위에서 보다시피 만능 태그는 할 일을 모아두는 방을 만듭니다. 만능 태스크는 만능 태그에 모여있는 할 일을 순서대로 처리합니다. 업무를 태그별로 분류하고 처리할 수 있습니다.

셋째, 만능 태스크에서 완료된 일과 미완료된 일을 확인할 수 있습니다. 필터 기능을 활용해 완료한 일은 숨기고 미완료된 일만 표시할 수 있습니다. 반대로도 가능합니다. 이렇게 정리를 하면 처리해야 하는 업무의 목록을 쉽게 확인할 수 있습니다.

만능 태스크 만들기

만능 태스크를 사용하는 방법을 배웠으니 만능 태스크를 만들어보겠습니다.

01. 만능 태스크 데이터베이스를 관리하는 페이지를 새로 만듭니다. 왼쪽 사이드바 하단에 있는 '**+ 새 페이지**' 버튼을 클릭합니다. 페이지 제목을 '만능 태스크'로 입력합니다.

02. 만능 태스크 제목 위에 마우스를 올리고 '**아이콘 추가**'를 클릭합니다. 아이콘이 랜덤으로 생성됩니다. 아이콘을 클릭하고 '체크 표시'를 입력하고 **체크 표시(✅)** 아이콘을 선택합니다.

03. '/표 보기'를 입력하고 데이터베이스를 만듭니다. 데이터베이스의 오른쪽 **기존 데이터베이스 선택** 옵션 창에서 '만능 태스크'를 입력하고 하단에 '**+ 새 데이터베이스: 만능 태스크**'를 클릭합니다. 데이터베이스의 오른쪽 '**+**'를 6번 클릭하여 6개의 열을 추가합니다. 만능 태스크 데이터베이스는 아래와 같이 표를 구성합니다.

위치	이름	속성	사용방법
1번째	이름	제목	할 일을 기록 예) 자료조사, 보고서 작성, 포스팅하기
2번째	태그	관계형	만능 태그와 관계형으로 연결 자세한 내용은 4.2절에서 확인
3번째	날짜	날짜	할 일의 날짜를 선택
4번째	상태	선택	할 일의 진행사항을 입력 예) 준비, 진행, 완료
5번째	우선순위	선택	할 일의 중요도를 입력 예) 1순위, 2순위, 3순위 등
6번째	지식창고	관계형	만능 지식창고와 관계형으로 연결(4.2절 참조)
7번째	URL	URL	할 일과 관련 있는 URL을 입력
8번째	파일	파일과 미디어	할 일과 관련 있는 파일을 업로드

그림 4.2 완성된 만능 태스크

만능 태스크를 만능 태그와 만능 지식창고를 관계형으로 연결하는 방법은 4.2절을 참고하세요. 만능 태스크가 완성이 되었으면 만능 지식창고를 살펴보겠습니다.

4.1.4. 만능 지식창고

만능 지식창고는 업무나 생활과 관련된 모든 정보와 자료를 저장하는 데이터베이스입니다. 예를 들어, 각종 보고서, 서류, 양식 등의 업무에 필요한 자료와 영수증, 사진, 개인 서류 등 개인용 자료를 보관합니다.

만능 태스크와 만능 지식창고는 서로 역할이 다릅니다. 만능 태스크는 직접 행동해서 처리하는 일입니다. 하지만 만능 지식창고는 정보와 지식이거나 만능 태스크의 결과물입니다. 예를 들어 만능 태스크를 수행하기 위한 논문 자료와 기사 스크랩 자료이거나 업무 완료 후 작성한 결과보고서가 될 수 있습니다.

만능 지식창고의 특징

만능 지식창고의 용도는 다음 두 가지입니다. 첫째, 만능 지식창고는 만능 태스크와 관련 있는 정보와 자료를 저장합니다. 업무를 수행할 때 서류, 데이터, 보고서 등이 필요합니다. 만능 태스크 혼자서는 업무를 처리할 수 없습니다. 예를 들면, 회의를 한다고 하면 회의의 안건과 각종 보고서가 필요합니다. 회의의 안건만 있고 보고서가 없다면, 깊이 있는 회의를 할 수 없습니다. 시장조사를 한다고 하면, 시장에서 유통되는 제품과 가격, 특징에 대한 정보가 있어야 합니다. 이런 정보 없이 시장조사를 하면 아무런 의미가 없습니다.

둘째, 나를 위한 위키를 만들 수 있습니다. 만능 지식창고에 임베드 기능을 활용하면 문서, 서류, 지도, 이미지와 같은 다양한 포맷을 보관할 수 있습니다. 데이터베이스의 'URL' 속성이나 '파일과 미디어' 속성을 사용하면 데이터베이스에서 웹 주소와 파일을 관리할 수 있습니다. 만능 지식창고는 위키를 만드는 데 최적화되어 있습니다. 예를 들어, 프로젝트를 위한 위키, 신규 직원 교육용 자료집 등을 만들 수 있습니다.

만능 지식창고 만들기

그럼, 만능 지식창고를 만들어보겠습니다.

01. 만능 지식창고 데이터베이스를 관리하는 페이지를 새로 만듭니다. 왼쪽 사이드바 하단에 있는 '+ 새 페이지' 버튼을 클릭합니다. 페이지 제목을 '만능 지식창고'로 입력합니다.

02. 만능 지식창고 제목 위에 마우스를 올리고 '**아이콘 추가**'를 클릭합니다. 아이콘이 랜덤으로 생성됩니다. 아이콘을 클릭하고 '폴더'를 입력하고 **폴더(📁)** 아이콘을 선택합니다.

03. '/표 보기'를 입력하고 데이터베이스를 만듭니다. 데이터베이스의 오른쪽 **기존 데이터베이스 선택** 옵션 창에서 '만능 지식창고'를 입력하고 하단에 '**+ 새 데이터베이스: 만능 지식창고**'를 클릭합니다. 데이터베이스의 오른쪽 '**+**'를 4번 클릭하여 4개의 열을 추가합니다. 데이터베이스는 아래와 같이 표를 구성합니다.

위치	이름	속성	사용방법
1번째	이름	제목	정보나 자료의 이름을 기록 예) 자료조사 보고서, 스크랩 등
2번째	태그	관계형	만능 태그와 관계형으로 연결 자세한 내용은 4.2절에서 확인
3번째	만능 태스크	관계형	만능 태그와 관계형으로 연결 자세한 내용은 4.2절에서 확인
4번째	분류	다중 선택	지식창고가 해당하는 카테고리를 입력
5번째	파일	파일과 미디어	파일 업로드
6번째	URL	URL	URL을 입력

그림 4.3 완성된 지식창고

만능 지식창고를 만들어보았습니다. 만능 태그와 만능 지식창고를 관계형으로 연결하는 방법은 4.2절에서 확인할 수 있습니다.

4.2. '관계형' 속성으로 3개의 메인 데이터베이스 연결하기

4.1절에서 만능 태그와 만능 태스크, 만능 지식창고의 역할과 만드는 방법을 알아보았습니다. 세 개의 메인 데이터베이스는 아래의 그림과 같이 삼각형으로 이어져 있습니다. 각 데이터베이

스가 서로 긴밀하게 연결되어 있는 것입니다. 이 구조를 이해하지 못하면 노션을 100% 활용할 수 없습니다.

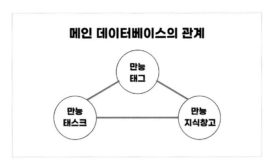

그림 4.4 3개 메인 데이터베이스의 관계

그럼 지금부터 '관계형' 속성으로 세 개의 데이터베이스를 연결해보겠습니다.

4.2.1. '관계형' 속성으로 만능 태그를 만능 태스크와 연결

만능 태그를 만능 태스크와 '관계형' 속성으로 연결해보겠습니다.

01. 만능 태스크 데이터베이스 페이지로 이동합니다.

02. 만능 태스크의 두 번째 열 '태그'를 클릭하고 '속성 편집'을 선택합니다.

03. 옵션에서 '유형'을 클릭하면 속성 유형을 선택할 수 있는 옵션창이 나옵니다. 고급 탭에 있는 '관계형'을 선택합니다.

04. '관계형 대상' 옵션 창에 '만능 태그'를 입력하고 하단에서 **'만능 태그'** 데이터베이스를 선택합니다.

05. 관계형 대상을 설정했으면 다음으로 할 일은 관계형 옵션을 선택하는 것입니다. 관계형은 단방향으로 연결하거나 양방향으로 연결할 수 있습니다. '만능 태그에 표시'를 끄기로 설정하면 단방향으로 연결되고, 켜기로 설정하면 양방향으로 연결됩니다. 데이터베이스는 양방향으로 연결해야 하므로 '만능 태그에 표시'를 켜기로 설정합니다.

06. 양방향으로 연결을 선택했으면 연결할 데이터베이스에 관계형 속성이 자동으로 만들어집니다. 생성되는 속성의 이름을 입력해야 합니다. '만능 태그의 관계형 속성'에 '만능 태스크'로 입력합니다. 그리고 하단의 **'관계형 추가'** 버튼을 선택하면 관계형 설정이 완료됩니다.

4.2.2. '관계형' 속성으로 만능 태그를 만능 지식창고와 연결

만능 태그 데이터베이스와 만능 지식창고 데이터베이스가 서로 연결되면 서류, 보고서, 각종 양식과 파일을 쉽게 관리할 수 있습니다. 만능 태그와 만능 지식창고를 '관계형' 속성으로 연결해 보겠습니다.

01. 만능 지식창고 데이터베이스 페이지로 이동합니다.

02. 만능 지식창고의 두 번째 열 '태그'를 클릭하고 '속성 편집'을 선택합니다.

03. 옵션에서 '유형'을 클릭하면 속성 유형을 선택할 수 있는 옵션창이 나옵니다. 고급 탭에 있는 '관계형'을 선택합니다.

04. '관계형 대상' 옵션 창에 '만능 태그'를 입력하고 하단에 **'만능 태그'** 데이터베이스를 선택합니다.

05. 관계형 대상을 설정했으면 다음으로 할 일은 관계형 옵션을 선택하는 것입니다. 관계형은 단방향으로 연결하거나 양방향으로 연결할 수 있습니다. '만능 태그에 표시'를 끄기로 설정하면 단방향으로 연결되고, 켜기로 설정하면 양방향으로 연결됩니다. 데이터베이스는 양방향으로 연결해야 하므로 '만능 태그에 표시'를 켜기로 설정합니다.

06. 양방향으로 연결을 선택했으면 연결할 데이터베이스에 관계형 속성이 자동으로 만들어집니다. 생성되는 속성의 이름을 입력해야 합니다. '만능 태그의 관계형 속성'에 '만능 지식창고'로 입력합니다. 그리고 하단의 **'관계형 추가'** 버튼을 선택하면 관계형 설정이 완료됩니다.

4.2.3. '관계형' 속성으로 만능 태스크와 만능 지식창고 연결

만능 태스크와 만능 지식창고는 모두 만능 태그에 연결되었습니다. 만능 태그 데이터베이스에 만능 태스크의 데이터베이스와 만능 지식창고의 데이터베이스가 모이게 됩니다. 이 연결 구조는 모든 데이터가 만능 태그로 모이게 하는 데이터베이스의 중앙화 시스템을 구축한 것입니다.

하지만 만능 태스크와 만능 지식창고의 연결은 만능 태스크의 업무를 처리하는 데 도움이 되기 위한 것입니다. 건축 노동자가 일을 할 때 건축 장비가 필요합니다. 마찬가지로 만능 태스크가 업무를 처리할 때는 만능 지식창고 도구가 필요합니다.

그럼, 만능 태스크와 만능 지식창고를 관계형 속성으로 연결해 보겠습니다.

01. 만능 태스크 데이터베이스로 이동합니다.

02. 만능 태스크의 여섯 번째 열 '지식창고'를 클릭하고 '속성 편집'을 선택합니다.

03. 옵션에서 '유형'을 클릭하면 속성 유형을 선택할 수 있는 옵션창이 나옵니다. 고급 탭에 있는 '관계형'을 선택합니다.

04. '관계형 대상' 옵션 창에 '만능 지식창고'를 입력하고 하단에 **'만능 지식창고'** 데이터베이스를 선택합니다.

05. 관계형 대상을 설정했으면 다음으로 할 일은 관계형 옵션을 선택하는 것입니다. 관계형은 단방향으로 연결하거나 양방향으로 연결할 수 있습니다. '만능 태그에 표시'를 끄기로 설정하면 단방향으로 연결되고, 켜기로 설정하면 양방향으로 연결됩니다. 데이터베이스는 양방향으로 연결해야 하므로 '만능 지식창고에 표시'를 켜기로 설정합니다.

06. 양방향으로 연결을 선택했으면 연결할 데이터베이스에 관계형 속성이 자동으로 만들어집니다. 생성되는 속성의 이름을 입력해야 합니다. '만능 지식창고의 관계형 속성'에 '만능 태스크'로 입력합니다. 그리고 하단의 **'관계형 추가'** 버튼을 선택하면 관계형 설정이 완료됩니다.

지금까지 만능 태그와 만능 태스크와 만능 지식창고를 관계형 속성으로 연결하는 방법을 알아보았습니다. 세 개의 메인 데이터베이스는 템플릿을 만드는 데 꼭 필요한 필수 데이터베이스입니다. 관계형 속성으로 연결된 3개의 메인 데이터베이스를 활용하면 내가 원하는 템플릿을 만들 수 있습니다.

관계형 속성은 두 개의 데이터베이스를 연결하는 기능입니다. 관계형을 설정했다가 삭제할 때는 두 가지 방법이 있습니다. 첫 번째는 양방향으로 연결된 데이터베이스를 완전히 삭제하는 것이고, 두 번째는 단방향으로 전환하는 것입니다. 속성 삭제를 클릭하면 '삭제'와 '삭제하지만, 관계형은 유지합니다'의 두 가지 옵션이 나옵니다. 첫 번째 옵션은 양방향을 완전히 삭제하는 것이고, 두 번째 옵션은 관계가 단방향으로 전환됩니다. '삭제하지만, 관계형은 유지합니다'를 선택하면 데이터베이스는 여전히 단방향으로 연결된 상태가 됩니다. 관계형을 삭제할 때는 어떤 옵션으로 삭제할 지 분명하게 선택해야 합니다.

4.3. '롤업' 속성으로 메인 데이터베이스의 추가 정보 가져오기

관계형 속성과 롤업 속성은 마치 새의 양 날개와 같습니다. 두 속성을 같이 활용해야 상호보완적인 데이터베이스를 만들 수 있습니다. 관계형 속성은 데이터베이스를 연결해주는 역할입니다. 롤업 속성은 연결된 데이터베이스의 정보를 활용하는 역할입니다. 관계형 속성을 사용하지만 롤업 속성을 사용하지 않는다면 노션의 중요한 기능을 절반 밖에 활용하지 못하는 것입니다. 예를 들어, 만능 지식창고에 고객에 대한 정보가 있습니다. 이 정보를 만능 태스크 업무와 연결하려고 합니다. 이럴 때는 롤업 속성으로 만능 지식창고의 데이터를 만능 태스크로 가져옵니다.

롤업 속성의 중요한 특징은 두 데이터베이스를 한 개의 데이터베이스처럼 사용할 수 있는 것입니다. 이번 절에서는 관계형으로 연결된 두 데이터베이스를 롤업 속성으로 활용하는 방법을 살펴보겠습니다.

4.3.1. '롤업' 속성으로 만능 태그에 있는 정보를 만능 태스크에 추가하기

만능 태그는 네 개의 열로 구성되어 있습니다. 첫 번째 열은 태그 이름이고 두 번째는 태그의 종류입니다. 세 번째 열은 **'관계형'** 속성으로 태그는 만능 태스크와 연결되었습니다. 네 번째 열은 **'관계형'** 속성으로 만능 지식창고와 연결되었습니다. **'롤업'** 속성으로 만능 태그의 **'태그'** 열을 만능 태스크에 표시해보겠습니다.

01. 만능 태스크에 1개의 열을 추가하고 **'롤업'** 속성으로 설정합니다. 그리고 '태그의 종류'로 이름을 변경합니다.

02. 행의 빈칸에 마우스를 가져가면 오른쪽에 나오는 **롤업 구성** 버튼을 클릭합니다. 만능 태그의 두 번째 열인 '태그'로 설정해보겠습니다. 옵션은 '관계형: 태그, 속성: 태그, 계산: 원본 표시'로 설정합니다.

03. '태그의 종류' 열을 드래그해 두 번째 '태그'의 오른쪽으로 옮깁니다.

'롤업' 속성으로 만능 태그의 두 번째 열의 정보를 가져올 수 있게 되었습니다. 만능 태그에서 '태그' 열의 정보를 가지고 올 수 있는지 확인해보겠습니다.

01. 만능 태그에서 아래와 같이 데이터를 입력합니다.

그림 4.5 만능 태그에 태그와 종류 입력하기

02. 만능 태스크에서 첫 번째 열에 아래와 같은 업무를 입력합니다. 만능 태스크 두 번째 열에서 태그를 선택합니다. 그러면 만능 태그의 '태그' 열의 데이터가 '태그의 종류'에 자동으로 표시됩니다.

그림 4.6 롤업 속성으로 만능 태그의 데이터가 자동으로 표시

4.3.2. '롤업' 속성으로 데이터 개수 세기와 퍼센트 계산하기

'롤업' 속성으로 데이터의 개수를 세거나 퍼센트로 환산할 수 있습니다. 만능 태그와 연결된 만능 태스크의 업무 중에서 완료된 개수를 세고 퍼센트로 변경하는 작업을 해보겠습니다.

01. 만능 태스크에서 1개의 열을 추가하고 **'수식'** 속성으로 설정합니다. 이름은 '완료'로 바꿉니다.

02. 완료 열의 빈칸을 클릭하면 옵션 창이 나옵니다. 옵션 창에는 아래와 같은 수식을 입력합니다. 이 수식을 입력하면 '상태' 열의 옵션이 '완료'로 변경되면 체크가 완료된 체크박스로 표시됩니다.

수식: prop("상태") == "완료"

그림 4.7 '상태' 열의 '완료' 옵션과 동기화되는 체크박스

03. 만능 태그로 이동합니다. 만능 태그에도 1개의 열을 추가하고 **롤업** 속성으로 설정합니다. 이름은 '진행률'로 바꿉니다.

04. '진행률' 열의 빈칸에 마우스를 가져가면 **롤업 구성** 버튼이 나옵니다. 옵션은 '관계형: 태스크, 속성: 완료, 계산: 체크 표시 됨'으로 설정합니다. 이 설정은 만능 태스크의 '완료' 열에서 체크가 완료된 체크박스의 개수를 표시합니다.

05. 숫자가 아닌 퍼센트로 확인하고 싶다면, **롤업 구성**을 '관계형: 태스크, 속성: 완료, 계산: 체크 표시 된 비율(%)'로 설정하면 퍼센트로 확인할 수 있습니다.

4.3.3. '롤업' 속성으로 만능 지식창고에 있는 정보를 만능 태스크에 추가하기

롤업 속성으로 만능 태스크의 데이터를 만능 태그에 표시하는 방법을 알아보았습니다. 다음으로 만능 지식창고의 데이터를 만능 태스크 데이터에 표시해보겠습니다.

01. 만능 태스크에 1개의 열을 추가하고 이름을 '지식창고 분류'로 바꿉니다. 열의 속성은 **롤업**으로 설정합니다.

02. 열의 빈칸에 마우스를 가져가면 **롤업 구성** 버튼이 나옵니다. 옵션은 '관계형: 지식창고, 속성: 분류, 계산: 원본 표시'로 설정합니다.

설정이 완료되었으면 만능 태스크에서 만능 지식창고의 '분류' 열의 데이터를 가져올 수 있습니다. 그럼 만능 지식창고에서 '분류' 열의 정보를 가지고 올 수 있는지 확인해보겠습니다.

01. 만능 지식창고에 아래와 같은 데이터를 입력합니다.

그림 4.8 만능 지식창고 예시 입력하기

02. 만능 태스크로 돌아가서 '지식창고' 열에서 다음과 같이 데이터를 선택합니다. 그러면 만능 지식창고의 '분류' 열의 데이터가 '지식창고 분류'에 자동으로 표시됩니다.

그림 4.9 롤업 속성으로 만능 지식창고의 데이터가 만능 태스크에 자동으로 표시

'관계형' 속성과 '롤업' 속성을 사용하면 두 데이터베이스를 연결해 하나처럼 사용할 수 있습니다. 만능 태스크와 만능 지식창고를 동시에 활용하는 효과를 얻습니다. 한 개의 데이터베이스에 모든 정보를 다 넣으려고 노력할 필요가 없습니다. 두 개 또는 세 개의 데이터베이스가 있더라도 '관계형' 속성과 '롤업' 속성만 사용하면 한 개의 데이터베이스로 모든 데이터를 관리할 수 있습니다.

4.4. 데이터베이스의 '보기'를 용도에 맞게 활용하기

데이터베이스는 6개의 보기로 활용할 수 있습니다. 한 가지 데이터베이스를 6개의 다른 형태로 출력한다는 것은 노션의 장점입니다. 6개의 '보기'는 가지고 있는 특징이 다릅니다. 이번 절에서는 6개의 '보기'를 용도에 맞게 활용하는 방법을 살펴보겠습니다.

4.4.1. 표 보기

'표 보기'는 데이터베이스의 기본적인 보기이며 '/표 보기'를 입력해 만들 수 있습니다. 표는 엑셀의 스프레드시트와 비슷한 구조입니다. 스프레드시트와 같이 열을 추가할 수 있고 간격을 조정할 수 있습니다.

'표 보기'의 기본적인 용도는 데이터 관리입니다. 모든 데이터를 표에 저장해 데이터 입력과 편집을 쉽게 할 수 있습니다.

'표 보기'를 나머지 5가지 보기로 확장할 수 있습니다. 다른 보기를 활용하기 위해서는 꼭 필요한 속성이 있습니다. 예를 들어, **캘린더**를 사용하려면 **'날짜'** 속성이 필요합니다. **'갤러리'** 보기에서 썸네일을 표시하려면 **'파일과 미디어'** 속성이 필요합니다. 이처럼 표에서 필요한 속성을 만들면 다른 보기를 사용할 수 있습니다.

만능 태스크

⊞ 표

만능 태스크

Aa 이름	↗ 태그	↗ 지식창고	🗓 날짜	◎ 상태	Σ 완료	◎ 우선순위	◎ URL
아이템 선정 회의	📄 국내사업	📄 아이템 선정 회의록	2022년 6월 7일	준비	☐	1순위	
해외 시장 조사	📄 해외사업	📄 해외 시장 보고서	2022년 6월 23일	진행	☐	2순위	
홍보 행사 계획	📄 홍보	📄 홍보 행사 계획서	2022년 6월 27일	완료	☑	3순위	
+ 새로 만들기							

그림 4.10 표 보기

4.4.2. 보드 보기

'보드 보기'는 흔히 알려진 칸반 보드의 모습입니다. '보드 보기'는 그룹화된 데이터베이스 속성으로 특정 데이터를 모을 수 있습니다. '보드 보기'에서 모든 속성을 그룹화할 수 있습니다. 데이터베이스 오른쪽 상단의 메뉴(•••)를 클릭하고 그룹화를 선택하면 가로 행의 속성을 선택할 수 있고, 하위 그룹화를 선택하면 세로 열의 속성을 선택할 수 있습니다. 보드 보기는 속성별로 데이터를 관리할 수 있는 장점이 있습니다.

'보드 보기'는 업무나 프로젝트를 추적하고 관리하는 데 사용할 수 있습니다. 예를 들면, '보드 보기' 그룹의 가로 행은 준비, 진행, 완료의 3그룹으로 만듭니다. 시작하는 업무 데이터는 준비 그룹에 배치합니다. 그리고 업무가 진행 중이면 진행 그룹으로 이동합니다. 업무가 완료됐으면 완료 그룹으로 이동합니다. 하위 그룹화는 우선순위 그룹을 만듭니다. 그러면 우선순위별로 업무 현황을 파악할 수 있습니다. 이렇게 '보드 보기'를 활용하면 업무의 진행사항과 우선순위를 쉽게 파악할 수 있습니다.

그림 4.11 보드 보기

그룹화와 하위 그룹화를 바꾸려면 데이터베이스의 오른쪽 상단의 메뉴(⋯)를 클릭하고 그룹화 또는 하위 그룹화를 클릭합니다. 그룹화와 하위 그룹화에는 3가지 옵션과 표시되는 그룹을 선택할 수 있습니다. 그룹화 기준은 데이터베이스에서 한 개의 속성을 선택하여 만듭니다. 정렬은 수동, 알파벳순, 알파벳 역순 중 하나를 선택합니다. 빈 그룹 숨기기는 데이터가 없는 가로 행이나 세로 열을 숨깁니다. 표시되는 그룹에서는 표시할 그룹과 숨길 그룹을 선택합니다.

그림 4.12 그룹 기준 선택하기

4.4.3. 타임라인 보기

'타임라인 보기'는 간트 차트로 바(Bar) 형태로 일정을 관리합니다. '캘린더 보기'와 비슷해 보이지만 시간대별로 데이터를 시각화해 관리할 수 있다는 차이점이 있습니다. 기간별로 여러 개의 데이터가 시작하는 날짜와 완료되는 날짜를 확인할 수 있습니다. 시간대도 일, 월, 주 등으로 다양하게 설정할 수 있습니다.

'타임라인 보기'는 '표 보기'와 동시에 사용할 수 있습니다. 두 개의 보드 보기를 사용하지만 표시되는 속성을 다르게 설정할 수 있습니다. 예를 들면, 표 보기에는 '이름' 속성으로 설정하고 타임라인에는 담당자를 설정할 수 있습니다. 두 개의 정보를 동시에 확인할 수 있습니다. 표 보기가 필요 없다면 숨기기 기능을 사용할 수 있습니다.

그림 4.13 타임라인 보기

타임라인은 여러 개의 프로젝트를 관리하는 데 사용합니다. 데이터를 시각적으로 확인할 수 있기에 현재 팀에서 동시에 추진하는 프로젝트의 진행 상황을 알 수 있습니다. 프로젝트 기간이 정해져 있는 경우가 있지만, 기간이 정확하게 정해지지 않은 경우도 있습니다. 이럴 때는 타임라인의 기간을 설정하는 두 가지 방법이 있습니다.

첫 번째는 한 개의 날짜 속성만 사용하는 것입니다. 시작일과 종료일을 한 번에 설정할 수 있습니다. 하지만 종료일을 알 수 없는 경우에는 두 개의 날짜 속성을 사용하는 두 번째 방법이 있습니다. 첫 번째 날짜 속성은 시작일로 설정하고 두 번째 날짜 속성은 추후에 종료일로 설정할 수 있습니다. 프로젝트 진행사항에 맞게 기간을 설정하여 타임라인을 사용해보세요.

그림 4.14 메뉴에서 타임라인 표시 기준 선택하기

그림 4.15 별도의 시작일과 종료일 사용 켜기

'타임라인 보기'에서 그룹화 기능을 사용할 수 있습니다. 타임라인 보기의 그룹화 기능을 사용하면 데이터가 무작위로 표시되기에 일일이 분류해야 하는 단점을 해결할 수 있고, 업무별로 타임라인을 만들 수 있습니다.

4.4.4. 캘린더 보기

'캘린더 보기'는 우리가 일상생활에서 보는 벽걸이 달력이나 탁상용 달력과 같은 형태입니다. 달력에 중요한 일정이나 기념일 등을 표시하듯이 '캘린더 보기'에 일정을 기록하고 관리할 수 있습니다. 데이터베이스에서 필요한 속성만 선택해서 캘린더에 표시할 수 있습니다.

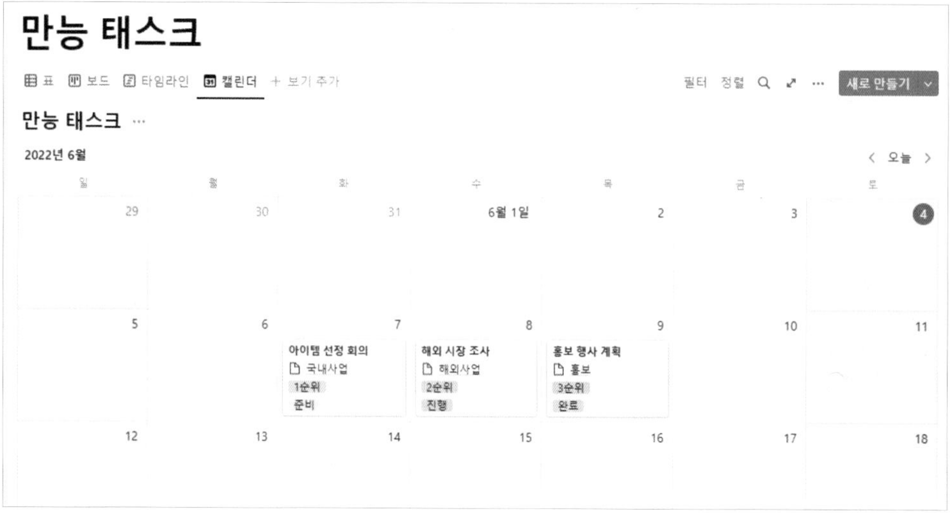

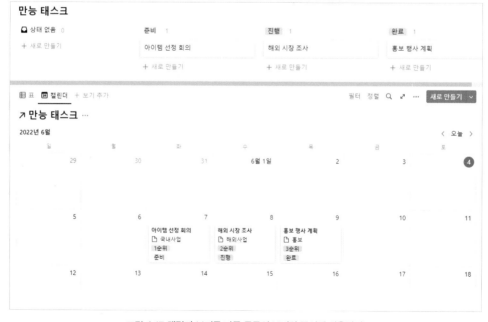

그림 4.16 캘린더 보기

'캘린더 보기'를 다른 '보기'와 같이 사용하면 효과적입니다. 예를 들어, 프로젝트 관리를 위해 '보드 보기'와 '캘린더 보기'를 동시에 사용합니다. '보드 보기'로는 프로젝트의 진행사항을 확인하고 '캘린더 보기'로는 일정을 관리합니다. 이 방식은 팀원들과 업무를 공유할 때 유용하게 사용할 수 있습니다.

그림 4.17 캘린더 보기를 다른 종류의 보기와 동시에 사용하기

4.4.5. 리스트 보기

'리스트 보기'는 데이터베이스의 행 제목을 리스트로 보여주는 기능입니다. 데이터베이스에 있는 다른 속성보다 제목이 필요한 경우나 데이터베이스를 심플하게 보여주고 싶을 때는 '리스트 보기'가 유용합니다.

그림 4.18 리스트 보기

'리스트 보기'도 보드 보기와 같이 데이터를 그룹화하여 관리할 수 있습니다. 오른쪽 상단의 메뉴 (•••)에 있는 그룹화를 선택하여 그룹화하고 싶은 속성을 선택해보세요. 그룹화 기능을 활용하면 리스트 보기를 더 유용하게 사용할 수 있습니다.

'리스트 보기'에는 표시되는 정보가 제한적입니다. 원하는 속성을 표시하고 싶다면 '리스트 보기'의 오른쪽 상단에 있는 메뉴(•••)를 클릭하고 '속성'을 선택합니다. 속성에 표시하고 싶은 데이터를 켜기로 표시합니다. 그러면 제목 옆으로 다른 속성의 정보가 표시됩니다. 속성을 많이 표시하면 리스트 보기의 의도와 맞지 않으므로 1~2개 정도의 속성만 표시하는 것이 좋습니다.

'리스트 보기'는 만능 지식창고에 활용하면 효과적입니다. '리스트 보기'는 많은 양의 정보를 간결하게 보여주는 것이 특징입니다. 만능 지식창고에는 서류 양식, 보고서, 회의록 등의 다양한 정보가 모이게 됩니다. 이럴 때는 '리스트 보기'에서 필터링을 하면서 원하는 정보만을 빠르게 분류할 수 있습니다.

4.4.6. 갤러리 보기

'갤러리 보기'는 이미지를 섬네일로 표시하고 데이터베이스의 속성을 표시합니다. '갤러리 보기'는 시각적인 정보를 전달하거나 설명할 때 유용합니다. 텍스트로 설명하기 힘들지만 사진을 보여주면 쉽게 이해할 수 있는 영역이 있습니다. 예를 들면, 디자인이나 로고를 만들거나 관리한다고 가정합시다. 디자인 시안과 로고 시안을 '갤러리 보기'에 업로드합니다. 그리고 회의를 하거나 고객에게 '갤러리 보기'를 보여주면서 설명할 수 있습니다.

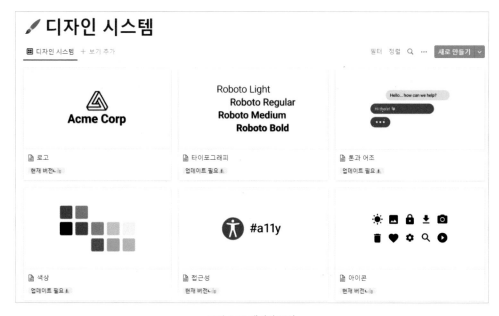

그림 4.19 갤러리 보기

'**갤러리 보기**'의 카드는 항상 이미지만 보여주는 것은 아닙니다. 하위 페이지에 텍스트를 입력하면 갤러리 카드에 표시됩니다. 큐 카드와 같이 간단한 정보를 보여주는 용도로 사용이 가능합니다. '**보드 보기**'에서는 데이터베이스 속성에 있는 정보만 표시할 수 있습니다. 그에 비해 '**갤러리 보기**'는 제한된 크기 안에서 텍스트를 표시할 수 있습니다. 카드의 크기도 **작게** – **중간** – **크게** 3단계로 나눌 수 있어서 텍스트의 양을 조정할 수 있습니다.

그림 4.20 '갤러리 보기'에서 텍스트 표시하기

'갤러리 보기'도 그룹화 기능을 사용할 수 있습니다. 오른쪽 상단의 메뉴(⋯)에서 그룹화를 클릭하세요. 그리고 원하는 속성으로 데이터를 그룹화하면 갤러리 보기를 효과적으로 사용할 수 있습니다.

4.5. 데이터베이스에서 필요한 데이터만 분류할 수 있는 '필터'와 '정렬' 활용하기

노션의 필터와 정렬 기능을 활용해 원하는 데이터만 골라 원하는 순서로 조회할 수 있습니다. 필터는 2~3개의 조건을 설정해 구체적인 필터링이 가능합니다. 정렬은 2~3개의 속성을 오름차순이나 내림차순으로 정렬할 수 있어 원하는 순서대로 데이터베이스를 조회할 수 있습니다.

만능 태그, 만능 태스크, 만능 지식창고를 효과적으로 사용하려면 필터와 정렬 기능이 필요합니다. 3개의 메인 데이터베이스를 사용하다 보면 데이터가 많이 쌓이게 됩니다. 3가지 메인 데이터베이스의 데이터 양이 많아져서 로딩 속도도 느리고 자료를 찾는 시간도 오래 걸립니다. 이러한 문제를 필터 기능과 정렬 기능이 해결해줍니다. 필터와 정렬 기능을 활용해 노션의 활용도를 높이는 방법을 살펴보겠습니다.

4.5.1. 필터 활용법

필터는 원하는 조건의 데이터만 출력해 주는 기능입니다. 필터는 모든 데이터베이스에서 사용할 수 있습니다. 필터의 특징을 살펴보겠습니다. 필터는 2가지 특징이 있습니다. 첫째는 데이터베이스에 있는 모든 속성에 필터를 적용할 수 있습니다. '**날짜**' 속성에서도 사용할 수 있고, '**선택**'이나 '**다중 선택**'도 가능합니다. 둘째는 필터를 개별적으로 지정할 수 있고 그룹으로도 지정할 수 있습니다. 즉, 세부적인 필터링이 가능합니다. 복잡하고 어려운 조건으로도 필터링을 할 수 있기에 데이터의 양이 많더라도 원하는 결과물을 출력할 수 있습니다.

4.5.2. 필터를 효과적으로 사용하는 방법

필터를 효과적으로 사용하는 방법은 '링크된 데이터베이스 생성'과 함께 사용하는 것입니다. 노션을 사용하다 보면 만능 태그, 만능 태스크, 만능 지식창고에 데이터가 쌓일 수밖에 없습니다. 3가지 데이터베이스를 원본 데이터 그대로 사용하기는 불편합니다. 따라서, 3가지 메인 데이터베이스를 '링크된 데이터베이스 생성' 기능으로 복제한 후에 원하는 데이터 종류를 필터링해 사용하는 것이 효율적입니다.

만능 태스크에 국내 사업과 해외 사업의 데이터가 있다고 가정합시다. 만능 태스크에서 국내 사업 관련된 데이터만 출력하고 싶다면 다음과 같은 방법으로 필터를 설정할 수 있습니다.

01. '/링크된 데이터베이스 보기'를 입력합니다.

02. 옵션 창에서 '만능 태스크'를 입력하면 만능 태스크 테이터베이스가 복사됩니다.

03. 만능 태스크 데이터베이스의 오른쪽 상단 메뉴(⋯)를 클릭하고 메뉴에서 필터를 선택합니다.

04. 필터 옵션으로 '태그 – 국내사업 – 값을 포함하는 데이터'를 선택합니다. 결과물로 국내 사업에 대한 데이터만 출력합니다.

4.5.3. 데이터베이스에서 정렬 기능 활용법

필터링을 통해 국내 사업 데이터가 출력이 되었습니다. 하지만 출력된 데이터를 보면 무작위로 섞여있습니다. 정렬 기능을 사용하면 데이터를 원하는 순서대로 다시 배치할 수 있습니다. 정렬 기능은 필터와 마찬가지로 1개 이상의 정렬 기준을 만들 수 있습니다. 정렬의 우선순위를 설정해 데이터를 순서대로 정리할 수 있습니다.

정렬 기능을 사용하려면 데이터베이스의 오른쪽 상단 메뉴(⋯)를 클릭하고 정렬을 선택합니다. 정렬 옵션 창 하단에 **정렬 추가**를 클릭하면 정렬 옵션이 나옵니다. 2개 이상의 정렬 기준을 만들고 싶다면 **정렬 추가**를 클릭하면 정렬 옵션이 추가됩니다.

정렬 기준은 정렬 기준의 순서대로 데이터가 정렬됩니다. 예를 들어 이름과 날짜를 정렬한다고 가정합시다. 옵션 창 첫 번째 정렬 기준은 '이름'입니다. 두 번째 정렬 기준은 '날짜'입니다. 정렬 결과는 이름을 먼저 정렬합니다. 이름을 기준으로 날짜를 정렬합니다. 날짜를 기준으로 이름을 정리하고 싶으면 정렬 기준 왼쪽 핸들(⠿)을 드래그해 순서를 변경하면 정렬 기준이 바뀌게 됩니다.

4.6. 데이터베이스 내부 템플릿 만들기

노션의 작업공간은 크게 3가지로 나눕니다. 첫째는 카테고리, 둘째는 페이지, 셋째는 하위 페이지입니다. 카테고리는 왼쪽 사이드바에 있는 공유 페이지 섹션과 개인 페이지 섹션입니다. 각 섹션별로 페이지를 만들 수 있습니다. 그리고 그 페이지에 하위 페이지를 만들어 작업을 할 수 있습니다.

내부 템플릿을 효과적으로 사용하는 방법은 반복적으로 사용하는 템플릿을 만드는 것입니다. 예를 들어 주간일정, 일기, 업무일지 등과 같은 템플릿을 매일이나 매주 사용합니다. 이런 내부 템플릿을 만들면 불필요한 시간을 줄일 수 있습니다.

이번에는 하위 페이지에서 내부 템플릿을 만들고 편집하는 방법을 알아보겠습니다.

4.6.1. 데이터베이스 내부 템플릿 기본 구조

내부 템플릿은 하위 페이지에서 선택적으로 사용할 수 있는 템플릿입니다. 내부 템플릿은 노션에서 제공하는 기본 템플릿과는 다릅니다. 사용자가 직접 만드는 템플릿입니다. 내부 템플릿은 두 가지 특징이 있습니다. 첫째는 하위 페이지에 1개 이상의 템플릿을 만들 수 있습니다. 예를 들어, 만능 태스크에서 업무일지, 체크 리스트 등 여러 개의 내부 템플릿을 만들 수 있습니다. 둘째는 내부 템플릿은 해당 데이터베이스의 하위 페이지에서만 사용합니다. 만능 태스크 데이터베이스에서 만든 내부 템플릿은 만능 지식창고에서 사용할 수 없습니다. 내부 템플릿은 복제가 되지 않으니 필요한 데이터베이스에 하나씩 만들어야 합니다.

4.6.2. 내부 템플릿 만들기

데이터베이스의 활용을 높여주고 생산성을 향상하는 데이터베이스 내부 템플릿을 만들어보겠습니다. 예시로, 만능 태스크 하위 페이지에 주간일정 템플릿을 만들어보겠습니다.

01. 만능 태스크 데이터베이스 오른쪽 상단에 있는 **새로 만들기** 버튼의 아래 화살표(☑)를 클릭하면 템플릿 옵션 창이 나옵니다. 옵션 창 하단에 **새 템플릿**을 클릭합니다.

02. 템플릿을 만들 수 있는 하위 페이지가 열립니다. 페이지 상단에 '만능 태스크 내 템플릿을 편집 중입니다.' 문구가 나옵니다. 페이지의 제목을 '주간일정'으로 입력합니다. 여기서 제목은 하위 페이지의 제목이 아니라 템플릿의 이름입니다.

03. 하단 빈칸에 '월요일', '화요일', '수요일', '목요일', '금요일'을 입력합니다. 화요일부터 금요일까지 차례로 월요일 오른쪽으로 이동해 5단을 만듭니다.

04. '월요일'부터 '금요일'까지 드래그하고 왼쪽 핸들(⠿)을 클릭합니다. 메뉴에서 '**전환 ▶ 제목3**'과 '**색 ▶ 파란색 배경**'으로 설정합니다.

05. '월요일'부터 '금요일'까지 각 하단에 '/글머리 기호 목록'을 입력합니다. 왼쪽 상단에 있는 '**← 뒤로**'를 클릭하면 템플릿이 저장됩니다.

4.6.3. 내부 템플릿 편집과 복제와 삭제

내부 템플릿을 편집하고 복제하고 삭제하는 방법을 알아보겠습니다.

01. 데이터베이스 오른쪽 상단의 **새로 만들기** 버튼의 아래 화살표(⌄)를 클릭합니다. 앞에서 만든 **주간일정** 템플릿 제목과 **빈 페이지**가 표시됩니다. 템플릿 제목 옆의 메뉴(⋯)를 클릭하면 **편집, 복제, 삭제** 메뉴가 나옵니다.

그림 4.21 템플릿 옵션 창의 템플릿 제목, 편집, 복제, 삭제

02. 템플릿 옵션에서 **편집**을 클릭하면 템플릿을 편집할 수 있는 하위 페이지가 열립니다. 하위 페이지 상단에 '만능 태스크 내 템플릿을 편집 중입니다'가 표시됩니다. 템플릿을 편집하고 왼쪽 상단의 '**← 뒤로**'를 클릭하면 변경된 템플릿이 자동저장됩니다.

03. 템플릿 옵션에서 **복제**를 선택하면 복사된 템플릿 페이지가 열립니다. 템플릿 옵션 창에 돌아와서 확인하면 동일한 템플릿이 복사된 것을 알 수 있습니다.

04. 템플릿 옵션에서 **삭제**를 선택하면 삭제를 묻는 옵션 창이 나옵니다. 삭제 버튼을 누르면 템플릿이 삭제됩니다.

4.6.4. 내부 템플릿 사용 방법

내부 템플릿을 사용하는 방법은 두 가지입니다. 첫째는 데이터베이스 오른쪽 상단 **새로 만들기** 버튼의 아래 화살표(☑)를 클릭하고 템플릿을 선택합니다. 그러면 하위 페이지가 열리면서 템플릿이 자동으로 만들어집니다. 템플릿을 처음부터 사용할 때 이 방법을 사용합니다.

두 번째는 하위 페이지에서 템플릿을 생성하는 방법입니다. 표 데이터베이스의 제목 속성에 마우스를 옮기면 **'열기'** 버튼이 나옵니다. 열기 버튼을 클릭해 데이터의 하위 페이지로 이동합니다. 하위 페이지 하단에 템플릿 제목을 클릭하면 만든 템플릿이 자동으로 만들어집니다.

4.7. 데이터베이스 백링크와 '링크된 데이터베이스 생성' 활용하기

백링크와 '링크된 데이터베이스 생성'은 노션의 핵심 기능입니다. 두 기능을 데이터베이스의 위치에 상관없이 사용할 수 있게 만들어줍니다. 백링크는 노션의 페이지나 데이터베이스의 하위 페이지로 바로 갈 수 있는 내부 링크를 만들어줍니다. '링크된 데이터베이스 생성'은 데이터베이스를 복사하고 보기와 필터 등의 설정 조건을 달리 하여 사용할 수 있습니다.

두 가지 기능은 노션의 데이터베이스가 특정 페이지나 구역에 제한되지 않게 만듭니다. 원하는 페이지로 특정 데이터와 데이터베이스를 불러올 수 있습니다. 에버노트와 같은 기존의 생산성 앱은 상위 폴더와 하위 폴더의 수직적인 구조입니다. 이 방식은 하위 폴더를 반드시 상위 폴더에서만 사용해야 한다는 단점이 있습니다. 하지만 백링크와 '링크된 데이터베이스 생성' 기능을 활용하면 데이터베이스를 필요한 모든 페이지에서 사용할 수 있습니다. 데이터베이스의 위치의 제한이 없어진 것입니다. 그럼 지금부터 백링크와 '링크된 데이터베이스 생성'을 차례로 살펴보겠습니다.

4.7.1. 백링크 기능 소개 및 활용법

백링크를 이용하면 작업하던 페이지에서 특정 페이지나 특정 데이터베이스로 바로 이동할 수 있습니다. 예를 들어, 만능 태스크에서 업무와 관련된 회의록이 필요하다고 가정합시다. 백링크 기능이 없으면 만능 지식창고 페이지에 가서 회의록을 확인해야 합니다. 하지만 백링크 기능을 활용하면 만능 태스크에서 회의록 페이지를 바로 확인할 수 있습니다.

백링크를 효과적으로 사용하는 두 가지 방법이 있습니다. 첫째는 데이터베이스 전용 페이지를 만들어서 데이터베이스를 중앙화시키는 것입니다. 데이터베이스를 전용 데이터베이스 페이지에 저장합니다. 그리고 데이터베이스를 활용할 때는 백링크 기능을 활용합니다. 둘째는 백링크 기능을 활용해 위키피디아를 만드는 것입니다. 비슷한 종류의 데이터베이스를 선택합니다. 그리고 백링크 기능으로 위키피디아를 만듭니다.

백링크를 사용하는 방법은 간단합니다. '@'을 입력하면 옵션 창이 나옵니다. 여기서 페이지 이름이나 데이터의 제목을 입력합니다. 그러면 백링크가 만들어집니다. 예를 들어, 만능 지식창고의 '아이템 선정 회의록'을 만능 태스크의 '아이템 선정 회의' 하위 페이지에서 사용한다고 가정합시다. 만능 태스크의 '아이템 선정 회의' 하위 페이지에서 '@'을 입력하고 '아이템 선정 회의록'을 입력하면 백링크가 만들어집니다.

그림 4.22 만능 태스크 하위 페이지에서 '@'을 입력하고 아이템 선정 회의록 입력하기

아이템 선정 회의록을 클릭하면 만능 지식창고의 **아이템 선정 회의록** 하위 페이지로 바로 이동합니다. 작업하던 만능 태스크 페이지로 돌아가려면 **1개의 백링크**를 클릭하세요. 백링크로 연결된 페이지가 표시됩니다. 이 페이지를 클릭하면 작업하던 만능 태스크 페이지로 돌아갑니다.

그림 4.23 만능 지식창고의 '아이템 선정 회의록' 하위 페이지에 백링크 표시

백링크를 사용할 때 주의점이 있습니다. 백링크로 연결할 페이지나 데이터베이스의 이름과 위치를 정확하게 알아야 합니다. 백링크 옵션 창에는 페이지나 데이터베이스의 이름과 위치가 표시됩니다. 같은 이름이지만 위치가 다른 경우에는 잘못된 페이지나 데이터베이스가 연결될 수 있습니다. 백링크로 연결할 페이지나 데이터베이스의 이름을 사전에 꼭 알아두세요.

4.7.2. 링크된 데이터베이스 기능 소개 및 활용법

링크된 데이터베이스는 원본 데이터베이스를 복사해 노션 내 여러 페이지에서 사용할 수 있습니다. 링크된 데이터베이스는 단순히 원본 데이터베이스를 복사하는 것이 아니라 실시간으로 동기화됩니다. 링크된 데이터베이스에서 수정한 내용이 원본 데이터베이스에도 동일하게 적용됩니다. 하지만 보기와 필터링과 정렬 등의 세부 설정은 반영이 되지 않습니다.

링크된 데이터베이스를 활용하는 두 가지 방법이 있습니다. 첫째는 원본 데이터베이스를 장소에 구애받지 않고 사용할 수 있습니다. 예를 들면, 데이터베이스를 보관하는 페이지를 만들고 원본 데이터베이스를 저장합니다. 그리고 원본 데이터베이스가 필요한 페이지에는 링크된 데이터베이스를 생성해 사용합니다. 이렇게 되면 원본 데이터베이스를 위치의 제약 없이 활용할 수 있습니다.

둘째는 링크된 데이터베이스를 활용하면 노션에서 사용할 수 있는 모든 기능을 다 활용할 수 있습니다. 링크된 데이터베이스에서는 원본 데이터베이스와 다른 필터, 정렬, 보기를 설정해 활용할 수 있습니다. 예를 들면 만능 태스크의 원본 데이터베이스는 '보드 보기'로 활용합니다. 원본 데이터베이스 아래에 링크된 데이터베이스를 생성해 '캘린더 보기'로 활용합니다. 링크된 데이터베이스를 활용해 업무의 진행사항과 일정을 동시에 확인할 수 있습니다.

그림 4.24 원본 데이터베이스의 '보드 보기'와 링크된 데이터베이스의 '캘린더 보기'

지금부터는 만능 태스크의 링크된 데이터베이스를 생성하는 방법을 알아보겠습니다.

01. 링크된 데이터베이스에는 '/링크된 데이터베이스 보기'를 입력합니다.

02. 옵션 창에 '만능 태스크'를 입력합니다. 그리고 만능 태스크 데이터베이스를 선택합니다.

03. 만능 태스크의 링크된 데이터베이스가 생성되었습니다. 링크된 데이터베이스가 생성될 때는 속성의 위치와 칸의 간격이 임의로 조정됩니다. 원본 데이터베이스의 형태가 그대로 표시되지 않습니다. 속성의 위치와 칸 간격을 다시 조정하세요.

링크된 데이터베이스를 만들다보면 원본 데이터베이스와의 구별이 헷갈릴 수 있습니다. 그럼 원본 데이터베이스와 링크된 데이터베이스를 어떻게 구별할 수 있을까요? 링크된 데이터베이스 이름 앞에는 '↗' 표시가 생깁니다. 원본 데이터베이스는 '↗'가 없습니다. 다시 말해서, '↗'가 없으면 원본 데이터베이스, '↗'가 있으면 링크된 데이터베이스입니다. 링크된 데이터베이스에서 원본 데이터베이스가 있는 곳으로 이동하고 싶다면, '↗'를 클릭해보세요.

그림 4.25 원본 데이터베이스로 이동하기

한 개의 데이터베이스에 여러 개의 데이터베이스를 링크할 수 있습니다. '/표 보기'를 입력하고 데이터베이스를 만듭니다. 데이터베이스의 오른쪽 옵션 창에 '기존 데이터베이스 선택'이 나옵니다. 옵션 창에 있는 데이터베이스를 선택하면 해당 데이터베이스가 링크됩니다. 데이터베이스의 왼쪽 상단에 '+보기 추가'를 클릭하면 다른 데이터베이스도 링크할 수 있습니다. 이렇게 한 개의 데이터베이스에 여러 개의 데이터베이스를 사용할 수 있어 편리합니다.

그림 4.26 한 개의 데이터베이스에 여러 개의 데이터베이스 링크

4.8. 다양한 기능을 사용할 수 있는 임베드 기능 활용하기

노션은 기본 기능만 충실하게 사용해도 업무의 생산성을 높이고 일상생활을 정리할 수 있습니다. 평소에 사용하는 프로그램을 임베드해 사용하면 노션을 더 풍성하고 효과적으로 사용할 수 있습니다. 어떤 것을 임베드할 수 있는지와 임베드를 활용하는 방법을 살펴보겠습니다.

4.8.1. 사용 가능한 임베드 목록

노션은 31가지 임베드 기능을 제공합니다. 일반적으로 흔히 사용하는 프로그램도 있고, 아닌 프로그램도 있습니다. 임베드할 수 있는 프로그램을 간단하게 살펴보겠습니다.

01. 임베드: 모든 파일과 URL을 노션에 삽입할 수 있습니다.

02. 구글 드라이브(Google Drive): 구글 드라이브, 구글 스프레드시트 등을 삽입할 수 있습니다. 특히, 노션의 취약점인 엑셀 기능은 구글 스프레드시트로 대체하여 사용할 수 있습니다.

03. 트윗(Tweet): 트위터의 트윗이나 스레드를 삽입할 수 있습니다. 트위터에 좋은 정보나 자료가 있다면 임베드 기능을 활용해 노션에 저장할 수 있습니다.

04. 깃허브 지스트(GitHub Gist): 개발자들을 위한 코드나 소스 등을 삽입할 수 있습니다.

05. 구글 지도(Google Maps): 구글 맵에서 위치 URL를 입력하면 구글 맵을 삽입할 수 있습니다.

06. 피그마(Figma): 피그마는 웹에서 디자인을 할 수 있는 웹사이트입니다. 이 사이트에서 만든 디자인을 노션에 삽입할 수 있습니다.

07. 앱스트랙트(Abstract): 앱스트랙트는 디자인 워크플로를 관리해주는 사이트입니다. 사이트의 프로젝트를 삽입할 수 있습니다.

08. 인비전(Invision): 인비전은 프로토타입 툴입니다. 사이트에서 완성된 프로젝트를 삽입할 수 있습니다.

09. 프레이머(Framer): 프레이머도 프로토타입 툴입니다. 사이트에서 완성된 프로젝트를 삽입할 수 있습니다.

10. 윔지컬(Whimsical): 윔지컬은 플로 차트, 마인드 맵 등을 제공하는 사이트입니다. 노션에서 제공하지 않는 플로 차트나 마인드 맵을 사이트에서 만들어서 노션으로 삽입할 수 있습니다.

11. 미로(Miro): 미로는 온라인에서 활용할 수 있는 온라인 보드입니다. 화이트보드를 만들어서 노션에 삽입할 수 있습니다.

12. 스케치(Sketch): 스케치는 디자인 프로세스에서 협업을 할 수 있는 사이트입니다.

13. 엑스칼리드로우(Excalidraw): 엑스칼리드로우는 다이어그램처럼 손으로 그림을 그리는 가상의 화이트보드 사이트입니다.

14. PDF: PDF 파일을 삽입할 수 있습니다.

15. 룸(Loom): 룸은 컴퓨터 화면을 녹화할 수 있는 사이트입니다. 공유할 내용을 녹화해 노션으로 삽입할 수 있습니다.

16. **타입폼(Typeform):** 타입폼은 설문지를 만들 수 있는 사이트입니다. 설문지를 노션으로 삽입할 수 있습니다.

17. **코드펜(CodePen):** 코드펜은 프런트엔드 디자이너와 개발자를 위한 사이트입니다. 코드펜의 소스를 노션으로 삽입할 수 있습니다.

18. **리플릿(Replit):** 리플릿은 브라우저에서 코드를 입력하여 앱이나 웹사이트를 만드는 사이트입니다.

19. **헥스(Hex):** 헥스는 아이디어에서 분석과 공유를 쉽게 할 수 있는 협업 사이트입니다.

20. **딥노트(Deepnote):** 딥노트는 데이터를 분석하고 결과물을 만들어주는 사이트입니다.

21. **그리드(GRID):** 스프레드 기반 차트를 제공하는 사이트입니다.

22. **지라(Jira):** 지라는 프로젝트의 이슈 트래킹, 버그 체크 등을 할 수 있는 프로젝트 관리 프로그램입니다.

23. **깃헙(Github):** 깃에 저장된 파일을 공유할 수 있도록 지원하는 웹사이트입니다.

24. **트렐로(Trello):** 트렐로는 웹 기반의 칸반보드 스타일의 프로젝트 관리 프로그램입니다.

25. **슬랙(Slack):** 슬랙은 메신저로 프로젝트 관리를 할 수 있는 협업 프로그램입니다.

26. **아사나(Asana):** 아사나는 클라우드 기반으로 프로젝트를 관리할 수 있는 협업 툴입니다.

27. **피치(Pitch):** 협업으로 프레젠테이션 파일을 만들 수 있도록 지원하는 사이트입니다.

28. **원드라이브(OneDrive):** 원드라이브는 마이크로소프트에서 제공하는 파일 공유 서비스입니다.

29. **줌(Zoom):** 줌은 화상회의를 할 수 있는 프로그램입니다.

30. **드롭박스(Dropbox):** 드롭박스는 클라우드 기반의 파일 공유 서비스입니다.

31. **앰플리튜드(Amplitude):** 노션에서 차트를 사용할 수 있도록 지원하시는 사이트입니다.

4.8.2. 임베드 활용법

임베드할 수 있는 것 31가지를 소개했습니다. 하지만 노션 사용자가 31가지 임베드 기능을 다 활용하지는 않습니다. 특정 사이트는 프로그래머, 개발자, 디자이너를 위한 임베드입니다. 따라서 31개의 임베드 기능 중에서 일상생활과 업무에서 활용한 몇 개의 임베드를 소개하고자 합니다.

파일 관리 임베드

업무에서 사용하는 hwp, doc, ppt 파일 등을 데스크톱에서 임베드하는 방법에는 두 가지가 있습니다. 첫 번째는 '/임베드' 명령을 이용하는 방법입니다. 링크 임베드 옵션 창에서 '링크 임베드' 탭을 선택하고 파일 주소가 있는 URL을 입력합니다. PDF, 구글 드라이브, 코드펜을 임베드할 수 있습니다. PC의 파일을 직접 업로드하려면 '**업로드**' 탭을 선택합니다. '**파일을 선택하세요**' 버튼을 클릭하면 PC에 있는 파일을 선택할 수 있습니다.

그림 4.27 업로드 탭

두 번째는 구글 드라이브를 사용하는 방법입니다. '/google drive' 명령을 입력하고 **Google Drive**를 선택합니다. 옵션 창의 **Google Drive 찾아보기** 탭에서 '**Google 계정 연결**'을 클릭하면 구글 로그인 계정으로 이동합니다. 로그인할 아이디를 선택하고 계정 액세스를 허용합니다. 그러면 구글 드라이브의 파일을 임베드할 수 있습니다.

그림 4.28 구글 드라이브로 임베드하기

PDF 임베드

임베드할 파일이 PDF이면 PDF 임베드를 사용하세요. '/pdf'를 입력하고 **PDF**를 선택하세요. PDF를 업로드하는 두 가지 방법이 있습니다. 첫 번째로 **'업로드'** 탭은 PC에서 파일을 직접 선택해 업로드할 수 있습니다. 두 번째는 **'링크 임베드'** 탭에 PDF 파일이 있는 웹 주소를 입력하는 방법입니다.

PDF 파일을 임베드할 때 주의할 점이 있습니다. 다른 파일 형식과 달리 PDF는 미리보기 기능을 사용할 수 있는데, **PDF** 임베드를 사용해야 이 미리보기 기능이 작동합니다. PDF를 임베드나 구글 드라이브로 삽입하면 미리보기가 되지 않습니다.

그림 4.29 PDF 미리보기

구글 지도 임베드

여행 계획표, 모임 장소, 출장 장소 등의 지도가 필요하면 구글 지도를 임베드하세요. 지도를 노션에 삽입해두면 지도를 따로 열어서 장소를 확인할 필요가 없습니다. 서울 남산 지도를 임베드해 보겠습니다.

01. '/google maps'를 입력하고 'Google Maps'를 선택합니다.

02. 웹브라우저의 새 창에 구글 지도 [2]를 열고 '남산'을 검색해 링크를 복사합니다.

---

2 https://google.com/maps

그림 4.30 구글 맵에서 '남산' 검색

03. 복사한 주소를 노션의 구글 지도 옵션 창에 붙여넣고 '**지도 임베드**' 버튼을 누릅니다. 그러면 구글 지도
가 삽입됩니다.

그림 4.31 삽입된 구글 지도

트위터 임베드

트위터의 좋은 자료를 스크랩하거나 중요하게 나눈 이야기를 따로 보관할 수 있습니다. '/tweet' 을 입력하고 트위터 주소를 입력합니다. 예시로 노션 한국 트위터 계정(@NotionKR)을 삽입해보겠습니다.

그림 4.32 트위터 한국 노션 계정 삽입하기

플로 차트와 마인드 맵

플로 차트, 마인드 맵, 화이트보드, 포스트잇 같은 기능이 필요하신가요? 아쉽게도 노션에는 그런 기능이 없습니다. 하지만 윔지컬(Whimsical)과 미로(Miro)를 활용하면 위의 기능을 노션에서 사용할 수 있습니다. 먼저 윔지컬의 플로 차트를 임베드하는 방법을 알아보고 다음으로 미로의 마인드 맵을 임베드하는 방법을 알아보겠습니다.

첫째, 윔지컬의 플로 차트를 임베드하는 방법을 알아보겠습니다.

01. '/whimsical'을 입력하고 Whimsical을 선택합니다.

02. 윔지컬 사이트(https://whimsical.com/)의 메뉴에서 'Get Shareable Link'를 클릭하면 주소가 복사됩니다.

그림 4.33 윔지컬에서 웹 주소 복사하기

03. 노션의 옵션 창에 주소를 붙여넣고 Whimsical **임베드** 버튼을 누르면 플로 차트가 삽입됩니다.

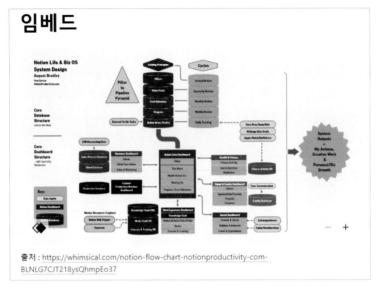

출처 : https://whimsical.com/notion-flow-chart-notionproductivity-com-BLNLG7CJT218ysQhmpEo37

그림 4.34 임베드된 플로 차트

다음으로 미로의 마인드맵을 임베드하는 방법을 알아보겠습니다.

01. '/miro'를 입력하고 Miro를 선택합니다

02. 미로 사이트(https://miro.com/)에서 임베드할 링크를 복사합니다.

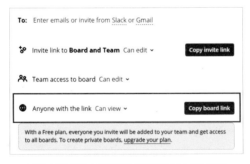

그림 4.35 미로 사이트에서 임베드할 주소 복사하기

03. 노션의 옵션 창에 마인드 맵의 주소를 붙여넣고 Miro **임베드** 버튼을 클릭하면 마인드 맵이 삽입됩니다.

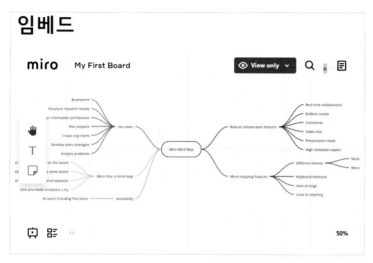

그림 4.36 삽입된 마인드 맵

4.9. 템블릿 복제 및 페이지 공유

노션에서 만든 템플릿은 복제와 공유가 가능합니다. 다른 사람들의 노션 페이지에 들어가서 템플릿을 복제하여 나의 노션 페이지에 저장할 수 있습니다. 또한 다른 사람들이 나의 노션 페이지를 방문하여 내가 만든 템플릿을 복사해 갈 수 있습니다. 이번 단원에서는 템플릿을 복제해 사용하는 방법과 내가 만든 페이지를 공유하는 방법을 알아보겠습니다.

4.9.1. 템플릿 복제

노션에서는 디자인, 인사부, 마케팅 같은 사용자 유형에 따라 사용할 수 있는 템플릿을 제공합니다. 또한 노션 갤러리 템플릿 웹페이지에 들어가면 한국 커뮤니티에서 만든 템플릿도 복제해 사용할 수 있습니다. 그럼, 템플릿을 복제하고 사용하는 방법을 알아보겠습니다.

01. 왼쪽 사이드바 하단에 보면 '템플릿'이 있습니다. '템플릿'을 클릭하면 노션에서 제공하는 템플릿 페이지가 열립니다. 템플릿 페이지 오른쪽 메뉴에는 '디자인, 학생, 엔지니어링, 인사, 마케팅, 개인, 기타, 프로덕트 관리, 영업, 지원' 토글이 있습니다. 토글을 열어보면 카테고리에 맞는 템플릿이 나옵니다. 필요한

템플릿을 선택하고 오른쪽 상단의 '**템플릿 사용하기**'를 클릭합니다. 그러면, 내 계정으로 템플릿이 복사됩니다. 템플릿 페이지에 원하는 템플릿이 없다면 오른쪽 하단에 '**템플릿 더 살펴보기**'를 클릭합니다.

02. 노션에서 제공하는 템플릿 갤러리가 열립니다. 갤러리를 살펴보고 필요한 템플릿을 골라 복제해보세요.

4.9.2. 페이지 공유

노션에서 제공하는 템플릿이나 한국 커뮤니티에서 제공하는 템플릿을 복제 사용하는 방법을 배웠습니다. 내가 만든 템플릿은 다른 사람들과 공유가 가능합니다. 스터디 모임, 가족 간의 일정 관리, 회사 업무 관리 등의 템플릿을 만들어서 다른 사람들과 공유해보세요.

페이지를 공유하는 방법은 두 가지가 있습니다. 첫째는 주소를 가진 모든 사람에게 공유하는 방법입니다. SNS를 통해 페이지 주소를 공유할 수 있습니다. 홈페이지나 블로그 같은 페이지를 공유할 때 사용할 수 있습니다.

둘째는 사용자를 지정하여 추가하는 방법입니다. 즉, 특정 인원만 페이지를 방문할 수 있습니다. 일정 관리, 여행 계획표, 프로젝트 관리 템플릿 등 외부 공개를 할 수 없고 보안이 필요한 페이지를 공유할 때 사용할 수 있습니다.

템플릿 공유를 알아보겠습니다.

01. 공유할 템플릿 페이지로 이동합니다. 화면 오른쪽 상단의 '**공유**'를 클릭합니다. 옵션 창에서 '**웹에서 공유**'를 켜기로 변경하면 링크 복사 창과 공유 옵션이 나옵니다.

02. 링크 복사 버튼을 누르면 노션 페이지 주소가 복사됩니다. 또한 노션 페이지의 4가지 설정을 선택할 수 있습니다.

   – 노션 페이지를 편집할 수 있는 권한을 주려면 '**편집 허용**'을 켭니다.

   – 노션 페이지에 댓글을 작성할 수 있는 권한을 주려면 '**댓글 허용**'을 켭니다.

   – 노션 페이지에 복제할 수 있는 권한을 주려면 '**템플릿 복제 허용**'을 켭니다.

   – 노션 페이지가 구글 등의 검색 엔진에서 검색될 수 있게 하려면 '**검색 엔진 인덱싱**'을 켭니다.(단, 유료 요금제 사용자만 가능)

03. 특정 사용자만 노션 페이지에 추가하고 싶으면 사용자 추가 입력창에 사람, 그룹, 이메일을 입력합니다. 사용자를 제대로 입력했으면 옵션 창에 사용자가 표시됩니다.

05장

교사와 학생을 위한
템플릿 만들기

5.1. 수업일정표 템플릿 만들기

수업일정표 템플릿은 대학생들의 학사일정 관리와 노트 필기를 할 수 있는 템플릿입니다. 바쁜 학교생활을 효율적으로 관리할 수 있습니다. 수업일정표 템플릿은 다음 3가지 용도로 사용합니다.

첫째, 학기별로 학업계획서와 노트 필기와 수업 자료를 저장하고 관리합니다.

둘째, 주요 학사일정을 정리하여 관리합니다.

셋째, 체크 리스트를 만들어서 학기 중에 반드시 해야 할 일을 놓치지 않게 도와줍니다.

다음 그림은 완성된 수업일정표 메인 페이지와 하위 페이지입니다. 대학교 4년 동안의 학교생활을 도와줄 수업일정표 템플릿을 지금부터 만들어 보겠습니다.

그림 5.1 수업일정표 템플릿 메인 페이지

5.1.1. 만능 태그와 만능 지식창고 만들기

수업일정표 템플릿을 만들려면 템플릿의 뼈대가 되는 만능 태그와 만능 지식창고를 먼저 만들어야 합니다. 만능 태그는 학기별로 과목을 분류하고 만능 지식창고에는 노트 필기, 학점 등의 수업 콘텐츠를 보관합니다.

학사일정 정보를 관리할 만능 태그 만들기

먼저 학기별로 수강 과목을 분류할 수 있는 만능 태그를 만들어봅시다.

01. 왼쪽 사이드바 하단에 '**+ 새 페이지**' 버튼을 클릭하면 새 페이지가 만들어집니다. 페이지 제목은 '수업 DB'를 입력합니다.

02. 제목 하단의 빈 칸에서 '/표 보기'를 입력하고 팝업 메뉴에서 '표 보기'를 선택합니다. 데이터베이스의 오른쪽 상단의 옵션 창에 '만능 태그'로 입력하고 하단의 '**+ 새 데이터베이스: 만능 태그**'를 선택합니다. 만능 태그 데이터베이스의 오른쪽 **+**를 클릭하여 1개의 열을 더 만들어 총 3개의 열을 만듭니다. 데이터베이스의 열의 이름을 클릭하면 속성 메뉴가 나옵니다. 속성 메뉴에서 '속성 편집'을 클릭하면 데이터베이스 오른쪽에 속성 편집 옵션 창이 나옵니다. 속성 편집 옵션 창에서 아래의 이름과 속성으로 변경합니다.

위치	이름	속성	사용방법
1번째	이름	제목	태그는 'n학년'–'n학기' 순으로 작성합니다. 1번째 열은 관계형 속성으로 연결된 데이터베이스의 태그로 사용합니다. 예) 1–1학기, 1–2학기 등
2번째	분류	선택	학기별로 학사일정 종류를 기록합니다. 예) 1학기, 2학기, 하계 계절학기, 동계 계절학기 등
3번째	특이사항	텍스트	학기별로 특이사항을 기록합니다. 예) 사회봉사 교과목 신청

그림 5.2 완성된 만능 태그 데이터베이스

과목을 관리할 만능 지식창고 만들기

만능 태그를 만들었으면 수업 자료를 보관할 수 있는 만능 지식창고를 만듭니다.

01. 만능 태그 아래의 빈칸에 '/표 보기'를 입력하고 데이터베이스를 만듭니다. 데이터베이스의 오른쪽의 기존 데이터베이스 선택에서 '만능 지식창고'를 입력하고 하단 '**+ 새 데이터베이스 생성: 만능 지식창고**'를 클릭합니다. 만능 지식창고에 3개의 열을 추가하여 5개의 열을 만듭니다. 데이터베이스의 열의 이름을 클릭하면 속성 메뉴가 나옵니다. 속성 메뉴에서 '속성 편집'을 클릭하면 데이터베이스 오른쪽에 속성 편집 옵션 창이 나옵니다. 속성 편집 옵션 창에서 아래의 이름과 속성으로 변경합니다.

위치	이름	속성	사용방법
1번째	이름	제목	학기별로 수강 과목을 입력합니다. 예) 한국 근대사, 경영정보시스템, 고급 컴퓨터 활용 등
2번째	태그	관계형	'관계형' 속성으로 만능 태그 데이터베이스와 연결합니다.
3번째	종류	선택	옵션에 '전공', '복수전공', '교양' 등의 추가정보를 입력합니다.
4번째	학점	숫자	과목별로 학점을 숫자로 입력합니다.
5번째	담당교수	텍스트	과목별로 담당 교수님 성함을 입력합니다.

02. 두 번째 열 태그에서 아래와 같이 관계형 속성을 설정합니다.

– 관계형 대상: 만능 태그

– 제한: 제한없음

– 만능 태그에 표시: 켜기

설정 후 **'관계형 추가'** 버튼을 클릭하면 만능 지식창고와 만능 태그가 관계형으로 연결됩니다.

그림 5.3 완성된 만능 지식창고

태그를 순서대로 정렬하기

만능 지식창고 데이터베이스를 정렬 기능을 사용하여 순서대로 태그를 정리해야 합니다. 태그를 첫 학기부터 마지막 학기 순으로 정리해보겠습니다.

01. 지식창고 오른쪽 상단에 있는 '정렬'을 클릭한 다음 '태그'를 선택합니다. 정렬 옵션에서 '태그', '오름차순'을 선택하면 태그가 첫 학기부터 마지막 학기까지 순대로 정리됩니다. 반대의 순서로 정렬하려면 '태그', '내림차순'을 선택하세요.

강의계획서와 노트 필기 템플릿 만들기

지금부터는 만능 지식창고 하위 페이지에 강의계획서와 노트 필기 템플릿을 만들어 보겠습니다.

01. 만능 지식창고 표 오른쪽 상단에 있는 **새로 만들기** 버튼의 아래 화살표(▾)를 누르고 **새 템플릿**을 클릭합니다. 그러면 템플릿을 만들 수 있는 하위 페이지가 열립니다. 하위 페이지 제목을 '강의계획서와 노트 필기'라고 입력합니다.

그림 5.4 새 템플릿 만들기

02. '/표 보기'를 입력하고 데이터베이스를 만듭니다. 데이터베이스의 오른쪽 기존 데이터베이스 선택 옵션 창에서 '강의계획서'를 입력하고 하단에 '+ 새 데이터베이스: 강의계획서'를 클릭합니다. 데이터베이스의 오른쪽 '+'를 4번 클릭하여 4개의 열을 추가합니다. 데이터베이스의 열의 이름을 클릭하면 속성 메뉴가 나옵니다. 속성 메뉴에서 '속성 편집'을 클릭하면 데이터베이스 오른쪽에 속성 편집 옵션 창이 나옵니다. 속성 편집 옵션 창에서 아래의 이름과 속성으로 변경합니다.

위치	이름	속성	사용방법
1번째	번호	숫자	강의 계획 순서를 왼쪽에 표시하기 위해 두 번째 열 '태그'를 클릭하고 왼쪽으로 이동합니다. 강의 순번을 차례대로 입력합니다.
2번째	이름	제목	강의 순서대로 수업 진도와 범위를 입력합니다.
3번째	날짜	날짜	수업 날짜를 캘린더에서 선택합니다.
4번째	과제와 준비물	텍스트	수업 일정별로 제출해야 할 과제나 준비물을 입력합니다.
5번째	참고 웹사이트	URL	수업과 관련 있는 웹 사이트 주소를 입력합니다.
6번째	파일	파일과 미디어	과제나 프린트물 등의 수업 자료를 업로드합니다.

그림 5.5 완성된 강의계획서 템플릿

수업 노트 필기 템플릿 만들기

강의계획서를 만들었으면 수업 필기 노트 템플릿을 만들 차례입니다. 노트 필기 템플릿은 '대학생들의 A+ 학점 비결'로 알려진 '코넬 노트 필기' 양식으로 만들어보겠습니다.

01. '강의계획서' 표의 오른쪽 상단에 있는 **새로 만들기** 버튼의 아래 화살표(▼)를 클릭합니다. 옵션 창에서 **'+ 새 템플릿'**을 클릭하면 템플릿을 편집할 수 있는 하위 페이지가 열립니다. 하위 페이지 제목을 '노트 필기'로 입력합니다.

02. 하위 페이지 창이 작아서 템플릿을 만들기 불편합니다. 원활한 편집을 하려면 왼쪽 상단에 있는 **'전체 페이지로 열기(↖)'**를 클릭해 전체화면으로 전환하세요.

03. 화면 하단 빈칸을 클릭하고 '/콜아웃'을 입력합니다. 콜아웃 상자에는 '제목: '을 입력합니다.

04. '/표'를 입력하고 단순한 표를 선택하면 2x3 표가 만들어집니다. 표의 오른쪽 세로줄에 마우스를 움직이면 파란색 세로줄이 생깁니다. 이 세로줄을 클릭해 오른쪽 끝으로 움직여서 표의 길이를 조정합니다.

05. 표의 왼쪽 상단에는 '키워드'를 입력하고 오른쪽 상단에는 '필기'를 입력합니다. 표의 아무 빈칸을 클릭하면 오른쪽 상단에 메뉴가 나옵니다. 메뉴에서 **'옵션'**을 클릭하고 **제목 행**과 **제목 열**을 켜기로 설정하면 행 제목과 열 제목이 회색으로 바뀝니다.

06. 화면 하단 빈칸을 클릭하고 '/콜아웃'을 입력합니다. 콜아웃 상자에는 '요약 : '을 입력합니다. '/콜아웃'을 입력하고 '요약 :'을 입력합니다.

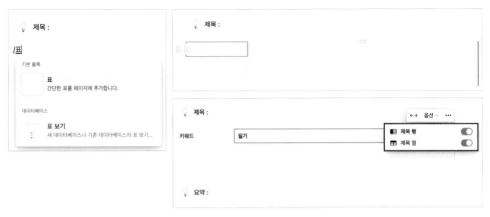

그림 5.6 완성된 템플릿

07. 페이지 왼쪽 상단에 있는 '**←뒤로**'를 클릭하면 템플릿이 자동으로 저장됩니다.

08. 노트 필기 템플릿을 사용하려면 강의계획서의 하위 페이지에 들어가서 화면 하단에 있는 '노트 필기'를 클릭해보세요. 노트 필기 템플릿이 자동으로 만들어집니다.

만능 태그와 만능 지식창고를 잘 만들었나요? 만든 템플릿을 아래 그림과 비교해보세요. 템플릿 원본을 확인하려면 https://bit.ly/3l5ABTY를 인터넷 검색창에 입력해 보세요.

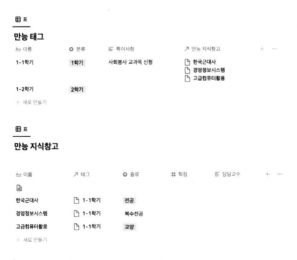

그림 5.7 완성된 만능 태그와 만능 지식창고 템플릿

5.1.2. 수업일정표 대시보드 만들기

만능 태그와 지식창고가 준비되었으면 수업일정표 메인 페이지를 만들어 보겠습니다. 수업일정표 메인 페이지는 수업 과목과 일정과 체크 리스트 등의 정보를 한 페이지에서 모두 확인할 수 있습니다.

수업일정표 신규 페이지 만들기

수업일정표 메인 페이지로 사용할 신규 페이지를 만들어보겠습니다.

01. 왼쪽 사이드바 하단에 있는 '**+ 새 페이지**' 버튼을 클릭합니다. 페이지의 제목은 '수업일정표'로 입력합니다. 왼쪽 상단에 있는 전체 페이지로 열기(↖)를 클릭해 전체 페이지로 전환합니다.

02. '수업일정표' 제목 위에 있는 '**아이콘 추가**' 버튼을 클릭합니다. 옵션 창에 `pencil`을 입력하고 pencil(✏) 아이콘을 클릭합니다. '수업일정표' 제목 위에 있는 '**커버 추가**' 버튼을 클릭합니다. 오른쪽 하단에 '**커버 변경**'을 클릭하고 **암스테르담 국립미술관** 탭에 있는 '**피테르 얀스 1637**' 커버를 선택합니다.

그림 5.8 아이콘과 커버 추가

수업일정표 상단 화면 꾸미기

수업일정표 상단에는 학사일정을 표시하고 수강하는 과목, 주요일정, 체크 리스트를 만들어 보겠습니다.

01. '2021년'을 입력합니다. 왼쪽 핸들(⠿)을 클릭하고 '**전환 ▶ 제목2**'와 '**색 ▶ 파란색 배경**'으로 설정합니다.

02. '신청과목', '주요일정', '체크 리스트'를 차례로 입력합니다. '주요일정'과 '체크 리스트'의 왼쪽 핸들(⠿) 을 차례로 클릭해 '신청과목'의 오른쪽으로 순서대로 이동하여 구역을 3단으로 나눕니다.

03. '신청과목', '주요일정', '체크 리스트'를 드래그하여 블록을 만듭니다. 왼쪽 핸들(⠿)을 클릭하고 **'전환 ▶ 제목3'**과 **'색 ▶ 파란색 배경'**으로 설정해 각 단의 구역을 표시합니다.

그림 5.9 신청과목, 주요일정, 체크 리스트 3단 완성

백링크 기능으로 수강과목 표시하기

백링크는 다른 페이지에 있는 데이터베이스를 불러올 수 있는 기능입니다. '신청과목' 하단에는 백링크 기능을 사용하여 수강하는 과목을 표시합니다.

01. '신청과목' 아래 빈칸에서 '@'을 누르고 수강과목을 입력합니다. **'페이지에 대한 링크'** 옵션에 있는 수강 과목을 클릭합니다.

02. 연결된 링크를 클릭하여 수강과목의 페이지로 연결되는지 확인합니다.

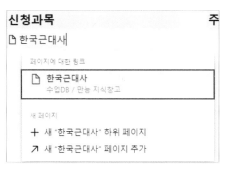

그림 5.10 백링크 기능으로 수강 과목 표시

주요일정 표시하기

'주요일정'에는 학사일정에서 개학, 중간고사, 기말고사와 같은 중요한 일정을 기록합니다. 이 외에도 스터디 모임, 조별 발표 등과 같은 일정도 기록해보세요.

01. 주요일정 하단에 '/글머리 기호 목록'을 입력합니다.

02. 학사일정 중 중요한 일정을 기록합니다. @을 입력하고 옵션 창에서 '리마인더 XXXX년 X월 X일 오전/오후 시간' 순으로 입력합니다. 예) @리마인더 2022년 12월 31일 오후 07:00

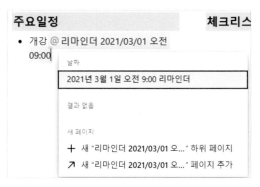

그림 5.11 주요일정 리마인더 표시하기

N Notion

'/글머리 기호 목록'의 단축키는 '–' 입니다. – 기호를 입력하고 스페이스 바를 누르면 자동으로 글머리 기호 목록이 생성됩니다.

체크 리스트로 할 일 목록 만들기

'체크 리스트'에는 학기 동안 해야 할 일을 기록합니다. 체크박스 속성을 사용하면 완료한 일과 미완료한 일을 구별할 수 있습니다.

01. 체크 리스트 하단에 '/할 일 목록'을 입력합니다. 체크박스가 나오면 할 일 목록을 차례로 입력합니다.

지금까지 과정을 순서대로 만들었으면 아래 그림과 같이 완성됩니다. 글씨 배경을 바꾸거나 이모지를 넣어서 개인의 취향에 맞게 꾸며보세요.

2021년

신청과목	주요일정	체크리스트
📄 ↗ 한국근대사	● 개강 : 2021년 3월 1일 오전 9:00 ⏰	☐ 전공서적 구입
📄 ↗ 경영정보시스템	● 중간고사 : 2021년 4월 19일 ⏰	☐ 영어 스터디 신청
📄 ↗ 고급컴퓨터활용	● 기말고사 : 2021년 6월 21일 ⏰	☐ 근로장학생 신청
		☐ 토익시험 신청
		☐ 매일 1시간 운동

그림 5.12 완성된 신청과목, 주요일정, 체크 리스트

> 🅝 Notion
>
> '/할 일 목록'의 단축키는 '[ ]' 입니다. [ ] 기호를 입력하고 스페이스 바를 누르면 자동으로 할 일 목록이 생성됩니다.

수업일정표 만들기

신청과목, 주요일정, 체크 리스트를 만들었으면 수업 시간과 수강과목을 확인할 수 있는 시간표를 만들어보겠습니다.

01. 수업일정표 데이터베이스는 기본 표에 6개의 열을 추가하여 총 7개 열이 필요합니다. '/표 보기'를 입력하고 데이터베이스를 만듭니다. 데이터베이스의 오른쪽 기존 데이터베이스 선택 옵션 창에서 '수업일정표'를 입력하고 하단에 '+ 새 데이터베이스: 수업일정표'를 클릭합니다. 데이터베이스의 오른쪽 '+'를 5번 클릭하여 5개의 열을 추가합니다. 데이터베이스의 열의 이름을 클릭하면 속성 메뉴가 나옵니다. 속성 메뉴에서 '속성 편집'을 클릭하면 데이터베이스 오른쪽에 속성 편집 옵션 창이 나옵니다. 속성 편집 옵션 창에서 아래의 이름과 속성으로 변경합니다.

위치	이름	속성	사용방법
1번째	교시	제목	수업 시간을 입력합니다. 예) 1교시, 2교시, 3교시
2번째	날짜	날짜	학기 수업 기간을 설정합니다. 예) 2021년 3월 1일~6월 18일, 9월 1일~12월 17일
3번째	월요일	관계형	관계형 속성으로 만능 지식창고 데이터베이스와 연결하고 월요일 수업을 선택합니다. 예) 경영정보시스템, 영화의 이해 등

위치	이름	속성	사용방법
4번째	화요일	관계형	관계형 속성으로 만능 지식창고 데이터베이스와 연결하고 화요일 수업을 선택합니다. 예) 경영정보시스템, 영화의 이해 등
5번째	수요일	관계형	관계형 속성으로 만능 지식창고 데이터베이스와 연결하고 수요일 수업을 선택합니다. 예) 경영정보시스템, 영화의 이해 등
6번째	목요일	관계형	관계형 속성으로 만능 지식창고 데이터베이스와 연결하고 목요일 수업을 선택합니다. 예) 경영정보시스템, 영화의 이해 등
7번째	금요일	관계형	관계형 속성으로 만능 지식창고 데이터베이스와 연결하고 금요일 수업을 선택합니다. 예) 경영정보시스템, 영화의 이해 등

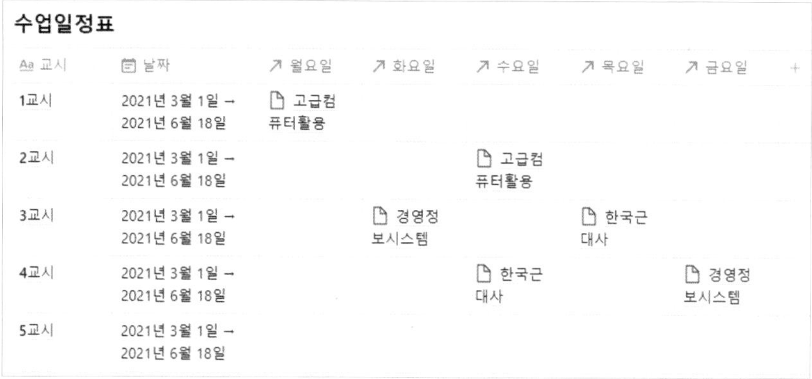
수업일정표

Aa 교시	날짜	↗ 월요일	↗ 화요일	↗ 수요일	↗ 목요일	↗ 금요일	+
1교시	2021년 3월 1일 → 2021년 6월 18일	고급컴퓨터활용					
2교시	2021년 3월 1일 → 2021년 6월 18일			고급컴퓨터활용			
3교시	2021년 3월 1일 → 2021년 6월 18일		경영정보시스템		한국근대사		
4교시	2021년 3월 1일 → 2021년 6월 18일			한국근대사		경영정보시스템	
5교시	2021년 3월 1일 → 2021년 6월 18일						

그림 5.13 완성된 수업일정표 데이터베이스

02. 월요일부터 금요일의 열을 만능 지식창고와 연결하려면 관계형 속성으로 아래와 같이 설정합니다.

– 관계형 대상 : 만능 지식창고

– 제한 : 제한없음

– 만능 태그에 표시 : 켜기

'만능 지식창고의 관계형 속성' 하단에는 속성의 이름(월요일~금요일)을 입력합니다.

설정 후 **관계형 추가** 버튼 클릭을 클릭하면 만능 지식창고와 만능 태그가 관계형으로 연결이 됩니다. 수업일정표와 만능 지식창고 데이터베이스가 잘 연결되었는지 월요일 열의 빈 칸을 클릭하여 수업을 선택해보세요.

5.1.3. 수업일정표 템플릿 완성

대학생활을 노션으로 정리할 수 있는 수업일정표 템플릿을 완성했습니다. 완성된 수업일정표 템플릿은 https://bit.ly/3593IQV에서 확인할 수 있습니다.

템플릿을 활용하여 학사 일정을 확인하고 노트 필기와 과제를 관리해 보세요. 친구들에게 템플릿을 공유하고 시험 공부나 스터디를 해 보세요. 템플릿만 잘 활용해도 학업에 큰 도움이 될 것입니다.

5.2. 독서 노트 템플릿 만들기

독서 노트는 책을 읽고 정리하는 템플릿입니다. 독서 노트 템플릿을 사용하면 책을 읽고 생각을 정리할 수 있습니다. 독서 노트를 정리하여 나만의 지식체계를 만들 수 있습니다. 이번 단원에서 만들려는 독서 노트 템플릿은 3가지 용도로 사용합니다.

첫째, 책의 이름과 장르와 저자 등의 정보를 기록합니다.

둘째, 책을 읽고 난 후에 독서 일지를 기록합니다.

셋째, 읽은 책 목록과 읽을 책 목록을 정리하고 독서 계획을 세웁니다.

그림 5.14는 독서 노트 템플릿입니다. 상단에는 읽을 책을 표시하고 하단에는 읽은 책을 표시합니다. 독서 계획을 세우고 읽을 내용을 정리할 수 있는 템플릿을 지금부터 만들어 보겠습니다.

그림 5.14 독서 노트 템플릿 구성

5.2.1. 만능 태그 만들기

책은 소설, 에세이, 시, 백과사전 등의 다양한 장르가 있습니다. 만능 태그는 책의 장르를 구별해
주고 분류하는 역할을 합니다. 또한, 일 년 동안 주로 읽은 장르가 무엇인지 확인할 수 있습니다.
도서의 장르와 세부 장르를 분류할 수 있게 도와주는 만능 태그를 만들어 보겠습니다.

01. 왼쪽 사이드바 하단에 있는 '**+ 새 페이지**' 버튼을 클릭합니다. 페이지 제목은 '독서DB'를 입력하고 왼쪽 상단에 '전체 페이지로 열기'를 클릭하여 전체 페이지로 전환합니다.

02. 제목 하단의 빈칸을 클릭하고 '/표 보기'를 입력하고 데이터베이스를 만듭니다. 데이터베이스의 오른쪽 **기존 데이터베이스 선택** 옵션 창에서 '만능 태그'를 입력하고 하단에 '**+ 새 데이터베이스: 만능 태그**'를 클릭합니다. 데이터베이스에서 열 이름을 클릭하면 속성 메뉴가 나옵니다. 속성 메뉴에서 '속성 편집'을 클릭하면 데이터베이스 오른쪽에 속성 편집 옵션 창이 나옵니다. 속성 편집 옵션 창에서 아래의 이름과 속성으로 변경합니다.

위치	이름	속성	사용방법
1번째	이름	제목	책 장르의 하위 분야를 입력합니다. 예) 한국사, 철학, 과학이론 등
2번째	분류	선택	책의 장르를 입력합니다. 예) 역사, 인문, 과학 등

책을 장르별로 분류할 수 있는 만능 태그를 만들었습니다. 아래의 그림과 비교해보세요. 템플릿 원본은 http://bit.ly/3nL5GO4에서 확인할 수 있습니다.

그림 5.15 완성된 만능 태그

5.2.2. 독서 노트 만들기

만능 태그가 완성되었으면 독서 노트를 만들어 보겠습니다. 읽고 있는 책과 읽을 책을 하나로 묶어서 상단에 배치하고, 다 읽은 책을 하단에 배치하겠습니다. '**갤러리 보기**'와 책의 정보를 표시하여 직관적으로 책을 검색할 수 있게 만들어 보겠습니다.

독서 노트 페이지 만들기

독서 노트 페이지로 사용할 신규 페이지를 만들겠습니다.

01. 왼쪽 사이드바 하단에 있는 '**+ 새 페이지**'를 클릭하세요. 신규 페이지 제목을 '독서 노트'로 입력합니다. 왼쪽 상단에 '전폐 페이지로 열기'를 클릭하여 전체 페이지로 전환합니다.

02. '독서 노트' 위로 마우스를 올리면 나오는 '**아이콘 추가**' 버튼을 클릭합니다. 임의로 생성된 아이콘을 클릭하면 이모지 옵션 창이 나옵니다. 옵션 창에 '펼쳐진 책'을 입력하고 **펼쳐진 책(📖)** 아이콘을 클릭합니다.

03. 독서 노트 제목 위의 '**커버 추가**'를 클릭하면 임의로 커버가 선택됩니다. 우측 하단에 '**커버 변경**'을 클릭하고 암스테르담 국립미술관에 있는 '**피테르 얀스1649**' 커버를 선택합니다.

그림 5.16 아이콘과 커버 추가

04. '2021년 독서 노트'를 입력합니다. 왼쪽 핸들(⋮⋮)을 클릭하고 '**전환 ▶ 제목3**'과 '**색 ▶ 파란색 배경**'을 설정합니다.

독서 노트 데이터베이스 만들기

도서의 정보를 담고 있는 독서 노트 데이터베이스를 만들어 보겠습니다.

01. 독서 노트 데이터베이스를 만들려면 기본 표를 만들어야 합니다. '/표 보기'를 입력하고 데이터베이스를 만듭니다. 데이터베이스의 오른쪽 기존 데이터베이스 선택 옵션 창에서 '독서 노트'를 입력하고 하단에 '**+ 새 데이터베이스: 독서 노트**'를 클릭합니다. 데이터베이스의 오른쪽 '**+**'를 5번 클릭하여 5개의 열을 추가합니다. 데이터베이스의 열의 이름을 클릭하면 속성 메뉴가 나옵니다. 속성 메뉴에서 '속성 편집'을 클릭하면 데이터베이스 오른쪽에 속성 편집 옵션 창이 나옵니다. 속성 편집 옵션 창에서 아래의 이름과 속성으로 변경합니다.

위치	이름	속성	사용방법
1번째	이름	제목	책 제목을 입력합니다.
2번째	장르	관계형	관계형 속성으로 만능 태그 데이터베이스를 연결합니다.
3번째	날짜	날짜	책을 완독한 날짜를 선택합니다.
4번째	상태	선택	독서의 진행 상황을 입력합니다. 예) 준비, 읽는중, 완료
5번째	저자	텍스트	책의 저자를 입력합니다.
6번째	평점	선택	별(★)을 하나부터 다섯 개까지 입력합니다. 예) ★, ★★, ★★★, ★★★★, ★★★★★
7번째	URL	URL	참고용 정보가 있는 사이트를 입력합니다.

▦ 표

독서노트

Aa 이름	↗ 장르	🗓 날짜	● 상태	📇 저자	● 평점	⌕ URL	+
🎴 왜 세계의 절반은 굶주리는가?	📄 인문학	2022년 2월 25일	완료	장 지글러	★★★★★	https://book.naver.com/bookdb/book_detail.nhn?bid=10370447	
⊘ 철학이야기	📄 철학	2022년 4월 11일	예정	윌 듀란트	★★★★★	https://book.naver.com/bookdb/book_detail.nhn?bid=3105439	
🎴 열두발자국	📄 과학	2022년 5월 30일	읽는중	정재승	★★★★★	https://book.naver.com/bookdb/book_detail.nhn?bid=13718478	

+ 새로 만들기

그림 5.17 완성된 독서 노트 데이터베이스

갤러리로 변경하기

독서 노트 데이터베이스를 섬네일로 미리보기를 할 수 있게 갤러리로 변경하겠습니다.

01. 독서 노트 데이터베이스에서 '독서 노트' 제목 위의 '+'를 클릭하고 새 보기에서 '**갤러리**'를 선택합니다.

02. 독서노트 위에 '**갤러리**' 보기가 생성이 됩니다. 갤러리를 클릭하여 '**표**' 왼쪽으로 이동합니다. 그러면 독서 노트 페이지를 열었을 때 '갤러리' 보기가 바로 나옵니다.

그림 5.18 갤러리 보기를 맨 왼쪽으로 옮기기

03. 다 읽은 책을 갤러리에서 보이지 않게 하려면 필터를 설정해야 합니다. 독서 노트 표 오른쪽 상단에 있는 '**필터**'를 클릭합니다. 필터 옵션 창에서 '상태'를 선택하면 '**상태**' 옵션 창이 열립니다. 옵션 창 상단에서 '값과 동일한 데이터'를 '**값과 동일하지 않은 데이터**'로 변경하고 '**완료**'를 선택합니다. 그러면 상태의 속성이 '완료'인 책은 표시되지 않습니다.

그림 5.19 필터 설정하기

04. 갤러리 보기에서 섬네일 밑에 표시할 정보를 선택합니다. 독서 노트 표 우측 상단에 있는 메뉴(⋯)를 누르고 속성을 클릭합니다. 속성에서 '이름', '상태', '평점'만 켜고 다른 것은 끕니다.

그림 5.20 속성에서 이름, 상태, 평점을 켜기로 설정

완독한 도서 목록 만들기

읽고 있는 도서 목록을 만들어 보았습니다. 지금부터는 완독한 도서 목록을 만들어 보겠습니다. 완독한 도서 목록을 보면 일 년 동안 읽은 책의 권수와 종류를 확인할 수 있습니다.

01. 2021년 완독한 도서 목록을 입력합니다. 왼쪽 핸들(⋮⋮)을 클릭하고 '**전환 ▶ 제목3**'과 '**색 ▶ 파란색 배경**'으로 설정합니다.

02. '/링크된 데이터베이스 보기'를 입력하면 비어 있는 데이터베이스가 만들어집니다. 데이터베이스 오른쪽에 '**기존 데이터베이스 선택**' 옵션 창에서 '독서 노트'를 입력하고 아래에 '**독서 노트**' 데이터베이스를 클릭하면 앞에서 만들었던 독서 노트 데이터베이스가 나옵니다. 오른쪽 '**기존 보기 복사**' 옵션 창에서 '**표**'를 선택합니다. 데이터베이스 오른쪽 '**보기 설정**' 옵션 창에서 '**레이아웃**'을 클릭하면 6개의 보기를 선택할 수 있는 레이아웃 옵션으로 이동합니다. '**갤러리 보기**'를 선택하고 뒤로 가기를 클릭합니다.

03. 완독한 도서만 표시하게 하려면 필터 기능을 사용해야 합니다. 표 우측에 있는 메뉴(⋯)를 누르고 필터를 클릭합니다. 옵션 창에서 상태를 선택하고 완료를 선택합니다. 옵션 창 위에 '**값과 동일한 데이터**'로 설정하면 완독한 도서 목록만 표시됩니다.

04. 갤러리 보기에서 섬네일 밑에 표시할 정보를 선택합니다. 독서 노트 표 우측 상단에 있는 '⋯'를 누르고 속성을 클릭합니다. 속성에서 '이름', '상태', '평점'만 켜기를 하고 다른 것은 끕니다.

하위 페이지에 독서 감상문 템플릿 만들기

독서 노트 템플릿을 만들었습니다. 이제는 하위 페이지에 독서 감상문 템플릿을 만들어 보겠습니다.

01. 독서 노트 데이터베이스의 오른쪽에 있는 **새로 만들기** 버튼의 아래 화살표(🔽)를 클릭합니다. 템플릿 옵션 창에서 새 템플릿을 클릭합니다. 템플릿을 편집할 수 있는 하위 페이지가 열립니다. 템플릿 제목을 '독서 감상문'으로 입력합니다.

02. 독서 감상문 첫 줄에는 책 표지를 넣을 수 있는 이미지 임베드를 만들어 보겠습니다. '/이미지'를 입력해 이미지 임베드를 만듭니다. 이미지 임베드는 독서 감상문에 도서 커버를 삽입할 때 사용합니다.

03. 다음으로 독후감 양식을 만들어 보겠습니다. '/표'를 입력하고 단순한 표를 선택합니다. 표 아래에 회색 '+' 탭을 추가하여 2x5의 표를 만듭니다. 표의 왼쪽에 '한줄요약', '줄거리', '느낌점', '적용하기', '하이라이트'를 차례로 입력합니다.

04. 표의 오른쪽 세로줄에 마우스를 움직이면 파란색 세로줄이 생깁니다. 이 세로줄을 클릭하여 단의 오른쪽 끝으로 움직여 표의 크기를 조정합니다. 표의 빈칸을 클릭하면 오른쪽 상단에 메뉴가 나옵니다. 메뉴의 '**옵션**'을 클릭하고 **제목 행**'을 켜기로 설정하면 행 제목의 색깔이 회색으로 변경됩니다.

그림 5.21 완성된 독서 감상문 템플릿

05. 왼쪽 상단에 있는 '← **뒤로**'를 클릭하면 편집하던 템플릿이 자동 저장됩니다.

06. 독서 감상문 템플릿을 사용하려면 하위 페이지의 '**독서 감상문**'를 클릭해보세요. 독서 감상문 템플릿이 자동으로 만들어집니다.

5.2.3. 독서 감상문 템플릿 완성

독서 감상문 템플릿을 완성했습니다. 완성된 템플릿은 https://bit.ly/34aFBQL에서 확인할 수 있습니다.

독서 감상문 템플릿으로 일 년 동안 읽을 책 목록을 확인하고 완독한 책을 정리할 수 있습니다. 독서 후에는 독서 감상문을 작성해야 책이 나의 지식이 됩니다. 템플릿으로 독서 생활을 관리하고 느낀 점을 정리하면서 지식을 향상해보세요.

5.3. 출석부 템플릿 만들기

출석부 템플릿은 학교, 학원 등에서 학생들의 출석을 관리하는 템플릿입니다. 템플릿은 3가지 용도로 사용합니다.

첫째, 수업별로 출석부를 만들어서 출결을 관리할 수 있습니다.

둘째, 월별로 출석률을 계산할 수 있습니다.

셋째, 출석부에 수업 진도를 표시하여 수업 관리도 할 수 있습니다.

다음 그림은 출석부 템플릿입니다. 상단에는 수업별로 학생들의 이름을 확인할 수 있습니다. 하단에는 캘린더로 수업별로 출석률과 진도를 확인할 수 있습니다. 수업과 진도를 확인할 수 있는 템플릿을 지금부터 만들어 보겠습니다.

그림 5.22 출석부 템플릿 구성

5.3.1. 만능 태그와 만능 지식창고 만들기

출석부 템플릿을 만들려면 만능 태그와 만능 지식창고를 먼저 만들어야 합니다. 만능 태그는 월별 출석부와 출석률을 계산할 때 필요합니다. 만능 지식창고는 학생 명단과 전화번호를 관리할 때 필요합니다. 출석부에 사용할 만능 태그를 만들어 보겠습니다.

만능 태그 만들기

보통 교사 1명이 고1 영어, 고2 영어, 고3 영어 수업과 같이 여러 개의 수업을 진행합니다. 수업별로 구별하기 위해서는 만능 태그가 있어야 합니다. 또한 만능 태그는 월별 출석률을 계산하는 데도 필요합니다.

01. 왼쪽 사이드바 하단에 있는 '**+ 새 페이지**' 버튼을 클릭합니다. 페이지 제목은 '출석부DB'를 왼쪽 상단에 '전페 페이지로 열기'를 클릭하여 전체 페이지로 전환합니다.

02. 제목 하단의 빈칸을 클릭하고 '/표 보기'를 입력하고 데이터베이스를 만듭니다. 데이터베이스의 오른쪽 기존 데이터베이스 선택 옵션 창에서 '만능 태그'를 입력하고 하단에 '**+ 새 데이터베이스: 만능 태그**'를 클릭합니다. 데이터베이스의 오른쪽 '**+**'를 1번 클릭하여 1개의 열을 추가합니다. 데이터베이스의 열 이름을 클릭하면 속성 메뉴가 나옵니다. 속성 메뉴에서 '속성 편집'을 클릭하면 데이터베이스 오른쪽에 속성 편집 옵션 창이 나옵니다. 속성 편집 옵션 창에서 아래의 이름과 속성으로 변경합니다.

위치	이름	속성	사용방법
1번째	이름	제목	수업명과 월별 출석부를 입력합니다. 예) 고2 영어, 1월 출석부
2번째	분류	선택	연도를 입력합니다. 예) 2021년, 2022년 등
3번째	설명	텍스트	학생과 출석부의 설명을 입력합니다. 예) 영문법 수업, 고2 영어

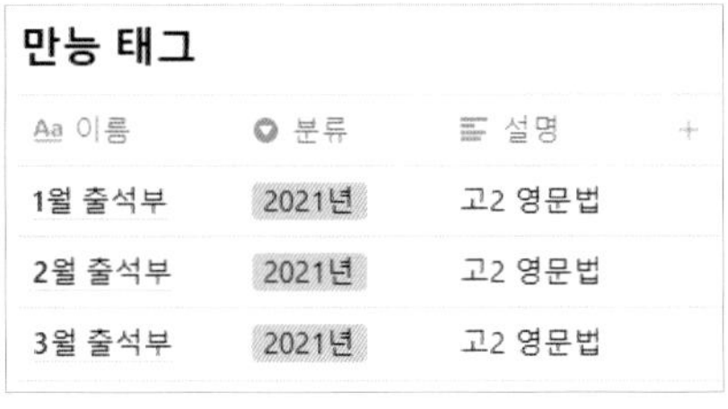

그림 5.23 완성된 만능 태그

만능 지식창고 만들기

만능 태그가 완성되었으면 만능 지식창고를 만들어보겠습니다. 만능 지식창고는 학생 명단과 수업명과 전화번호를 기록하는 데이터베이스입니다. 수업 출결 관리는 만능 지식창고에서 할 수 있습니다. 만능 지식창고를 만들어 보겠습니다.

01. '/표 보기'를 입력하고 데이터베이스를 만듭니다. 데이터베이스의 오른쪽 기존 데이터베이스 선택 옵션 창에서 '만능 지식창고'를 입력하고 하단에 '+ 새 데이터베이스: 만능 지식창고'를 클릭합니다. 데이터베이스의 오른쪽 '+'를 4번 클릭하여 4개의 열을 추가합니다. 데이터베이스의 열의 이름을 클릭하면 속성 메뉴가 나옵니다. 속성 메뉴에서 '**속성 편집**'을 클릭하면 데이터베이스 오른쪽에 속성 편집 옵션 창이 나옵니다. 속성 편집 옵션 창에서 아래의 이름과 속성으로 변경합니다.

위치	이름	속성	사용방법
1번째	이름	제목	학생 이름을 입력합니다.
2번째	태그	관계형	'관계형' 속성으로 만능 태그 데이터베이스와 연결합니다. '만능 태그의 관계형 속성' 하단에는 '학생 명단'을 입력합니다.
3번째	종류	선택	수업 종류를 입력합니다. 예) 고2 영문법, 고2 영작문 등
4번째	전화번호	전화번호	학생의 전화번호를 입력합니다.

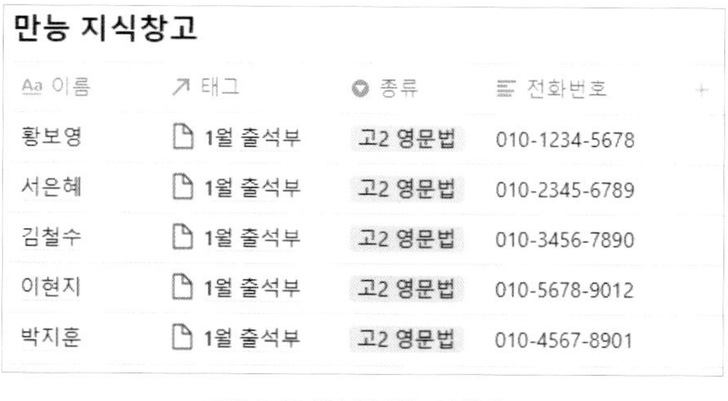

만능 지식창고

Aa 이름	↗ 태그	◆ 종류	☰ 전화번호	+
황보영	▢ 1월 출석부	고2 영문법	010-1234-5678	
서은혜	▢ 1월 출석부	고2 영문법	010-2345-6789	
김철수	▢ 1월 출석부	고2 영문법	010-3456-7890	
이현지	▢ 1월 출석부	고2 영문법	010-5678-9012	
박지훈	▢ 1월 출석부	고2 영문법	010-4567-8901	

그림 5.24 완성된 만능 지식창고

만능 태그와 만능 지식창고를 완성했습니다. 완성한 만능 태그와 만능 지식창고는 http://bit.ly/3mFLNqn에서 확인할 수 있습니다. 다음은 출석부를 만들어 보겠습니다.

5.3.2. 출석부 만들기

지금부터는 고2 영어반의 출석부를 만들어 보겠습니다. 출석부는 상단에는 학생명단을 표시하고 하단에는 '캘린더 보기'로 출석 현황을 확인할 수 있습니다.

출석부 신규 페이지 만들기

출석부 템플릿을 만들기 위해 신규 페이지를 먼저 만듭니다.

01. 왼쪽 사이드바 하단에 있는 '**+ 새 페이지**' 버튼을 클릭합니다. 신규 페이지 제목을 '**출석부**'로 입력합니다. 왼쪽 상단에 '전페 페이지로 열기'를 클릭하여 전체 페이지로 전환합니다.

02. '출석부' 위로 마우스를 올리면 나오는 '**아이콘 추가**' 버튼을 클릭합니다. 이모지 옵션 창에 '파란색 책'을 입력하고 **파란색 책(📘)** 아이콘을 클릭합니다.

03. 출석부 제목 위의 '**커버 추가**'를 클릭하면 임의로 커버가 선택됩니다. 우측 하단에 '**커버 변경**'을 클릭하고 **메트로폴리탄 미술관** 탭에 있는 '**조셉 히들리 1870**' 커버를 선택합니다.

그림 5.25 커버 변경 완료

04. '고2 영어 수업'을 입력합니다. 왼쪽 핸들(⠿) 아이콘을 클릭하고 '**전환 ▶ 제목3**'과 '**색 ▶ 파란색 배경**'으로 설정합니다.

출석부 명단 만들기

만능 지식창고를 활용하여 수업을 듣는 학생들의 명단을 만들어 보겠습니다. 수업을 듣는 학생들의 명단을 추가하거나 삭제할 수 있습니다.

01. '/링크된 데이터베이스 보기'를 입력하면 데이터베이스 오른쪽에 기존 데이터베이스를 선택하는 옵션 창이 나옵니다. 입력 창에 '만능 지식창고'를 입력하고 '만능 지식창고' 데이터베이스를 선택합니다.

02. 오른쪽 '**기존 보기 복사**' 옵션 창에서 '**표**'를 선택합니다. 화면 오른쪽 '**보기 설정**' 창의 보기 이름에 '고2 영어'를 입력하고 레이아웃을 선택합니다. 레이아웃 옵션 창에서 '**리스트**' 보기를 클릭하면 리스트 보기로 전환됩니다.

03. '**리스트 보기**'에서 고2 영문법 수업을 듣는 학생만 나오도록 필터를 설정하겠습니다. 만능 지식창고 데이터베이스 오른쪽 상단에 있는 메뉴(•••)를 누르고 필터를 클릭합니다.

04. 필터는 필터 옵션 창에서 '**종류**'를 선택하면 필터 세부 옵션 창이 나옵니다. 세부 옵천 창 상단에 '**값과 동일한 데이터**'를 선택하고 '**고2 영문법**'으로 설정합니다. 그러면 고2 영어 수업을 듣는 학생의 명단이 표시됩니다.

05. 학생 명단이 표시되었으면 부가적인 정보도 추가해 보겠습니다. '만능 지식창고' 표의 우측 메뉴(•••)를 누르고 속성을 클릭합니다. 속성 옵션 창에서 '종류'와 '전화번호'를 켜고 나머지는 끕니다.

출석부 만들기

'**캘린더 보기**'를 활용해 요일별로 출결을 확인할 수 있는 출석부를 만들어 보겠습니다. 출석부에 수업 진도로 기록하여 수업 진도 현황도 같이 표시하겠습니다.

01. 출석부를 만들려면 13개의 열이 있는 표가 필요합니다. '/표 보기'를 입력하고 데이터베이스를 만듭니다. 데이터베이스의 오른쪽 기존 데이터베이스 선택 옵션 창에서 '출석부'를 입력하고 하단에 '**+ 새 데이터베이스: 출석부**'를 클릭합니다. 데이터베이스의 오른쪽 '**+**'를 11번 클릭하여 11개의 열을 추가합니다.

02. 13개의 열은 아래와 같이 설정할 때 두 가지 주의할 점이 있습니다. 첫 번째는 관계형 옵션을 설정할 때 연결되는 데이터베이스의 열의 이름을 정확하게 기록하는 것입니다. 관계형 속성으로 만능 지식창고 데이터베이스를 연결하고 '**만능 지식창고의 관계형 속성**' 하단에 '출석', '지각', '결석' 등을 입력하면 만능 지식창고 데이터베이스의 관계형 속성 이름도 변경됩니다. 두 번째는 출석률을 계산하기 위해서는 '**롤업**' 속성과 '**수식**' 속성을 사용해야 합니다. '**롤업**' 속성은 출석, 지각, 결석 명단을 숫자로 변경해주고, '**수식**' 속성으로 계산을 합니다. '**롤업**' 속성과 '**수식**' 속성 중 하나라도 틀리게 되면 출석률이 제대로 계산되지 않습니다. 따라서 다음 설정을 잘 따라해주세요.

위치	이름	속성	사용방법
1번째	이름	제목	수업 일정을 입력합니다.
2번째	태그	관계형	관계형 속성으로 만능 태그 데이터베이스와 연결합니다
3번째	날짜	날짜	캘린더에서 수업 일정을 선택합니다.
4번째	출석	관계형	관계형 속성으로 만능 지식창고 데이터베이스와 연결합니다.
5번째	지각	관계형	관계형 속성으로 만능 지식창고 데이터베이스와 연결합니다.
6번째	결석	관계형	관계형 속성으로 만능 지식창고 데이터베이스와 연결합니다.
7번째	출석인원	롤업	옵션을 ' 관계형: 출석, 속성: 이름, 계산: **값 세기**' 로 설정합니다.
8번째	지각인원	롤업	옵션을 '관계형: 지각, 속성: 이름, 계산: **값 세기**'로 설정합니다.
9번째	결석인원	롤업	옵션을 '관계형: 결석, 속성: 이름, 계산: **값 세기**'로 설정합니다.
10번째	총 인원	롤업	옵션을 '관계형: 태그, 속성: 학생명단, 계산: **값 세기**'로 설정합니다.
11번째	출석현황	수식	수업일정에 출석인원, 지각인원, 결석인원을 자동으로 표시하기 위해 아래의 수식을 옵션 창에 입력합니다. "출석자 " + format(prop("출석") ? (length(replaceAll(prop("출석"), "[^,]", "")) + 1) : 0) + "명 \n" + "지각 " + format(prop("지각") ? (length(replaceAll(prop("지각"), "[^,]", "")) + 1) : 0) + "명 \n" + "결석 " + format(prop("결석") ? (length(replaceAll(prop("결석"), "[^,]", "")) + 1) : 0) + "명 \n"
12번째	출석률	수식	출석률을 계산하기 위해 아래의 수식을 수식 옵션 창에 입력합니다. 출석률은 소수점 한 자리까지 계산됩니다. 숫자 옵션은 퍼센트로 설정합니다. round(round(prop("출석인원") + prop("지각인원")) / round(prop("출석인원") + prop("결석인원") + prop("지각인원")) * 1000) / 1000
13번째	진도	텍스트	수업 진도를 기록합니다.

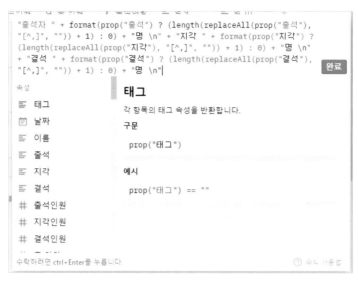

그림 5.26 출석 현황 수식 입력하기

캘린더 보기로 변경하기

요일별로 출결 관리를 위해 '**캘린더 보기**'를 활용합니다. 캘린더에서 요일별로 출석률과 수업진도를 표시하겠습니다.

01. 출석부 표에서 '출석부' 제목 위에 '표'를 클릭하고 메뉴에서 '**보기 편집**'을 선택합니다. 오른쪽 옵션 창에서 '**레이아웃**'을 클릭하고 '**캘린더**' 보기를 선택합니다. 그러면 데이터베이스가 캘린더로 바뀝니다.

02. 캘린더에서 출석률과 출결 현황과 수업 진도를 확인하기 위해 속성을 설정해야 합니다. 출석부 표 우측에 있는 메뉴(⋯)를 누르고 속성을 클릭합니다.

03. 캘린더에 표시되는 순서는 속성 옵션 상위에 있는 순서대로 표시됩니다. 따라서 속성 옵션에서 출석률, 출석현황, 진도를 순서대로 배치하고 켜기를 설정합니다. 나머지 속성을 끄기로 설정합니다.

04. 출석 하위 페이지에서 사용할 수 있는 템플릿을 만들어 보겠습니다. 캘린더 오른쪽 상단의 **새로 만들기** 버튼의 아래 화살표(▼)를 클릭합니다. 템플릿 옵션에서 **새 템플릿**을 클릭합니다.

05. 하위 템플릿의 제목은 '출석일지'로 입력합니다. 제목 아래 각 속성이 임의의 순서대로 정렬되어 있습니다. 각 속성의 핸들(⋮⋮)을 클릭해 그림 5.27과 같이 정리합니다.

그림 5.27 순서대로 정렬된 모습

06. '수업중 특이사항'을 입력합니다. 핸들(⠿)을 클릭하고 '**전환 ▶ 제목3**'과 '**색 ▶ 파란색 배경**'으로 설정합니다.

07. '/글머리 기호 목록'을 입력합니다. 글머리 기호에는 수업 중 발생한 특이사항을 기록합니다.

08. 하위 페이지 템플릿 편집을 완료했습니다. 왼쪽 상단에 있는 '**← 뒤로**'를 클릭하면 자동으로 저장됩니다.

월별 출석률 확인하기

만능 태그와 출석부 데이터베이스가 관계형으로 연결되어 데이터를 공유할 수 있습니다. 롤업 속성을 사용하면 두 개의 데이터베이스의 데이터를 공유하여 원하는 결과물로 표시할 수 있습니다. 월별 출석률을 확인하려면 출석부 데이터베이스에 출석률 속성의 데이터를 롤업으로 가져와야 합니다.

01. 롤업 속성을 사용하여 월별 출석률을 계산해보겠습니다. 만능 태그 데이터베이스의 오른쪽 '+'를 클릭하여 속성을 하나 추가합니다. 이름은 '월별 출석률'로 설정하고, 유형은 '**롤업**'을 선택합니다.

02. '롤업' 열의 빈 칸에 마우스를 올리면 '롤업 구성' 버튼이 나옵니다. '롤업 구성' 버튼을 클릭하면 롤업 옵션이 나옵니다. 옵션 창에서 '**관계형: 출석부, 속성: 출석률, 계산: 평균**'으로 설정합니다.

03. 출석률은 출석부 데이터베이스에 아무 데이터가 없어서 값이 표시가 되지 않습니다. 데이터를 입력하고 출석률이 제대로 표시되는지 확인해보세요.

출석부를 사용하는 방법

출석부 템플릿을 완성했습니다. 템플릿 사용하는 방법을 알아보겠습니다.

01. 캘린더에서 수업 날짜로 이동하면 왼쪽 상단에 '+'가 나옵니다. '+'를 누르면 하위 페이지가 열립니다. 제목에는 수업 일자와 출석부를 입력합니다.

그림 5.28 캘린더 왼쪽 상단의 '+' 클릭하기

02. '태그' 속성을 클릭하면 만능 태그의 데이터베이스에서 월별 출석부를 선택합니다. (예를 들면, 3월 출석부). 만약, 해당하는 달의 출석부가 없으면 만능 태그 관계형 옵션 창에서 새 페이지를 생성하세요.

그림 5.29 만능 태그에서 월별 출석부 선택하기

03. 출석, 지각, 결석의 열을 클릭하면 학생들의 명단이 나옵니다. 해당 수업에 맞는 학생의 이름을 선택해서 출석, 지각, 결석을 표시해보세요.

그림 5.30 학생 명단으로 출결 확인하기

04. 속성 하단에 있는 템플릿 '출석일지'를 클릭하면 출석일지 템플릿이 빈 칸에 만들어집니다. 수업 중 있었던 특이사항을 입력하세요.

05. 만능 태그로 돌아가서 월별 출석률이 제대로 출력되었는지 확인해보세요.

5.3.3. 출석부 템플릿 완성

출석부 템플릿을 완성했습니다. 템플릿 원본은 https://bit.ly/2JUX0WV에서 확인할 수 있습니다.

출석부 템플릿을 학생의 출결과 수업 진도를 확인하는 데 활용해보세요. 일별 출석과 월별 출석도 자동으로 계산되므로 학생의 출결 현황을 확인하는 데 도움이 될 것입니다.

06장

회사 업무용 템플릿
만들기

6.1. 업무일지 템플릿 만들기

업무일지 템플릿은 회사에서 개인이나 부서별로 사용할 수 있는 템플릿입니다. 업무일지 템플릿은 재택근무나 원격근무를 하는 근무 환경에 있는 직장인에게 유용합니다. 템플릿은 3가지 용도로 사용합니다.

첫째, 일자별로 업무일지를 작성합니다.

둘째, 부서 전체가 업무일지를 작성하여 업무의 진행 상황을 파악합니다.

셋째, 업무 중 발생한 문제점과 중요 정보를 공유할 수 있습니다.

그림 6.1은 업무일지 템플릿입니다. 상단은 부서별로 나누고 개인의 업무일지 페이지를 만들었습니다. 하단에는 부서의 전체 업무를 한눈에 확인할 수 있는 '캘린더 보기' 모드를 사용했습니다.

업무일지

2022년 업무일지

사업팀
- 💧 김수철 과장
- ▪ 박서현 대리
- ⚓ 이주현 사원

홍보팀
- 🖍 이철순 과장
- 🧁 김병수 대리
- 🏦 한수정 사원

개발팀
- ✉ 박재성 과장
- 📱 최병호 대리
- ✳ 주성호 사원

전체 업무 일지

📇 사업팀 ⊞ 기본 보기

업무일지

2022년 5월 ⟨ 오늘 ⟩

일	월	화	수	목	금	토
5월 1일	2	3	4	5	6	7
	📄 5월 2일 업… 사업팀 김수철 과장	📄 5월 3일 사업팀 이주현 사원	📄 5월 4일 사업팀 박서현 대리	5월5일 업무… 사업팀 이주현 사원	5월 6일 업… 사업팀 김수철 과장	
8	9	10	11	12	13	14
	📄 5월 9일 … 사업팀 이주현 사원	5월 10일 업… 사업팀 박서현 대리	5월 11일 업… 사업팀 김수철 과장	5월 12일 업… 사업팀 김수철 과장	5월 13일 업… 사업팀 이주현 사원	
15	16	17	18	19	20	21
22	23	24	25	26	27	28
29	30	31	6월 1일	2	3	4

그림 6.1 업무일지 템플릿 구성

업무의 생산성을 높여주고 업무를 추적할 수 있는 업무일지 템플릿을 지금부터 만들어보겠습니다.

6.1.1. 만능 태그 만들기

업무일지 템플릿을 만들려면 만능 태그를 만들어야 합니다. 만능 태그에는 부서별로 공동으로 진행하는 프로젝트명이나 업무명을 기록합니다. 개인은 필요에 따라 업무에 맞는 태그를 만들어도 됩니다. 업무일지에 태그를 활용하면 업무와 관련 있는 업무일지를 빠르게 검색할 수 있습니다. 만능 태그를 만들어보겠습니다.

01. 왼쪽 사이드바 하단에 있는 '**+ 새 페이지**' 버튼을 클릭합니다. 페이지 제목은 '업무일지DB'를 입력하고 왼쪽 상단에 '전페 페이지로 열기'를 클릭하여 전체 페이지로 전환합니다.

02. 제목 하단의 빈칸을 클릭하고 '/표 보기'를 입력하고 데이터베이스를 만듭니다. 데이터베이스의 오른쪽 기존 데이터베이스 선택 옵션 창에서 '만능 태그'를 입력하고 하단에 '**+ 새 데이터베이스: 만능 태그**'를 클릭합니다. 데이터베이스의 오른쪽 '**+**'를 1번 클릭하여 1개의 열을 추가합니다. 데이터베이스의 열의 이름을 클릭하면 속성 메뉴가 나옵니다. 속성 메뉴에서 '속성 편집'을 클릭하면 데이터베이스 오른쪽에 속성 편집 옵션 창이 나옵니다. 속성 편집 옵션 창에서 아래의 이름과 속성으로 변경합니다.

위치	이름	속성	사용방법
1번째	이름	제목	프로젝트명이나 업무명을 입력합니다. 예) 신규 어플 개발, 동남아시아 시장 진출, 홍보행사 등
2번째	분류	선택	태그의 종류를 입력합니다. 예) 국내 사업, 해외 사업, 개인업무 등
3번째	설명	텍스트	프로젝트나 업무의 특이사항을 입력합니다.

그림 6.2 완성된 만능 태그

6.1.2. 업무일지 만들기

지금부터는 부서별로 개인별로 사용할 수 있는 업무일지를 만들어보겠습니다. 업무일지를 만들려면 부서별 직원들의 이름과 직책을 미리 준비해주세요.

업무일지 신규 페이지 만들기

01. 왼쪽 사이드바 하단에 있는 '**+ 새 페이지**' 버튼을 클릭합니다. 페이지 제목을 '업무일지'로 입력합니다. 왼쪽 상단에 '전폐 페이지로 열기'를 클릭하여 전체 페이지로 전환합니다.

02. '업무일지' 위에 있는 '**아이콘 추가**' 버튼을 클릭합니다. 옵션 창에 메모를 입력하고 메모 아이콘을 클릭합니다.

03. '업무일지' 제목 위에 있는 '**커버 추가**'를 클릭하면 임의로 커버가 선택됩니다. 우측 하단의 '**커버 변경**'을 클릭하면 다양한 커버가 나옵니다. 커버 중에서 메트로폴리탄 미술관 탭의 '**카날레토 1970년대**' 커버를 선택합니다.

그림 6.3 아이콘과 커버 추가

04. '업무일지' 제목 아래에 '2021년 업무일지'를 입력합니다. 글씨 왼쪽 핸들(⠿)을 클릭하고 '**전환 ▶ 제목 2**'와 '**색 ▶ 파란색 배경**'으로 설정합니다.

부서별로 업무일지 페이지 만들기

부서별로 업무일지를 만들어보겠습니다. 먼저 부서별 숫자에 맞게 단을 나눕니다. 편의상 3개의 부서만 업무일지를 만들겠습니다. 각 단에는 개인별 업무일지 페이지를 만들어보겠습니다.

01. 사업팀, 홍보팀, 개발팀을 차례로 입력합니다. 홍보팀의 왼쪽 핸들(⋮⋮)을 클릭해 사업팀 오른쪽으로 이동합니다. 개발팀도 같은 방법으로 사업팀 오른쪽으로 차례로 옮겨서 3단을 만듭니다.

02. 3단을 마우스로 드래그하여 블록을 만듭니다. 사업팀 왼쪽 핸들(⋮⋮)을 클릭하고 '**전환 ▶ 제목3**'과 '**색 ▶ 주황색 배경**'으로 설정합니다.

03. 부서별로 하단에 직원의 이름과 직책을 차례로 입력합니다.

04. 직원 이름을 드래그하여 블록을 설정합니다. 왼쪽 핸들(⋮⋮)을 클릭하고 '**전환 ▶ 페이지**'로 전환합니다. 그러면 개인별로 업무일지 페이지가 만들어집니다.

05. 이름 왼쪽의 아이콘을 클릭하면 이모지 옵션 창이 나옵니다. 개인별로 이모지를 설정해주세요.

2021년 업무일지

사업팀	홍보팀	개발팀
🔹 김수철 과장	🖊 이철순 과장	🖊 박재성 과장
🔲 박서현 대리	🍺 김병수 대리	📗 최병호 대리
⚓ 이주현 사원	🏛 한수정 사원	✈ 주성호 사원

그림 6.4 완성된 모습

업무일지 데이터베이스 만들기

부서별로 개인 업무일지 페이지를 만들었으면 업무일지 데이터베이스를 만들어보겠습니다.

01. 빈칸에 '전체 업무 일지'를 입력합니다. 왼쪽 핸들(⋮⋮)을 클릭하고 '**전환 ▶ 제목2**'와 '**색 ▶ 파란색 배경**'으로 설정합니다.

02. '/표 보기'를 입력하고 데이터베이스를 만듭니다. 데이터베이스의 오른쪽 기존 데이터베이스 선택 옵션 창에서 '업무일지'를 입력하고 하단에 '**+ 새 데이터베이스: 업무일지**'를 클릭합니다. 데이터베이스의 열의 이름을 클릭하면 속성 메뉴가 나옵니다. 속성 메뉴에서 '속성 편집'을 클릭하면 데이터베이스 오른쪽에 속성 편집 옵션 창이 나옵니다. 속성 편집 옵션 창에서 아래의 이름과 속성으로 변경합니다.

위치	이름	속성	사용방법
1번째	이름	제목	근무 일자를 입력합니다.
2번째	태그	관계형	관계형 속성으로 만능 태그 데이터베이스와 연결합니다.
3번째	날짜	날짜	근무 일자를 캘린더에서 표시합니다.

위치	이름	속성	사용방법
4번째	요일	수식	수식을 입력해 자동으로 요일을 계산합니다. [1] `formatDate(prop("날짜"), "dddd")`
5번째	담당자	선택	업무 담당자의 이름과 직책을 입력합니다. 담당자 열은 필터를 사용해 개인별 업무일지를 만드는 데 사용합니다.
6번째	부서	선택	담당자의 부서를 입력합니다. 부서 열은 필터를 사용해 부서별 업무일지를 만드는 데 사용합니다.
7번째	근무현황	선택	담당자의 근무 현황을 입력합니다. 예) 사무실, 재택근무, 외근, 휴가 등
8번째	URL	URL	업무와 관련 있는 웹사이트 주소를 입력합니다.
9번째	파일	파일과 미디어	업무와 관련 있는 파일을 업로드합니다.

🔲 사업팀 ▦ 기본 보기

업무일지

Aa 이름	↗ 태그	📅 날짜	Σ 요일	◉ 담당자	◉ 부서	◉ 근무현황	👁 URL	🔗 파일
5월 6일 업무일지	📄 신규 어플 개발	2022년 5월 6일	Friday	김수철 과장	사업팀	사무실		
5월 9일 업무일지	📄 신규 어플 개발	2022년 5월 9일	Monday	이주현 사원	사업팀	사무실		
5월 10일 업무일지	📄 신규 어플 개발	2022년 5월 10일	Tuesday	박서현 대리	사업팀	사무실		

그림 6.5 완성된 전체 업무 일지 데이터베이스

업무일지 하위 페이지 템플릿 만들기

업무일지 데이터베이스를 만들었으면 업무일지 템플릿을 만들어보겠습니다.

01. '업무일지' 표의 우측 상단에 있는 **새로 만들기** 버튼의 아래 화살표(▾)를 클릭합니다. **새 템플릿**을 클릭합니다.

02. 템플릿을 편집할 수 있는 하위 페이지가 열립니다. 하위 페이지 제목을 '업무일지'로 입력합니다. 하위 페이지 창이 작아서 템플릿을 편집하기가 불편합니다. 원활히 편집하려면 좌측 상단에 있는 '**전체 페이지로 열기**(↖)'를 클릭하고 전체화면으로 전환하세요.

03. '주요업무'와 '특이사항'을 입력합니다. 그리고 특이사항의 왼쪽 핸들(⠿)을 클릭하고 '주요업무' 오른쪽으로 옮겨서 2단을 만듭니다.

---

1 한글화가 100% 되지 않아 요일은 영어로 표시됨

04. '주요업무'와 '특이사항'은 마우스를 드래그하면 블록으로 설정합니다. 왼쪽 핸들(⋮⋮)을 클릭하고 '**전환 ▶ 제목3**'과 '**색 ▶ 파란색 배경**'으로 설정하세요.

05. '주요업무'와 '특이사항'의 각 하단은 업무와 특이사항을 기록하는 공간입니다. 하단의 공간을 클릭하고 '/글머리 기호 목록'을 입력합니다. 만들어진 글머리 기호에 따라서 업무를 입력합니다.

06. 빈칸의 왼쪽 핸들(⋮⋮)을 클릭하여 하단으로 내리면 2단에서 빠져나옵니다. '체크 리스트'와 '내일의 업무'를 입력합니다. 마우스를 드래그하여 블록을 만듭니다. 왼쪽 핸들(⋮⋮)을 클릭하고 '**전환 ▶ 제목3**'으로 전환합니다.

07. '체크 리스트'는 '**파란색 배경**'으로 설정합니다. '내일의 업무'는 구별을 위해 '**빨간색 배경**'으로 설정합니다.

08. '내일의 업무' 왼쪽 핸들(⋮⋮)을 클릭해 '체크 리스트' 오른쪽으로 이동해 2단을 만듭니다.

09. '체크 리스트' 하단에는 '/할 일 목록'을 입력해 체크박스를 만듭니다. 오늘 할 업무를 기록합니다.

10. '내일의 업무' 하단에는 '/글머리 기호 목록'을 입력해 글머리 기호를 만들고 내일 할 업무를 입력합니다.

11. 업무 템플릿을 다 만들었으면 페이지 좌측 상단에 있는 '**←뒤로**'를 클릭하면 템플릿이 자동으로 저장됩니다.

그림 6.6 완성된 하위 템플릿

12. 업무일지 하위 페이지 템플릿을 완성했습니다. '업무일지' 데이터베이스의 오른쪽 **'새로 만들기'** 버튼의 아래 화살표(⌄)를 클릭합니다. '업무일지'를 클릭하면 템플릿이 자동으로 적용된 하위 페이지가 열립니다.

캘린더 모드로 변경하기

업무일지 데이터베이스를 캘린더에서 확인하려면 **'캘린더 모드'**로 변경합니다. **'캘린더 모드'**를 사용하면 직원들의 업무일지를 확인할 수 있어 재택근무나 원격근무를 할 때 도움이 됩니다.

01. '업무일지' 데이터베이스 제목 위에 있는 **'새 보기'**를 클릭합니다. 오른쪽 옵션 창에서 '사업팀'으로 입력합니다.

02. 6개 보기 중에서 **'캘린더 보기'**를 선택합니다. 그러면 데이터베이스가 캘린더로 바뀝니다.

03. 업무일지 작성자인 담당자와 부서만 캘린더에 표시하겠습니다. 업무일지 표 우측 메뉴(•••)를 누르고 **속성**을 클릭합니다. 속성 옵션 창에서 '부서', '담당자' 순으로 정리하고 켜기로 설정합니다. 나머지 속성은 끄기로 설정합니다.

04. 필터를 설정하지 않았으므로 모든 부서의 업무일지가 캘린더에 표시됩니다. 필터를 사용해 부서별로 업무일지를 표시하겠습니다. 업무일지 표 우측 상단에 있는 메뉴(•••)를 클릭하고 **필터**를 선택합니다. 필터 옵션 창에서 **부서**를 선택하고 **사업팀**을 선택합니다. 옵션 창 위에 **'값과 동일한 데이터'**로 설정합니다.

01~04 과정으로 홍보팀과 개발팀의 업무일지 캘린더를 만들어보세요.

개인 업무페이지에 사용할 업무일지 데이터베이스 만들기

'캘린더 보기'가 완성됐으면 개인이 사용할 수 있는 업무일지 데이터베이스를 만들어야 합니다. 편의상 사업팀의 개인 업무일지만 만들어 보겠습니다.

01. 화면 상단으로 올라가서 '김수철 과장' 페이지로 들어갑니다. 빈칸에 '/링크된 데이터베이스 보기'를 입력합니다. 화면 오른쪽 기존 데이터베이스 선택 옵션 창에서 업무일지를 입력하고 하단에서 업무일지 데이터베이스를 선택합니다. 오른쪽 **'기존 보기 복사'** 옵션 창에서 **'사업팀'**을 선택합니다.

02. 보기 설정 옵션 창에서 레이아웃을 클릭한 후에 **'리스트'** 보기를 선택하면 리스트 보기로 바뀝니다.

03. 표의 우측 상단에 있는 메뉴(···)를 클릭하고 **필터**를 선택합니다. 옵션 창에서 담당자를 선택하고 **김수철 과장**을 선택합니다. 옵션 창 상단에 '**값과 동일한 데이터**'로 설정합니다.

04. 표의 우측 상단에 있는 메뉴(···)를 클릭하고 속성을 선택합니다. 속성 옵션 창에서 '부서'와 '태그'를 켜기로 설정하고 나머지는 끄기로 설정합니다.

05. 표의 우측 상단에 있는 메뉴(···)를 클릭하고 정렬을 선택합니다. 옵션 창에서 '**날짜 – 내림차순**'으로 설정합니다. 그러면 최신날짜가 맨 위에 표시됩니다.

그림 6.7 정렬 기준 설정하기

06. 뒤로 가기를 눌러 업무일지 메인 페이지로 돌아옵니다. 그리고 사업팀의 '박서현 대리'와 '이주현 사원'의 페이지에 들어갑니다. **01~05** 과정을 반복하여 '박서현 대리'와 '이주현 사원'의 페이지에 업무일지를 만듭니다.

07. 같은 방법으로 홍보팀과 개발팀의 업무일지도 **01~06** 과정을 반복하여 업무 페이지를 만듭니다.

6.1.3. 업무일지 템플릿 완성

업무일지 템플릿을 완성했습니다. 완성된 템플릿은 http://bit.ly/2JVAWvf에서 확인할 수 있습니다.

업무일지 템플릿으로 업무내용을 기록하고 공유할 수 있게 되었습니다. 원격근무나 재택근무 시 다른 직원들과 빠르게 업무 소통을 할 수 있습니다. 또한, 다른 부서나 팀과 협업할 때도 유용하게 사용할 수 있습니다. 업무일지를 사용해서 업무의 생산성을 높여보세요.

6.2. 업무 공유 보드 템플릿 만들기

업무 공유 보드 템플릿은 부서나 회사에서 업무가 진행되는 상황을 점검할 수 있는 템플릿입니다. 업무를 '준비', '진행 중', '완료'로 구분해 진행 상황을 파악할 수 있어 생산성이 높아집니다. 템플릿은 3가지 용도로 사용합니다.

첫째, 부서별로 진행되는 업무를 공유할 수 있습니다.

둘째, 준비하고 있는 업무와 진행 중인 업무의 구별이 확실하고, 완료된 업무는 따로 정리할 수 있습니다.

셋째, 타부서나 다른 회사와 업무 공유 보드를 공유하면 의사소통이 수월해집니다.

아래의 그림은 업무 공유 보드 템플릿입니다. 상단은 부서별로 나누고 하단에서는 '타임라인 보기' 모드로 업무의 진행 사항을 점검할 수 있습니다.

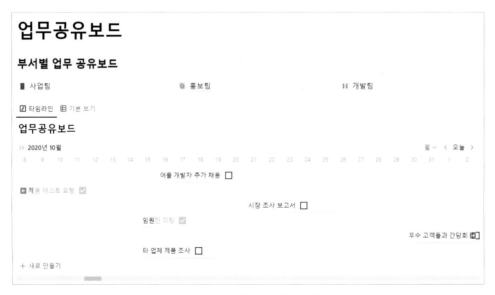

그림 6.8 업무 공유 보드 템플릿 구성

부서 내 업무를 공유해서 협업이 가능해지는 업무 공유 보드 템플릿을 지금부터 만들어보겠습니다.

6.2.1. 만능 태그 만들기

업무 공유 보드 템플릿을 만들려면 만능 태그가 필요합니다. 만능 태그에 부서 내 진행 중인 업무를 기록합니다. 만능 태그를 활용하면 해당 업무 진행률을 계산할 수도 있습니다. 업무 공유 보드를 위한 만능 태그를 만들어보겠습니다.

만능 태그를 만들려면 신규 페이지를 먼저 만들어야 합니다.

01. 왼쪽 사이드바 하단에 있는 '+ 새 페이지' 버튼을 클릭합니다. 페이지 제목은 '업무공유보드DB'라고 입력하고 왼쪽 상단에 '전페 페이지로 열기'를 클릭하여 전체 페이지로 전환합니다.

02. 제목 하단의 빈칸을 클릭하고 '/표 보기'를 입력하고 데이터베이스를 만듭니다. 데이터베이스의 오른쪽 기존 데이터베이스 선택 옵션 창에서 '만능 태그'를 입력하고 하단에 '+ 새 데이터베이스: 만능 태그'를 클릭합니다. 데이터베이스의 오른쪽 '+'를 1번 클릭하여 1개의 열을 추가합니다. 표는 다음과 같이 구성합니다.

위치	이름	속성	사용방법
1번째	이름	제목	프로젝트를 입력합니다. 예) 홈트 시장 진출, 제품 프로모션 등
2번째	태그	선택	태그의 종류를 입력합니다. 예) 국내 사업, 해외 사업, 홍보 등
3번째	설명	텍스트	태그의 추가적인 설명을 입력합니다. 예) 앱 개발, 신규제품 프로모션 등

그림 6.9 완성된 만능 태그

6.2.2. 업무 공유 보드 만들기

만능 태그가 완성됐으면 업무 공유 보드를 만들겠습니다. 업무 공유 보드는 부서별로 업무를 공유하는 것이 목적입니다. 업무 공유 보드로 사용할 신규 페이지를 만듭니다.

신규 페이지 만들기

01. 왼쪽 사이드바 하단에 있는 '**+ 새 페이지**' 버튼을 클릭합니다. 페이지 제목을 '업무 공유 보드'로 입력합니다. 왼쪽 상단에 '전폐 페이지로 열기'를 클릭하여 전체 페이지로 전환합니다.

02. '업무 공유 보드' 위의 '아이콘 추가' 버튼을 클릭합니다. 아이콘 옵션 창에 '클립보드'를 입력하고 **클립보드** 아이콘을 클릭합니다.

03. 제목 위의 **커버 추가** 버튼을 클릭해 임의로 커버가 선택되면 우측 하단의 커버 변경을 클릭하고 암스테르담 국립미술관 탭에 있는 '**아브라함 미뇽, 1660**'을 선택합니다.

그림 6.10 아이콘과 커버 추가

04. '업무 공유 보드' 제목 아래에 '부서별 업무 공유보드'를 입력합니다. 왼쪽 핸들(⠿)을 클릭하고 '**전환 ▶ 제목2**'와 '**색 ▶ 파란색 배경**'으로 설정합니다.

05. '사업팀', '홍보팀', '개발팀'을 입력합니다. '홍보팀'과 '개발팀'의 왼쪽 핸들(⠿)을 클릭하고 오른쪽으로 옮겨서 3단을 만듭니다.

06. 마우스를 드래그해서 3단 전체 블록을 만듭니다. 왼쪽 핸들(⠿)을 클릭하고 '**전환 ▶ 페이지**'를 선택합니다. '사업팀', '홍보팀', '개발팀'이 페이지로 전환됩니다. 페이지 왼쪽의 아이콘을 클릭하면 이모지 옵션 창이 나옵니다. 좋아하는 이모지를 선택해보세요.

그림 6.11 완성된 부서별 페이지

지

업무 공유 보드 데이터베이스 만들기

01. 업무 공유 보드 데이터베이스를 만들려면 10개의 열이 있는 표를 만들어야 합니다. '/표 보기'를 입력하고 메뉴 옵션 창에서 '**표 보기**'를 선택하여 데이터베이스를 만듭니다.

02. 데이터베이스의 오른쪽 기존 데이터베이스 선택 옵션 창에서 '업무공유보드'를 입력하고 하단에 '**+ 새 데이터베이스: 업무공유보드**'를 클릭합니다. 데이터베이스의 오른쪽 '+'를 8번 클릭하여 8개의 열을 추가합니다. 데이터베이스의 열의 이름을 클릭하면 속성 메뉴가 나옵니다. 속성 메뉴에서 '속성 편집'을 클릭하면 데이터베이스 오른쪽에 속성 편집 옵션 창이 나옵니다. 속성 편집 옵션 창에서 아래의 이름과 속성으로 변경합니다.

위치	이름	속성	사용방법
1번째	이름	제목	업무를 입력합니다.
2번째	태그	관계형	관계형 속성으로 만능 태그 데이터베이스를 연결합니다.
3번째	날짜	날짜	캘린더에서 업무 일정을 선택합니다.
4번째	부서	선택	부서명을 입력합니다. 예) 사업팀, 홍보팀, 개발팀
5번째	담당자	선택	담당자의 이름을 입력합니다.
6번째	우선순위	선택	옵션 창에 '1순위', '2순위', '3순위', '대기'를 입력합니다.
7번째	상태	선택	옵션 창에 '준비', '진행 중', '완료'를 입력합니다.
8번째	완료	수식	'상태' 열이 '완료'로 표시되면 자동으로 체크되게 다음 수식을 입력합니다. prop("상태") == "완료"
9번째	URL	URL	업무와 관련 있는 웹사이트 주소를 입력합니다.
10번째	파일	파일과 미디어	업무에 필요한 파일을 업로드합니다.

그림 6.12 완성된 데이터베이스

타임라인 모드로 변경하기

업무를 캘린더에서 확인할 수 있게 '타임라인 보기' 모드로 변경하겠습니다.

01. '업무 공유 보드'의 제목 위에 **'표'**를 클릭하고 **'보기 편집'**을 선택합니다. 오른쪽 옵션 창에서 '레이아웃'을 클릭하고 6개의 보기 중에서 **'타임라인'**을 선택합니다.

02. 업무 공유 보드 타임라인에는 사업팀만 표시하겠습니다. 표 우측의 메뉴(···)를 누르고 **필터**를 클릭합니다. 필터 옵션 창에서 **부서**를 선택하고 사업팀을 선택합니다. 필터 옵션 위에 있는 **'값과 동일한 데이터'**를 선택합니다.

03. 타임라인의 왼쪽 표와 오른쪽 타임라인 바에 제목이 모두 표시됩니다. 왼쪽 표를 숨기는 것이 타임라인을 간결하게 볼 수 있습니다. 왼쪽 표 상단에 있는 '표 숨기기'를 클릭해서 표를 숨깁니다.

그림 6.13 타임라인 표 숨기기

04. 타임라인 오른쪽 상단의 메뉴(···)를 클릭하고 **'속성'**을 선택합니다. 속성에서 '이름'과 '완료'는 켜기로 설정하고 나머지는 끄기로 설정합니다.

부서별 업무 공유 보드 만들기

업무 공유 보드 타임라인까지 만들었으면, 부서별 업무 공유 보드를 만들 준비가 다 되었습니다. 사업팀을 예시로 부서별 페이지에 업무 공유 보드판을 만들겠습니다.

직원별로 구역 나누기

01. 업무공유 페이지 상단에 있는 사업팀 페이지로 이동합니다.

02. 사업팀 제목 밑에 빈칸을 클릭하고 '공지사항'을 입력합니다. 왼쪽 핸들(⋮⋮)을 클릭하고 **'전환 ▶제목3'**으로 설정합니다. '공지사항' 아래에 '/구분선'을 입력해 구분선을 표시합니다.

03. '/글머리 기호 목록'을 입력하여 글머리 기호를 만들고, 전달할 공지사항을 입력합니다. 공지사항과 업무 공유 보드를 구별하기 위해 '/구분선'을 입력하고 구분선을 만듭니다.

04. '김수철 과장, 박서현 대리, 이주현 사원'처럼 사업팀의 이름과 직책을 입력합니다. 그리고 박서현 대리의 왼쪽 핸들(⋮⋮)을 클릭해 김수철 과장의 오른쪽으로 이동합니다. 이주현 사원도 왼쪽 핸들(⋮⋮)을 클릭해 박서현 대리의 오른쪽으로 이동해 3단을 만듭니다.

05. 사업팀의 이름을 드래그 블록으로 만들고 왼쪽 핸들(⋮⋮)을 클릭하고 '**전환 ▶ 제목2**'와 '**색 ▶ 보라색 배경**'으로 설정합니다.

06. 김수철 과장 하단에 '준비 중인 업무'를 입력하고 왼쪽 핸들(⋮⋮)을 클릭하고 '**전환 ▶ 제목3**'과 '**색 ▶ 파란색 배경**'으로 설정합니다.

준비 중인 업무만 출력하기

01. '준비 중인 업무' 하단을 클릭하고 '/링크된 데이터베이스 보기'를 입력합니다. 옵션 창에서 '업무공유보드'를 입력하고 '**업무공유보드**'를 선택합니다. 오른쪽 '**기존 보기 복사**' 옵션 창에서 '**+ 새 보기 추가**'를 선택합니다. '**새 보기**' 옵션 창에서 '**리스트**'를 선택하면 데이터베이스가 리스트 보기로 바뀝니다.

02. '업무공유보드' 데이터베이스의 우측에 있는 **전체 페이지로 열기**(↖)를 클릭해 전체 페이지로 이동합니다(그림 6.14). 데이터베이스의 우측에 있는 메뉴(•••)를 클릭하고 **필터**를 선택합니다. 필터 옵션 창 하단에 있는 '**+ 고급 필터 추가**'를 클릭하면 여러 개의 필터를 설정할 수 있는 옵션 창이 나옵니다.

그림 6.14 전체 페이지로 이동하기

03. 필터 옵션 창에서 '**담당자 – 김수철 과장 – 값과 동일한 데이터**'를 설정합니다. 그리고 옵션 창 하단에 '**+ 필터 규칙 추가**'를 클릭하여 필터 옵션을 추가합니다. 두 번째 필터에서는 **및**을 선택하고 '**상태 – 준비 – 값과 동일한 데이터**'로 설정합니다. 이렇게 설정된 필터로 김수철 과장의 업무 중에서 준비 중인 업무만 표시합니다. 페이지 왼쪽 상단에 있는 '사업팀'을 클릭하여 작업하던 페이지로 돌아갑니다.

그림 6.15 필터 옵션 창에서 '김수철 과장'과 '준비' 설정하기

04. '/구분선'을 입력하여 '준비 중인 업무' 구분선을 만듭니다.

진행 중인 업무만 출력하기

01. 구분선 아래에 '진행 중인 업무'를 입력하고 왼쪽 핸들(⠿)을 클릭하고 '**전환 ▶ 제목3**'과 '**색 ▶ 주황색 배경**'으로 설정합니다.

02. '진행 중인 업무' 하단을 클릭하고 '/링크된 데이터베이스 보기'를 입력합니다. 오른쪽 옵션 창에서 '업무공유보드'를 입력하고 '**업무공유보드**'를 선택합니다. 오른쪽 '**기존 보기 복사**' 옵션 창에서 '**+ 새 보기 추가**'를 선택합니다. '**새 보기**' 옵션 창에서 '**리스트**'를 선택합니다. 그러면 데이터베이스가 리스트로 바뀝니다.

03. 리스트 보기에서 김수철 과정의 데이터만 보이도록 필터를 설정해보겠습니다. 데이터베이스의 오른쪽 상단의 메뉴(···)를 클릭하고 '**필터**'를 선택합니다. 필터 옵션에서 맨 하단에 있는 '**고급 필터 추가**'를 클릭합니다.

04. 필터 옵션 창에서 '**담당자 – 김수철 과장 – 값과 동일한 데이터**'를 설정합니다. 옵션 창 하단의 '**+ 필터 규칙 추가**'를 클릭하고 필터 옵션을 추가합니다. 두 번째 필터에서는 '**상태 – 진행중 – 값과 동일한 데이터**'를 설정합니다. 그러면 김수철 과장의 업무 중에서 진행 중인 업무만 표시됩니다.

05. '/구분선'을 입력하여 '진행 중인 업무' 구분선을 만듭니다.

완료된 업무만 출력하기

01. 구분선 아래에 '완료된 업무'를 입력하고 왼쪽 핸들(⠿)을 클릭하고 '**전환 ▶ 제목3**'과 '**색 ▶ 빨간색 배경**'으로 설정합니다.

02. '완료한 업무' 하단을 클릭하고 '/링크된 데이터베이스 보기'를 입력합니다. 데이터베이스 오른쪽 옵션 창에서 '업무 공유 보드'를 입력하고 **'업무 공유 보드'** 데이터베이스를 선택합니다. 오른쪽 **'기존 보기 복사'** 옵션 창에서 **'+ 새 보기 추가'**를 선택합니다. **'새 보기'** 옵션 창에서 **'리스트'**를 선택합니다. 그러면 데이터베이스가 리스트로 바뀝니다.

03. '업무공유보드' 데이터베이스의 우측에 있는 **전체 페이지로 열기(↖)**를 클릭해 전체 페이지로 이동합니다. 데이터베이스 우측의 메뉴(⋯)를 클릭하고 필터를 선택합니다. 필터 옵션 창 하단에 있는 '**+ 고급 필터 추가'**를 클릭합니다.

04. 필터 옵션 창에서 '담당자 – **김수철 과장 – 값과 동일한 데이터**'을 설정합니다. 그리고 '**+ 필터 규칙 추가**'를 한 번 더 누르고 '**+ 필터 규칙 추가**'를 클릭합니다. 두 번째 필터에서는 '**및**'을 선택하고 '**상태 – 완료 – 값과 동일한 데이터**'로 설정합니다. 이렇게 설정된 필터로 김수철 과장의 업무 중에서 완료한 업무만 표시합니다. 페이지 왼쪽 상단에 '사업팀'을 클릭하여 작업하던 페이지로 돌아갑니다.

05. '/구분선'을 입력해 '완료한 업무' 구분선을 만듭니다.

06. 박서현 대리와 이주현 사원도 위의 과정을 반복하여 준비 중인 업무, 진행 중인 업무, 완료한 업무를 만듭니다.

그림 6.16 완성된 업무 공유 보드

업무 공유 보드의 메인 페이지로 돌아가서, 위의 과정을 반복하여 홍보팀과 개발팀도 동일한 업무 공유 보드를 만들어 보세요.

6.2.3. 업무 공유 보드 템플릿 완성

업무 공유 보드 템플릿을 완성했습니다. 완성된 템플릿은 http://bit.ly/2WkyFfs에서 확인할 수 있습니다.

업무 공유 보드 템플릿을 사용하면 직원들이 준비하고 있는 업무, 진행 중인 업무, 완료한 업무를 한눈에 파악할 수 있습니다. 이를 활용하면 재택근무나 원격근무를 할 때 직원의 업무 현황을 파악할 수 있어 업무 관리가 쉬워집니다. 업무 공유 보드를 만들고 팀에서 공유해서 업무의 생산성을 향상시켜보세요.

6.3. 업무 우선순위 템플릿 만들기

업무 우선순위 템플릿은 부서나 회사에서 업무의 우선순위를 정해서 효율적으로 프로젝트를 관리할 수 있게 도와주는 템플릿입니다. 업무의 우선순위는 1순위부터 대기까지 총 4단계로 구성됩니다. 템플릿은 3가지 용도로 사용합니다.

첫째, 업무의 우선순위를 시각적으로 알려줍니다.

둘째, 부서에서 집중할 업무가 무엇인지 알려줍니다.

셋째, 여러 부서가 협업해 프로젝트를 진행할 때 업무 커뮤니케이션이 쉬워집니다.

다음 그림은 업무 우선순위 템플릿입니다. 상단에는 진행 중인 프로젝트를 나열하고 하단에는 캘린더를 활용하여 업무의 우선순위를 확인할 수 있습니다.

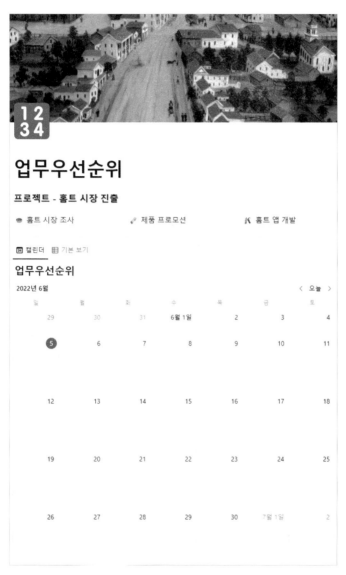

그림 6.17 업무 우선순위 템플릿 구성

프로젝트를 관리할 때 업무의 우선순위를 정해서 순위대로 처리할 수 있는 업무 우선순위 템플릿을 지금부터 만들어보겠습니다.

6.3.1. 만능 태그 만들기

업무 우선순위 템플릿을 만들려면 만능 태그가 필요합니다. 만능 태그는 현재 부서나 팀에서 진행하는 프로젝트를 기록합니다. 그럼 만능 태그를 만들어 보겠습니다.

만능 태그를 만들려면 신규 페이지를 먼저 만들어야 합니다.

01. 왼쪽 사이드바 하단에 있는 '**+ 새 페이지**' 버튼을 클릭합니다. 페이지 제목으로는 '업무 우선순위DB'를 입력합니다. 페이지 왼쪽 상단에 있는 '**전체 페이지로 열기(⤢)**'를 클릭해 전체 화면으로 전환합니다.

02. 제목 하단의 빈칸을 클릭한 후, '/표 보기'를 입력하고 데이터베이스를 만듭니다. 데이터베이스의 오른쪽 기존 데이터베이스 선택 옵션 창에서 '만능 태그'를 입력하고 하단에 '**+ 새 데이터베이스: 만능 태그**'를 클릭합니다. 데이터베이스의 오른쪽 '**+**'를 3번 클릭하여 3개의 열을 추가합니다. 데이터베이스의 열의 이름을 클릭하면 속성 메뉴가 나옵니다. 속성 메뉴에서 '속성 편집'을 클릭하면 데이터베이스 오른쪽에 속성 편집 옵션 창이 나옵니다. 속성 편집 옵션 창에서 아래의 이름과 속성으로 변경합니다.

위치	이름	속성	사용방법
1번째	이름	제목	프로젝트명을 입력합니다. 예) 홈트 시장 조사, 제품 프로모션, 홈트 앱 개발 등
2번째	분류	선택	태그의 종류를 입력합니다. 예) 국내 사업, 홍보, 앱개발 등
3번째	설명	텍스트	태그의 추가적인 설명을 입력합니다 예) 타당성 조사, 신규제품 프로모션, 집콕 대상자들을 위한 앱 등

그림 6.18 완성된 만능 태그 데이터베이스

6.3.2. 업무 우선순위 템플릿 만들기

만능 태그가 완성됐으면 업무 우선순위 템플릿을 만들겠습니다. 업무 우선순위 템플릿은 업무의
중요도를 시각적으로 확인할 수 있게 도와주는 템플릿입니다. 업무 우선순위 템플릿을 만들려면
신규 페이지를 먼저 만듭니다.

신규 페이지 만들기

01. 화면 왼쪽 사이드바 하단의 **+ 새 페이지** 버튼을 클릭하세요. 페이지 제목을 '업무 우선순위'로 입력합
니다. 페이지 왼쪽 상단 '**전체 페이지 열기(⤡)**'를 클릭해 전체화면으로 전환합니다.

02. '업무 우선순위' 위의 '**아이콘 추가**' 버튼을 클릭합니다. 아이콘 옵션 창에 '숫자'를 입력하고 **숫자** 아이
콘을 클릭합니다.

03. '업무 우선순위' 제목 위에 마우스를 올리면 '**커버 추가**' 버튼이 나옵니다. '**커버 추가**'를 클릭하면 랜덤
으로 커버가 선택됩니다. 우측 하단에 '**커버 변경**'을 클릭하고 선호하는 커버를 선택합니다.

그림 6.19 아이콘과 커버 추가

04. '업무 우선순위' 제목 아래에 프로젝트명을 입력합니다. '프로젝트 - 홈트 시장 진출'로 작성하고 왼
쪽 핸들(⠿)을 클릭하고 '**전환 ▶ 제목3**'과 **파란색 배경**을 설정합니다.

05. '홈트 시장 조사', '제품 프로모션', '홈트 앱 개발'을 입력합니다. '제품 프로모션'은 왼쪽 핸들(⠿)을
클릭해 '홈트 시장 조사' 우측으로 이동합니다. '홈트 앱 개발'도 '제품 프로모션' 오른쪽으로 이동하
여 3단을 만듭니다.

프로젝트 - 홈트 시장 진출		
☻ 홈트 시장 조사	✏ 제품 프로모션	𝕂 홈트 앱 개발

그림 6.20 3단으로 만들기 수정

06. 3단 전체를 드래그하여 블록을 만듭니다. 왼쪽 핸들(⠿)을 클릭하고 '**전환 ▶ 페이지**'를 선택합니다. 그러면 '홈트 시장 조사', '제품 프로모션', '홈트 앱 개발'이 페이지로 전환됩니다. 페이지의 왼쪽 아이콘을 클릭하면 이모지 옵션 창이 나옵니다. 좋아하는 이모지를 선택하세요.

07. '/구분선'을 입력해 구분선을 만듭니다.

업무 우선순위 데이터베이스 만들기

01. 업무 우선순위 데이터베이스를 만들려면 9개의 열이 있는 표를 만들어야 합니다. '/표 보기'를 입력하고 데이터베이스를 만듭니다.

02. 데이터베이스의 오른쪽 기존 데이터베이스 선택 옵션 창에서 '업무우선순위'를 입력하고 하단에 '**+ 새 데이터베이스: 업무우선순위**'를 클릭합니다. 데이터베이스의 오른쪽 '**+**'를 7번 클릭하여 7개의 열을 추가합니다. 데이터베이스의 열의 이름을 클릭하면 속성 메뉴가 나옵니다. 속성 메뉴에서 '속성 편집'을 클릭하면 데이터베이스 오른쪽에 속성 편집 옵션 창이 나옵니다. 속성 편집 옵션 창에서 아래의 이름과 속성으로 변경합니다.

위치	이름	속성	사용방법
1번째	이름	제목	업무를 입력합니다.
2번째	태그	관계형	관계형 속성으로 만능 태그 데이터베이스와 연결합니다.
3번째	날짜	날짜	캘린더에서 업무 날짜를 선택합니다.
4번째	우선순위	선택	옵션 창에 업무의 우선순위를 입력합니다. 우선순위는 다음의 순서대로 입력합니다. 1순위, 2순위, 3순위, 대기
5번째	상태	선택	옵션 창에 '준비', '진행 중', '완료'를 입력합니다.
6번째	담당자	선택	옵션 창에 업무 담당자를 입력합니다.
7번째	부서	선택	옵션 창에 업무 담당 부서를 입력합니다.
8번째	URL	URL	업무와 관련 있는 웹사이트 주소 입력합니다.
9번째	파일	파일과 미디어	업무와 관련 있는 파일을 업로드합니다.

기본 보기

업무우선순위

이름	태그	날짜	우선순위	상태	담당자	부서	URL
시장 조사 보고서 작성	홈트 시장 조사	2021년 3월 3일	1순위	준비	김수철 과장		
앱 개발 로드맵 만들기	홈트 시장 조사	2021년 3월 18일	2순위	진행중	박서현 대리		
제품 샘플링	홈트 시장 조사	2021년 3월 22일	3순위	진행중	이주현 사원		
사용자들과 간담회	홈트 시장 조사	2021년 3월 25일	대기	준비	김수철 과장		

그림 6.21 완성된 데이터베이스

'캘린더 보기' 모드로 변경하기

프로젝트를 업무의 우선순위와 업무 진행사항을 시각적으로 표현해주는 '캘린더 보기' 모드로 바꿉니다.

01. '업무 우선순위' 데이터베이스의 제목 위에 '+' 기호를 클릭하면 오른쪽에 '새 보기' 옵션 창이 나옵니다. '캘린더'를 선택하면 **'캘린더'** 보기가 추가됩니다. 제목 위에 **'캘린더'** 탭을 클릭하여 맨 왼쪽으로 이동시킵니다.

02. **'캘린더 보기'** 모드에서 목표를 상단에 배치하고 우선순위를 순서대로 표시하려면 **'정렬'** 기능을 사용해야 합니다. '업무 우선순위' 데이터베이스 오른쪽 메뉴(•••)를 누르고 **'정렬'**을 클릭합니다. 정렬 옵션 창이 나오면 **'우선순위 - 오름차순'**으로 설정합니다.

03. 캘린더에 표시할 속성을 표시해보겠습니다. 데이터베이스 오른쪽 메뉴(•••)를 클릭하고 **속성**을 선택합니다. **속성** 옵션 창에서 '담당자', '우선순위', '상태'만 켜기로 설정하고 나머지는 끄기로 설정합니다.

세부계획별 업무 우선순위 만들기

업무 우선순위 캘린더를 만들었으면, 세부계획별 업무 우선순위를 만들어보겠습니다. 업무 우선순위는 2×2단으로 만들어보겠습니다.

01. 업무우선순위 페이지 상단에 있는 '홈트 시장 조사' 클릭하여 페이지로 이동합니다.

02. '홈트 시장 조사' 제목 밑에 빈칸을 클릭하고 '1순위'와 '2순위'를 입력합니다. '2순위'의 왼쪽 핸들(⋮⋮)을 클릭해 1순위 맨 우측으로 옮깁니다. 그러면 2단이 만들어집니다.

03. '1순위'의 왼쪽 핸들(⋮⋮)을 클릭하고 **'전환 ▶ 제목3'**과 **'색 ▶ 파란색 배경'**으로 설정합니다. '2순위'는 **'전환 ▶ 제목3'**과 **'색 ▶ 노란색 배경'**으로 설정합니다.

04. 빈칸의 왼쪽 핸들(⋮⋮)을 클릭하고 화면 아래로 이동하여 2단을 탈출하게 됩니다. '3순위'와 '대기'를 입력합니다. '대기'의 왼쪽 핸들(⋮⋮)을 클릭해 '3순위' 오른쪽으로 이동하여 2단을 만듭니다.

05. '3순위'의 왼쪽 핸들(⋮⋮)을 클릭하고 '**전환 ▶ 제목3**'과 '**색 ▶ 보라색 배경**'으로 설정합니다. '대기'는 '**전환 ▶ 제목3**'과 '**색 ▶ 빨간색 배경**'으로 설정합니다.

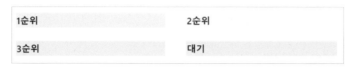

그림 6.22 완성된 2×2단

06. '1순위' 하단에 빈칸을 클릭하고 '/링크된 데이터베이스 보기'를 입력합니다. 데이터베이스 오른쪽에 '기본 데이터베이스 선택' 옵션 창이 나옵니다. 입력 창에 '업무우선순위'를 입력하고 하단에서 '**업무우선순위**' 데이터베이스를 선택합니다. 오른쪽 '**기존 보기 복사**' 옵션 창에서 '**+ 새 보기 추가**'를 선택합니다. '**새 보기**' 옵션 창에서 '**리스트**'를 선택합니다.

07. '업무 우선순위' 데이터베이스의 오른쪽에 있는 메뉴(⋯)를 클릭하고 '**필터**'를 선택한 다음 '**+ 고급 필터 추가**'를 선택합니다.

08. 필터 옵션 창이 나오면 '**+필터 규칙 추가**'를 클릭하여 2개의 필터를 추가합니다. 첫 번째 필터는 '**우선순위 – 1순위 – 값과 동일한 데이터**', 두 번째 필터는 '**태그 – 홈트 시장 조사 – 값을 포함하는 데이터**', 세 번째 필터는 '**상태 – 완료 – 값과 동일하지 않은 데이터**'를 선택합니다. 그러면 1순위에 해당하는 홈트 시장 조사 업무 중에서 완료되지 않은 업무만 표시됩니다.

09. 2순위, 3순위, 대기도 **06~08**의 방법으로 만듭니다. 필터는 업무 우선순위에 맞게 2순위, 3순위, 대기로 변경하여 적용합니다.

그림 6.23 완성된 업무 우선순위

10. 업무 우선순위를 만들었으면 동일한 방법으로 '제품 프로모션'과 '홈트 앱 개발'의 페이지에 업무 우선
    순위를 만듭니다.

6.3.3. 업무 우선순위 템플릿 완성

업무 우선순위 템플릿을 완성했습니다. 완성된 템플릿은 http://bit.ly/2IUyrZr에서 확인할 수
있습니다.

업무 우선순위 템플릿이 있으면 프로젝트를 진행할 때 직원들이 우선적으로 처리할 업무를 알
수 있어 업무의 생산성이 높아집니다. 또한, 중요하지 않은 업무를 급하게 처리하지 않을 수
있게 되어 업무 관리가 수월해집니다. 업무 우선순위 템플릿을 만들어 팀원들과 같이 사용해
보세요.

6.4. 회의록 템플릿 만들기

회의록 템플릿은 업무에 관련된 모든 회의를 저장하고 관리하는 템플릿입니다. 회의 종류에는
정기회의, 주간회의, 거래처 회의 등이 있습니다. 회의가 끝난 후 템플릿에 회의록을 작성하고
보관합니다. 회의록 템플릿으로 관리하면 3가지 장점이 있습니다.

첫째, 회의록이 주제별로 정리되어 회의록 관리가 편합니다.

둘째, 특정 주제에 대해 논의되었던 내용을 순서대로 살펴보면서 논의가 어떻게 발전했는지 파
악할 수 있습니다.

셋째, 외근이나 재택근무나 원격근무를 하더라도 회의록을 쉽게 확인할 수 있습니다.

아래의 그림은 회의록 템플릿입니다. 상단은 회의의 종류별로 나누고 하단에서는 '캘린더 보기'로 회의록을 일자별로 확인할 수 있습니다.

그림 6.24 회의록 템플릿 구성

6.4.1. 만능 태그 만들기

회의록 템플릿을 만들려면 만능 태그와 지식창고가 필요합니다. 만능 태그는 주간회의, 정기회의 등의 회의 종류를 분류하는 역할을 합니다. 만능 태그를 회의록 데이터베이스에 적용하면 태그별로 회의록이 차곡차곡 보관됩니다. 예를 들어, 2021년 주간회의 전체 목록을 확인하려면 만능 태그 데이터베이스의 주간회의 태그에서 확인할 수 있습니다. 그럼, 만능 태그를 만들어보겠습니다.

만능 태그를 만들려면 신규 페이지를 먼저 만들어야 합니다.

01. 왼쪽 사이드바 하단에 있는 '**+ 새 페이지**' 버튼을 클릭합니다. 페이지 제목은 '회의록DB'를 입력하고 왼쪽 상단에 '전페 페이지로 열기'를 클릭하여 전체 페이지로 전환합니다.

02. 제목 하단의 빈칸을 클릭하고 '/표 보기'를 입력하고 데이터베이스를 만듭니다. 데이터베이스의 오른쪽 기존 데이터베이스 선택 옵션 창에서 '만능 태그'를 입력하고 하단에 '**+ 새 데이터베이스: 만능 태그**'를 클릭합니다. 데이터베이스의 오른쪽 '+'를 3번 클릭하여 3개의 열을 추가합니다. 데이터베이스의 열의 이름을 클릭하면 속성 메뉴가 나옵니다. 속성 메뉴에서 '속성 편집'을 클릭하면 데이터베이스 오른쪽에 속성 편집 옵션 창이 나옵니다. 속성 편집 옵션 창에서 아래의 이름과 속성으로 변경합니다.

위치	이름	속성	사용 방법
1번째	이름	제목	정기회의, 주간회의, 임시회의 등과 같은 태그명을 입력합니다. 1번째 열은 관계형 속성으로 연결된 데이터베이스의 태그로 사용합니다.
2번째	태그	선택	태그가 속한 사업명이나 프로젝트명을 입력합니다. '**선택**' 속성 옵션에서 국내 사업, 해외 사업, 홍보를 입력합니다.
3번째	설명	텍스트	태그의 부가적인 설명을 입력합니다. 태그의 범위나 목적을 설명하여 태그의 역할을 설명합니다.

그림 6.25 만능 태그 데이터베이스

6.4.2. 회의록 만들기

만능 태그가 완성됐으면 회의록을 만들겠습니다. 회의에는 여러 종류가 있습니다. 회의록 메인 페이지에 회의의 주제대로 하위 페이지를 만들고 회의록을 저장합니다. 회의록을 관리할 수 있는 회의록 페이지를 만들어보겠습니다.

신규 페이지 만들기

01. 왼쪽 사이드바 하단에 있는 '**+ 새 페이지**' 버튼을 클릭합니다. 페이지 제목을 '회의록'으로 입력합니다. 왼쪽 상단에 '전폐 페이지로 열기'를 클릭하여 전체 페이지로 전환합니다.

02. '회의록' 제목 위에 '**아이콘 추가**' 버튼을 클릭합니다. 아이콘 옵션 창에 '주판'을 입력하고 **주판** 아이콘을 클릭합니다. '**커버 추가**'를 클릭하면 무작위로 커버가 선택됩니다. 우측 하단에 '**커버 변경**'을 클릭하고 **나사 아카이브** 탭에 있는 '**라이트의 첫 비행**' 커버를 선택합니다.

그림 6.26 아이콘과 커버가 추가된 모습

03. '회의록' 제목 아래에 '주제별 회의록'를 입력합니다. 왼쪽 핸들(⋮⋮)을 클릭하고 '**전환 ▶ 제목3**'과 '**색 ▶ 파란색 배경**'으로 설정합니다.

04. '정기회의', '주간회의', '임시회의'를 입력합니다. '주간회의'의 왼쪽 핸들(⋮⋮)을 클릭해 '정기회의'의 오른쪽으로 이동합니다. '임시회의'도 왼쪽 핸들(⋮⋮)을 클릭해 '정기회의' 오른쪽으로 이동하여 3단을 만듭니다.

회의록

주제별 회의록

| 정기회의 | 주간회의 | 임시회의 |

그림 6.27 3단 만들기

05. 마우스를 드래그해서 3단 블록 전체를 선택합니다. 왼쪽 핸들(⠿)을 클릭하고 '**전환 ▶ 페이지**'를 선택합니다. 그러면 '정기회의', '주간회의', '임시회의'가 페이지로 전환됩니다. 페이지 왼쪽 아이콘을 클릭하면 이모지 옵션 창이 나옵니다. 좋아하는 이모지를 선택해주세요.

06. '/구분선'을 입력해 구분선을 만듭니다.

회의록 데이터베이스 만들기

01. 회의록 데이터베이스는 8개의 열이 필요합니다. '/표 보기'를 입력하고 데이터베이스를 만듭니다. 데이터베이스의 오른쪽 기존 데이터베이스 선택 옵션 창에서 '회의록'을 입력하고 하단에 '**+ 새 데이터베이스: 회의록**'을 클릭합니다. 데이터베이스의 오른쪽 '**+**'를 6번 클릭하여 6개의 열을 추가합니다. 데이터베이스의 열의 이름을 클릭하면 속성 메뉴가 나옵니다. 속성 메뉴에서 '속성 편집'을 클릭하면 데이터베이스 오른쪽에 속성 편집 옵션 창이 나옵니다. 속성 편집 옵션 창에서 아래의 이름과 속성으로 변경합니다.

위치	이름	속성	사용방법
1번째	이름	제목	아이디어 회의, 제품 평가회의 등의 회의명을 입력합니다.
2번째	태그	관계형	관계형 속성으로 만능 태그 데이터베이스와 연결합니다.
3번째	날짜	날짜	회의 날짜를 입력합니다.
4번째	주제	다중 선택	옵션 창에 아이디어, 제품개발, 마케팅 등과 같은 회의 주제를 입력합니다.
5번째	부서	선택	옵션 창에 부서명을 입력합니다. 회의와 관련 있는 부서를 선택합니다.
6번째	회의참석자	다중 선택	옵션 창에 회의에 참석하는 인원을 모두 입력합니다. 그리고 회의에 참여하는 인원을 선택합니다.
7번째	URL	URL	회의와 관련 있는 웹사이트 주소를 입력합니다.
8번째	파일	파일과 미디어	회의와 관련 있는 파일을 업로드합니다.

표

회의록

Aa 이름	태그	날짜	주제	부서	회의참석자	URL	파일
제품 개발	정기회의	2021년 3월 22일	마켓팅	사업팀	박성현 대리 이주원 사원		
주간 아이디어 회의	정기회의	2021년 3월 10일	아이디어	사업팀	김수철 과장 박성현 대리		
3월 정기회의	정기회의	2021년 3월 2일	아이디어	사업팀	김수철 과장 박성현 대리 이주원 사원		

+ 새로 만들기

그림 6.28 완성된 회의록 데이터베이스

02. 두 번째 열 태그는 아래와 같이 관계형 속성을 설정합니다.

– 관계형 대상 : 만능 태그

– 제한 : 제한없음

– 만능 태그에 표시 : 켜기

만능 태그의 관계형 속성 하단에는 '회의록'을 입력합니다

설정 후 관계형 추가 버튼 클릭을 클릭하면 만능 지식창고와 만능 태그가 관계형으로 연결이 됩니다.

캘린더 모드로 변경하기

회의록을 일자별로 확인할 수 있게 **'캘린더 보기'** 모드로 변경하겠습니다.

01. '회의록' 표 데이터베이스 상단에 **'표'**를 클릭하고 메뉴에서 **'보기 편집'**을 선택합니다. 데이터베이스 오른쪽에 보기 설정 옵션 창에서 **'레이아웃'**을 클릭합니다. 레이아웃 옵션 창에서 **'캘린더'**를 선택하면 표 데이터베이스가 캘린더 데이터베이스로 바뀝니다.

02. 캘린더에 표시할 속성을 선택하겠습니다. '회의록' 표 우측에 있는 메뉴(···)를 누르고 속성을 클릭합니다. 속성 옵션 창에서 **'태그'**와 **'주제'**만 켜기로 바꾸고 나머지는 끄기로 합니다.

주제별 회의록 하위 페이지 만들기

회의록 캘린더를 만들었으면, 주제별 회의록 하위 페이지를 만들어 보겠습니다. '정기회의'를 예시로 회의록 하위 페이지를 만들겠습니다.

01. '정기회의' 제목 아래에 빈칸을 클릭하고 '/링크된 데이터베이스 보기'를 입력합니다. 데이터베이스 오른쪽에 '기존 데이터베이스 선택' 옵션 창이 나옵니다. 입력 창에 '회의록'을 입력하고 하단에 **회의록** 데이터베이스를 선택합니다.

02. 오른쪽 **'기존 보기 복사'** 옵션 창에서 '**+ 새 보기 추가**'를 선택합니다. '**새 보기**' 옵션 창에서 '**리스트**'를 선택합니다. 그러면 데이터베이스가 리스트로 바뀝니다.

03. '회의록' 데이터베이스 오른쪽 위에 있는 '**필터**'를 선택합니다. 필터 옵션 창에서 '**태그**'를 선택하고 세부 필터 옵션에서 '**정기회의**'를 클릭하면 정기회의가 태그된 회의록만 표시됩니다.

04. 회의록을 순서대로 정리하려면 '정렬' 기능을 활용해야 합니다. '회의록' 표의 우측 메뉴(•••)를 누르고 '**정렬**'을 선택합니다. 정렬 기준 옵션에서 날짜를 선택하고 '**날짜 – 내림차순**'으로 설정합니다. 그러면 회의록이 최근에 작성된 것부터 이전에 작성된 순으로 표시됩니다.

05. 속성 설정으로 부가적으로 표시할 정보를 선택해보겠습니다. 데이터베이스 오른쪽 메뉴(•••)를 클릭하고 '**속성**'을 선택합니다. 속성 옵션에서 '주제'와 '회의참석자'를 켜기로 설정하고 나머지는 끄기로 설정합니다.

06. 정기회의 하위 페이지가 완성되었습니다. 뒤로 가기를 눌러 회의록 메인 페이지로 돌아갑니다. '주간회의'와 '임시회의'도 위의 **01~06**까지 동일한 방법으로 회의록 하위 페이지를 만듭니다.

그림 6.29 완성된 정기회의 하위 페이지

회의록 하위 페이지 템플릿 만들기

01. 회의록 하위 페이지를 만들었으면 하위 페이지 템플릿을 만들어보겠습니다. 표의 오른쪽 상단의 **새로 만들기** 버튼의 아래 화살표(▾)를 클릭합니다. 템플릿 옵션 창에서 '**+ 새 템플릿**'을 클릭하면 템플릿을 만들 수 있는 하위 페이지가 열립니다. 상단에 '회의록 내 템플릿을 편집 중입니다'가 있는지 꼭 확인하세요. 페이지 제목은 '회의록 템플릿'을 입력합니다. 왼쪽 상단의 '**전체 페이지로 열기(⤢)**'를 클릭해 전체 페이지로 전환합니다.

02. '/표'를 입력하고 단순한 표를 선택합니다. 표 아래에 회색 '+' 탭을 추가하여 2x4의 표를 만듭니다. 표의 왼쪽에 '안건', '회의내용', '결정사항', '앞으로의 계획'을 차례로 입력합니다.

03. 표의 오른쪽 세로줄에 마우스를 움직이면 파란색 세로줄이 생깁니다. 이 세로줄을 클릭하여 단의 오른쪽 끝으로 움직여 표의 크기를 조정합니다. 표의 빈 칸을 클릭하면 오른쪽 상단에 메뉴가 나옵니다. 메뉴의 **'옵션'**을 클릭하고 **'제목 행'**을 켜기로 설정하면 행 제목의 색깔이 회색으로 변경됩니다.

04. 왼쪽 상단의 '← **뒤로**'를 클릭하면 템플릿이 저장됩니다.

그림 6.30 완성된 하위 페이지 템플릿

05. 회의록 데이터베이스 오른쪽 상단의 **새로 만들기** 버튼을 클릭하면 '회의록 템플릿'과 '빈 페이지'가 나옵니다. '회의록 템플릿'을 클릭하면 템플릿이 적용된 하위 페이지가 열립니다. 하위 페이지 상단의 날짜, 부서 등의 속성을 설정하고 회의록을 작성하면 됩니다.

6.4.3. 회의록 템플릿 완성

회의록 템플릿을 완성했습니다. 완성된 템플릿은 http://bit.ly/2LzmIQW에서 확인할 수 있습니다.

회의록은 업무에서 중요한 서류입니다. 하지만 회의록이 많아지면 정리하기가 쉽지 않습니다. 이제는 회의록 템플릿을 주제별로 정리할 수 있습니다. 템플릿을 활용해서 부서 내부 회의록 작성이나 외부 거래처와 회의록을 작성해서 보관해보세요. 그리고 팀원들에게 공유하거나 업무에 활용해보세요. 업무 관리가 한결 수월해질 것입니다.

6.5. 프로젝트 위키 템플릿 만들기

프로젝트 위키 템플릿은 회사나 부서에서 프로젝트 운영에 필요한 모든 내용을 담은 위키피디아 템플릿입니다. 이 템플릿은 회사의 소개와 프로젝트의 목표를 기록합니다. 또한 필요한 정보를 제공하여 프로젝트 목표가 달성될 수 있게 도와줍니다. 이 템플릿을 3가지 방법으로 사용할 수 있습니다.

첫째, 신규 채용 직원 교육용으로 사용합니다.

둘째, 다른 부서나 회사와 협업을 할 때 소통창구 역할을 합니다.

셋째, 프로젝트 목표 달성을 위한 업무 매뉴얼로 사용합니다.

아래의 그림은 프로젝트 위키 템플릿입니다. 2×2단으로 만들어, 프로젝트 소개, 업무 매뉴얼, 위키피디아, 체크 리스트로 구성했습니다.

그림 6.31 프로젝트 위키 템플릿 구성

프로젝트 관리에 유용하게 사용할 수 있는 프로젝트 위키 템플릿을 지금부터 만들어보겠습니다.

6.5.1. 만능 태그와 만능 지식창고 만들기

프로젝트 위키 템플릿을 만들려면 만능 태그와 지식창고가 필요합니다. 만능 태그에는 진행하는 프로젝트명을 기록합니다. 만능 지식창고에는 위키피디아로 사용할 정보와 지식을 저장합니다. 먼저, 만능 태그를 만들어보겠습니다.

만능 태그 만들기

만능 태그를 만들려면 신규 페이지를 먼저 만들어야 합니다.

01. 왼쪽 사이드바 하단에 있는 '+ 새 페이지' 버튼을 클릭합니다. 페이지 제목은 '프로젝트 위키DB'를 입력하고 왼쪽 상단에 '전페 페이지로 열기'를 클릭하여 전체 페이지로 전환합니다.

02. 제목 하단의 빈칸을 클릭하고 '/표 보기'를 입력하고 데이터베이스를 만듭니다. 데이터베이스의 오른쪽 기존 데이터베이스 선택 옵션 창에서 '만능 태그'를 입력하고 하단에 '+ 새 데이터베이스: 만능 태그'를 클릭합니다. 데이터베이스의 오른쪽 '+'를 1번 클릭하여 3개의 열을 추가합니다. 데이터베이스의 열의 이름을 클릭하면 속성 메뉴가 나옵니다. 속성 메뉴에서 '속성 편집'을 클릭하면 데이터베이스 오른쪽에 속성 편집 옵션 창이 나옵니다. 속성 편집 옵션 창에서 아래의 이름과 속성으로 변경합니다.

위치	이름	속성	사용방법
1번째	이름	제목	프로젝트명을 입력합니다. 예) 홈트 시장 조사, 홈트 앱 개발, 제품 프로모션 등
2번째	분류	선택	프로젝트 세부계획을 기록 예) 국내 사업, 해외 사업, 홍보 등
3번째	설명	텍스트	프로젝트에 대한 추가적인 정보를 기록 예) 국내 신규 시장 진출, 스마트폰 앱 개발, 신규 제품 홍보 등

그림 6.32 완성된 만능 태그

만능 지식창고 만들기

만능 태그가 완성됐으면 만능 지식창고를 만들겠습니다.

01. 만능 태그 하단 빈칸을 클릭하고 '/표 보기'를 입력하고 데이터베이스를 만듭니다. 데이터베이스의 오른쪽 기존 데이터베이스 선택 옵션 창에서 '만능 지식창고'를 입력하고 하단에 '+ 새 데이터베이스: 만능 지식창고'를 클릭합니다. 데이터베이스의 오른쪽 '+'를 4번 클릭하여 4개의 열을 추가합니다. 데이터베이스의 열의 이름을 클릭하면 속성 메뉴가 나옵니다. 속성 메뉴에서 '속성 편집'을 클릭하면 데이터베이스 오른쪽에 속성 편집 옵션 창이 나옵니다. 속성 편집 옵션 창에서 아래의 이름과 속성으로 변경합니다.

위치	이름	속성	사용방법
1번째	이름	제목	문서나 정보의 제목을 입력합니다. 예) 제품 설명서, C언어 용어집 등
2번째	태그	관계형	'관계형' 속성으로 만든 태그 데이터베이스와 연결합니다.
3번째	분류	선택	위키피디아 카테고리를 입력합니다. 예) 제품설명서, 자료집, 용어집, 보고서 등
4번째	작성자	사람	옵션 창을 선택하고 작성자를 선택합니다.
5번째	URL	URL	업무와 관련 있는 웹사이트 주소를 입력합니다.
6번째	파일	파일과 미디어	업무와 관련 있는 파일을 업로드합니다.

만능 지식창고

Aa 이름	↗ 태그	◎ 분류	👤 작성자	👁 URL	🔗 파일	+
JAVA 용어집	📄 홈트 앱 개발	용어집	Ⓨ Young San			
앱 사용 안내서	📄 홈트 앱 개발	제품설명서	Ⓨ Young San			
국내 홍보 사례 스크랩	📄 제품 프로모션	자료집	Ⓨ Young San			
시장 조사 보고서	📄 홈트 시장 조사	보고서	Ⓨ Young San			

그림 6.33 완성된 만능 지식창고

02. 두 번째 열 태그는 아래와 같이 관계형 속성을 설정합니다.

– 관계형 대상 : 만능 태그

– 제한 : 제한없음

– 만능 태그에 표시 : 켜기

만능 태그의 관계형 속성 아래에 만능 지식창고를 입력하고 하단에 관계형 추가를 클릭합니다. 그러면 만능 태그와 만능 지식창고와 연결이 됩니다.

6.5.2. 프로젝트 위키 만들기

만능 태그와 만능 지식창고를 만들었으면 프로젝트 위키를 만들겠습니다. 프로젝트 위키는 2×2 단으로 구성됩니다. 각 단마다 프로젝트 소개, 위키피디아, 업무 매뉴얼, 체크 리스트의 하위 페이지를 만들고 정보와 내용을 저장합니다. 그럼, 프로젝트 위키를 만들어봅시다.

신규 페이지 만들기

01. 왼쪽 사이드바 하단에 있는 '**+ 새 페이지**' 버튼을 클릭합니다. 페이지 제목을 '프로젝트 위키'로 데이터
베이스의 열의 이름을 클릭하면 속성 메뉴가 나옵니다. 속성 메뉴에서 '속성 편집'을 클릭하면 데이터베
이스 오른쪽에 속성 편집 옵션 창이 나옵니다. 속성 편집 옵션 창에서 아래의 이름과 속성으로 변경합
니다.

02. '프로젝트 위키' 위에 있는 '**아이콘 추가**' 버튼을 클릭합니다. 아이콘 옵션 창에 '노트북'을 입력하고 **노
트북** 아이콘을 클릭합니다.

03. '프로젝트 위키' 위에 있는 '**커버 추가**'를 클릭하면 임의로 커버가 선택됩니다. 우측 하단에 '**커버 변경**'
을 클릭하고 **메트로폴리탄 미술관** 탭에 있는 '**피츠 헨리 레인, 1854**' 커버를 선택합니다.

그림 6.34 아이콘과 커버 추가하기

04. 제목 '프로젝트 위키' 아래에 '프로젝트', '위키피디아', '업무 매뉴얼', '체크 리스트'를 각각 입력합니
다. 그리고 블록을 드래그하고 왼쪽 핸들(⠿)을 클릭하고 '**전환 ▶ 제목3**'과 '**색 ▶ 파란색 배경**'을 선택
합니다.

05. 2×2단을 만들어보겠습니다. '위키피디아'의 왼쪽 핸들(⠿)을 클릭하고 '프로젝트' 오른쪽으로 이동해 2
단을 만듭니다. 마찬가지로 '체크 리스트'도 왼쪽 핸들(⠿)을 클릭하고 '업무 매뉴얼' 오른쪽으로 이동
해 2단을 만듭니다.

06. 각 소제목에 왼쪽 아이콘을 추가하겠습니다. 아이콘을 삽입하려면 ':(아이콘 이름)'을 입력하면 됩니
다. 아이콘은 소제목 왼쪽에 삽입하겠습니다.

소제목	프로젝트	위키피디아	업무 매뉴얼	체크 리스트
명령어	:사무실	:나무	:폴더	:휴대폰

그림 6.35 완성된 2x2단

07. '프로젝트' 하단에는 '회사 사명, 비전, 핵심가치', '프로젝트 소개', '프로젝트 목표'를 입력합니다. 그리고 드래그하여 블록을 만들고 핸들(⠿)을 누르고 **'전환 ▶ 페이지'**를 선택합니다. 그러면 하위 페이지로 전환됩니다. 페이지 이름 왼쪽에 있는 빈 아이콘을 클릭하고 좋아하는 이모지를 선택합니다.

08. '위키피디아' 하단에는 '용어집', '제품설명서', '보고서', '자료집'을 입력합니다. 그리고 드래그하여 블록을 만들고 핸들(⠿)을 누르고 **'전환 ▶ 페이지'**를 선택합니다. 그러면 하위 페이지로 전환됩니다. 페이지 이름 왼쪽에 있는 빈 아이콘을 클릭하고 좋아하는 이모지를 선택합니다.

09. '업무 매뉴얼' 하단에는 '업무 프로세스', '서류 작성법', '업무용 프로그램', '회사 규정'을 입력합니다. 그리고 드래그하여 블록을 만들고 왼쪽 핸들(⠿)을 누르고 **'전환 ▶ 페이지'**를 선택합니다. 그러면 하위 페이지로 전환됩니다. 페이지 이름 왼쪽에 있는 빈 아이콘을 클릭하고 좋아하는 이모지를 선택합니다.

10. '체크 리스트' 하단에는 '업무 체크 리스트'를 입력합니다. 그리고 드래그하여 블록을 만들고 왼쪽 핸들(⠿)을 클릭하고 **'전환 ▶ 페이지'**를 선택합니다. 체크박스가 나오면 업무에 꼭 필요한 체크 리스트를 기록합니다. 페이지 이름 왼쪽에 있는 빈 아이콘을 클릭하고 좋아하는 이모지를 선택합니다.

그림 6.36 완성된 모습

'회사 사명, 비전, 핵심가치' 하위 페이지 템플릿 만들기

프로젝트 위키 메인 페이지를 만들었으면 '회사 사명, 비전, 핵심가치' 하위 페이지 템플릿을 만들어보겠습니다.

01. 제목 아래 빈칸을 클릭하고 ':나침반'을 입력하고 **나침반** 아이콘을 선택합니다. 아이콘에서 한 칸 띄우고 '사명'을 입력합니다. 왼쪽의 핸들(⋮⋮)을 클릭하고 '**전환 ▶ 제목1**'을 클릭합니다. '/글머리 기호 목록'을 입력하고 회사의 사명을 입력합니다.

02. ':망원경'을 입력하고 망원경 아이콘을 선택합니다. 아이콘에서 한 칸 띄우고 '비전'을 입력합니다. 왼쪽의 핸들(⋮⋮)을 클릭하고 '**전환 ▶ 제목1**'을 클릭합니다. '/글머리 기호 목록'을 입력하고 회사의 비전을 입력합니다.

03. ':전구'를 입력하고 전구 아이콘을 선택합니다. 아이콘에서 한 칸 띄우고 '가치'를 입력합니다. 왼쪽의 핸들(⋮⋮)을 클릭하고 '**전환 ▶ 제목1**'을 클릭합니다. '/글머리 기호 목록'을 입력하고 회사의 비전을 입력합니다.

그림 6.37 완성한 하위 페이지

프로젝트 소개 하위 페이지 템플릿 만들기

진행 중인 프로젝트의 목적과 목록을 확인할 수 있는 '프로젝트 소개' 하위 페이지를 만들어보겠습니다.

01. 제목 아래 빈칸을 클릭하고 '프로젝트 목적'을 입력합니다. 왼쪽 핸들(⋮⋮)을 누르고 '**전환 ▶ 제목3**'를 선택합니다. '/글머리 기호 목록'을 입력하고 프로젝트 목적을 입력합니다.

02. '진행 중인 프로젝트'를 입력합니다. 왼쪽 핸들(⠿)을 클릭하고 '**전환 ▶ 제목3**'을 선택합니다.

03. '/링크된 데이터베이스 보기'를 입력합니다. 데이터베이스 오른쪽 옵션 창에 '만능 태그'를 입력하고 하단에서 '**만능 태그**' 데이터베이스를 선택합니다. 오른쪽 '**기존 보기 복사**' 옵션 창에서 '**+ 새 보기 추가**'를 선택합니다. '**새 보기**' 옵션 창에서 '**리스트**'를 선택하면 표 데이터베이스가 리스트 데이터베이스로 바뀝니다.

04. 만능 태그 데이터베이스 오른쪽 상단의 메뉴(⋯)를 누르고 '**속성**'를 클릭합니다. 속성 옵션 창에서 '**분류**'만 켜기로 설정하고 나머지는 끄기로 설정합니다.

그림 6.38 완성한 하위 페이지 수정

프로젝트 목표 하위 페이지 템플릿 만들기

프로젝트의 성과 목표를 확인할 수 있는 '프로젝트 목표' 하위 페이지를 만들어보겠습니다.

01. '프로젝트 목표' 페이지로 들어갑니다. 제목 아래에 '사업팀', '홍보팀', '개발팀'을 입력합니다. 마우스로 드래그하여 블록을 만들고 왼쪽 핸들(⠿)을 클릭하고 '**전환 ▶ 제목3**'과 '**색 ▶ 파란색 배경**'으로 설정합니다.

02. 프로젝트 목표는 부서별로 작성하겠습니다. 사업팀 아래 빈칸을 클릭하고 '/글머리 기호 목록'을 입력합니다. 글머리 기호에 '목표 :'를 입력하고 사업팀의 주요 목표를 작성합니다.

03. 탭을 눌러 들여쓰기를 합니다. 왼쪽 핸들(⠿)을 클릭하고 '**전환 ▶ 번호 매기기 목록**'을 선택합니다. 번호 목록에는 세부 목표를 작성합니다.

04. 홍보팀과 개발팀도 위 **02～03**의 과정을 반복하면서 프로젝트 목표를 작성합니다. 완성된 템플릿은 다음과 같습니다.

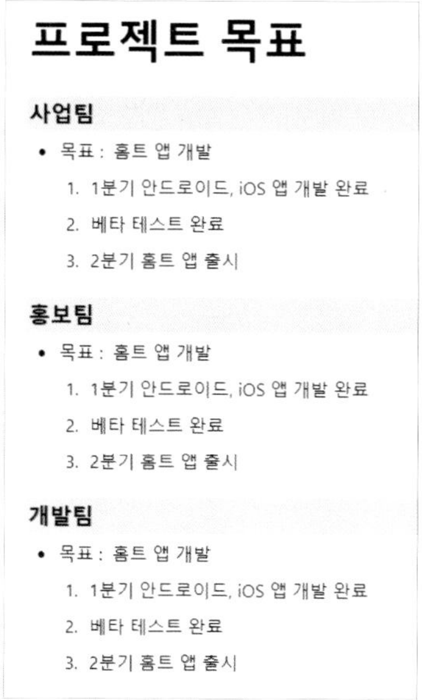

프로젝트 목표

사업팀
- 목표 : 홈트 앱 개발
  1. 1분기 안드로이드, iOS 앱 개발 완료
  2. 베타 테스트 완료
  3. 2분기 홈트 앱 출시

홍보팀
- 목표 : 홈트 앱 개발
  1. 1분기 안드로이드, iOS 앱 개발 완료
  2. 베타 테스트 완료
  3. 2분기 홈트 앱 출시

개발팀
- 목표 : 홈트 앱 개발
  1. 1분기 안드로이드, iOS 앱 개발 완료
  2. 베타 테스트 완료
  3. 2분기 홈트 앱 출시

그림 6.39 완성된 하위 페이지

위키피디아 하위 페이지 템플릿 만들기

위키피디아 하위 페이지에는 프로젝트에 필요한 정보를 보관합니다. 만능 지식창고를 활용해 위키피디아를 만들어보겠습니다.

01. 용어집 하위 페이지에 들어갑니다. '/링크된 데이터베이스 보기'를 입력합니다. 옵션 창에 '만능 지식창고'를 입력하고 '**만능 지식창고**' 데이터베이스를 선택합니다.

02. 오른쪽 '**기존 보기 복사**' 옵션 창에서 '**+ 새 보기 추가**'를 선택합니다. '**새 보기**' 옵션 창에서 '**리스트**'를 선택하면 표 데이터베이스가 리스트 데이터베이스로 바뀝니다.

03. 만능 지식창고 표의 우측 상단에 있는 '**필터**'를 클릭합니다. 필터 옵션 창에서 '**분류**'를 선택하고 필터링 옵션 창에서 '**용어집**'을 선택합니다.

04. 데이터베이스 메뉴에서 '**속성**'을 선택합니다. 속성 옵션 창에서 '**태그**'와 '**작성자**'만 켜기로 설정하고 나머지는 끄기로 설정합니다.

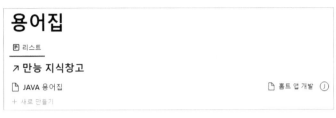

그림 6.40 완성한 용어집 하위 페이지

05. '아이디어', '보고서', '자료집' 하위 페이지도 **01~04**의 과정을 따라서 만듭니다.

업무 프로세스 하위 페이지 템플릿 만들기

업무 프로세스 하위 페이지는 업무에 필요한 절차와 단계를 알려주어 직원들이 정해진 프로세스에 따라 근무할 수 있게 도와줍니다. 업무 프로세스 하위 페이지를 만들어 보겠습니다.

01. '업무 프로세스' 제목 아래에 빈칸을 클릭하고 아래의 7단계의 업무 프로세스를 입력합니다. 그리고 전체 드래그 블록을 만들고 왼쪽 핸들(⠿)을 클릭하고 '**전환 ▶ 콜아웃**'으로 설정합니다.

- 시장조사
- 자료조사
- 아이디어 회의
- 현장답사
- 보고서 작성
- 사업계획서 작성
- 사업 실행

02. 콜아웃의 아이콘을 숫자로 변경하겠습니다. 시장조사 왼쪽에 있는 **전구(💡)** 아이콘을 클릭하면 이모지 옵션 창이 나옵니다. 옵션 창에서 '키 캡: 1'을 입력하고 '**키 캡: 1(1️⃣)**' 이모지를 클릭합니다.

03. '자료조사'부터 '사업실행'까지 **02**와 같은 방법으로 아이콘을 '키 캡: 2'부터 '키 캡: 7'까지 설정합니다.

04. '1 시장조사' 콜아웃 상자 아래에 빈칸을 만들고 '/글머리 기호 목록'을 입력합니다. 세부 업무 프로세스로 '제품 출시와 홍보'를 입력합니다. '2 자료조사'부터 '7 사업 실행'까지 동일한 방법으로 세부 업무 프로세스를 입력합니다.

그림 6.41 완성된 업무 프로세스

서류 작성법 하위 페이지 템플릿 만들기

서류 작성법 하위 페이지는 업무일지, 보고서, 공문 등의 서류를 작성하는 법을 알려주는 페이지입니다. 서류 작성법 하위 페이지를 만들어 보겠습니다.

01. '서류 작성법' 제목 아래에 빈칸을 클릭하고 '업무일지 작성법', '보고서 작성법'과 '공문 작성법'을 입력합니다. 전체 드래그 블록을 만들고 왼쪽 핸들(⠿)을 클릭하고 '전환 ▶ 콜아웃'으로 설정합니다.

02. 콜아웃의 아이콘을 숫자로 변경하겠습니다. 시장조사 왼쪽에 있는 **전구**(💡) 아이콘을 클릭하고 옵션 창에 1을 입력합니다. 옵션 창에 나오는 '키 캡:1'을 클릭합니다. 보고서 작성법은 '키 캡: 2', 공문 작성법은 '키 캡: 3'으로 설정합니다.

03. 콜아웃 하단을 클릭하고, '/글머리 기호 목록'을 입력하여 글머리 기호를 만듭니다. 업무일지 작성법을 기록합니다. '보고서 작성법'과 '공문 작성법' 하단에도 글머리 기호를 만들고 작성 요령을 기록합니다.

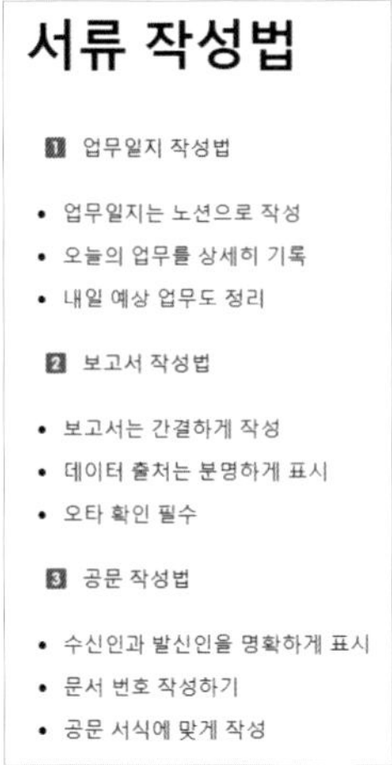

서류 작성법

1 업무일지 작성법

- 업무일지는 노션으로 작성
- 오늘의 업무를 상세히 기록
- 내일 예상 업무도 정리

2 보고서 작성법

- 보고서는 간결하게 작성
- 데이터 출처는 분명하게 표시
- 오타 확인 필수

3 공문 작성법

- 수신인과 발신인을 명확하게 표시
- 문서 번호 작성하기
- 공문 서식에 맞게 작성

그림 6.42 완성된 서류 작성법

업무용 프로그램 하위 페이지 템플릿 만들기

업무용 프로그램 하위 페이지는 노션, 이메일, SNS 등의 온라인 프로그램 아이디와 비밀번호를 보관하고 결제일 등을 알려주는 페이지입니다. 업무용 프로그램 하위 페이지를 만들어보겠습니다.

01. '업무용 소프트웨어' 하위 페이지에 들어갑니다. '업무용 프로그램' 제목 아래 빈칸을 클릭하고 '노션', '구글', '포토샵'을 입력합니다. 전체 드래그하여 블록을 만들고 왼쪽 핸들(⋮⋮)을 클릭하고 '전환 ▶ 콜아웃'으로 설정합니다.

02. 콜아웃의 아이콘을 숫자로 변경하겠습니다. '노션' 콜아웃 상자에 있는 아이콘을 클릭하고 옵션 창에 '키 캡: 1'을 입력합니다. '구글'은 '키 캡:2', '포토샵'은 '키 캡: 3'으로 설정합니다.

03. '노션' 콜아웃 하단을 클릭하고, '/글머리 기호 목록'을 입력해 글머리 기호를 만듭니다. 그리고 다음과 같이 차례로 입력합니다.

관리 담당자	프로그램을 관리하는 담당자 이름을 입력합니다. 예) 이철수 대리
업무 범위	프로그램이 필요한 업무를 입력합니다. 예) 부서 간 협업을 위한 프로그램

요금과 결제일	'@리마인더'를 입력하고 '년/월/일 오전/오후 00:00'의 순서로 결제일을 입력합니다. 예) 연간 $48, '@리마인더 2030년 1월 1일 오전 09:00'를 입력하고 옵션 창에서 날짜를 선택
아이디	프로그램의 아이디를 입력합니다. 예) notion123
비밀번호	프로그램의 비밀번호를 입력합니다. 예) notion456

04. 위 **03**의 방법으로 '구글'과 '포토샵'을 기록합니다.

그림 6.43 완성된 업무용 프로그램

회사 규정 하위 페이지 템플릿 만들기

업무 규정 하위 페이지는 휴가나 경비 처리와 같은 회사 규정을 확인할 수 있는 하위 페이지입니다. 신입사원 교육용이나 회사 규정을 확인할 때 사용합니다. 회사 규정 하위 페이지를 만들어보겠습니다.

01. '회사 규정' 하위 페이지에 들어갑니다. '업무용 프로그램' 제목 아래에 빈칸을 클릭하고 '경비 규정', '휴가 규정', '복리후생 규정'을 입력합니다. 전체 드래그하여 블록을 만들고 왼쪽 핸들(⠿)을 클릭하고 **'전환 ▶ 콜아웃'**으로 설정합니다.

02. 콜아웃의 아이콘을 숫자로 변경하겠습니다. '경비 규정' 콜아웃 상자에 있는 아이콘을 클릭하고 옵션 창에 '키 캡: 1'을 입력합니다. '휴가 규정'은 '키 캡: 2', '복리후생 규정'은 '키 캡: 3'으로 설정합니다.

03. '경비 규정' 아래 빈칸을 만들고 '/글머리 기호 목록'을 입력합니다. 글머리 기호에는 휴가 규정을 입력합니다. '경비 규정'과 '복리후생 규정'에도 글머리 기호 목록을 만들고 규정을 입력합니다.

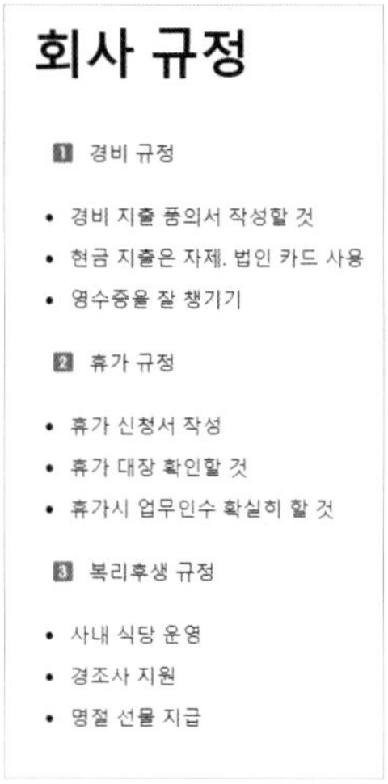

그림 6.44 완성된 회사 규정

업무 체크 리스트 하위 페이지 템플릿 만들기

업무 체크 리스트 하위 페이지는 반복되는 업무는 놓치지 않고 할 수 있게 도와주는 페이지입니다. 체크 리스트는 일일 업무 체크와 주간과 월간 체크 리스트로 나누어서 사용합니다. 업무 체크 리스트 하위 페이지를 2×2단으로 만들어보겠습니다.

01. '업무 체크 리스트' 하위 페이지에 들어갑니다. '업무용 프로그램' 제목 아래 빈칸을 클릭하고 '출근 후 업무 체크', '퇴근 전 업무 체크', '주간 업무 체크', '월간 업무 체크'를 입력합니다. 전체를 드래그해 블록을 만들고 왼쪽 핸들(⠿)을 클릭하고 **'전환 ▶ 제목3'**과 **'색 ▶ 파란색 배경'**으로 설정합니다.

02. '퇴근 전 업무 체크'의 왼쪽 핸들(⠿)을 클릭하고 '출근 후 업무 체크' 오른쪽으로 이동하여 2단을 만듭니다. '월간 업무 체크'도 왼쪽 핸들(⠿)을 클릭해 '주간 업무 체크' 오른쪽으로 이동합니다.

03. 각 하단에 '/할 일 목록'을 입력해 체크박스를 만듭니다. 각 카테고리에 맞게 할 일 목록을 작성합니다.

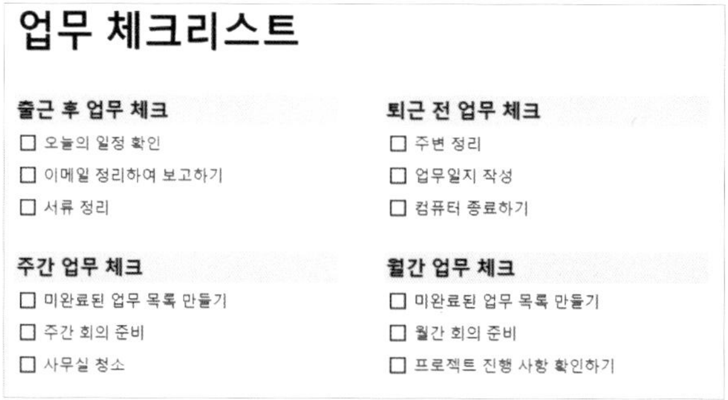

그림 6.45 완성된 업무 체크 리스트

6.5.3. 프로젝트 위키 템플릿 완성

프로젝트 위키 템플릿을 완성했습니다. 완성된 템플릿은 http://bit.ly/38i9IqS에서 확인할 수 있습니다.

잘 만든 프로젝트 위키는 신입사원용 교육 자료로 활용할 수 있습니다. 또한 협업이나 부서에서 프로젝트 관리를 쉽게 할 수 있게 도와줍니다. 직원들과 공동으로 프로젝트 위키를 만들어 보세요. 프로젝트 위키가 업무의 효율을 높이는 발판이 되어 줄 것입니다.

07장

일상생활에 쓸모 있는 템플릿 만들기

7.1. 운동과 음식 다이어리 템플릿 만들기

운동과 음식 다이어리 템플릿은 30일 동안 운동량을 확인하고 건강 식단표에 따라 식사를 했는지 확인할 수 있는 템플릿입니다. 템플릿을 매일 확인하며 목표 달성 의지를 다질 수 있습니다. 이 템플릿은 3가지 방법으로 사용할 수 있습니다.

첫째, 30일 목표 달성 계획표를 만들 수 있습니다.

둘째, 목표 달성 현황을 매일 점검할 수 있습니다.

셋째, 30일 도전 일지를 작성할 수 있습니다.

다음 그림은 운동과 음식 다이어리 템플릿입니다. 상단은 운동 목표, 건강 식단표, 목표 달성 조건과 목표 달성률로 구성했습니다. 하단에는 30일 동안 운동 및 식단을 관리할 수 있는 데이터 베이스로 구성했습니다.

그림 7.1 운동과 음식 다이어리 템플릿 구성

7.1.1. 운동과 음식 다이어리 페이지와 만능 태그 만들기

프로젝트 위키 템플릿을 만들려면 만능 태그가 필요합니다. 만능 태그는 목표 기간 동안 운동량과 건강 식단의 데이터를 모으는 역할을 합니다. 만능 태그를 만들기 전에, 운동과 건강 식단의 목표를 먼저 만들어보겠습니다.

신규 페이지 만들기

만능 태그를 위한 신규 페이지는 따로 만들지 않아도 됩니다. '운동과 음식 다이어리' 신규 페이지를 만들고 만능 태그를 배치하겠습니다.

01. 왼쪽 사이드바 하단에 있는 '+ 새 페이지' 버튼을 클릭합니다. 페이지 제목으로는 '운동과 음식 다이어리'를 입력합니다. 왼쪽 상단에 있는 전체 페이지로 열기(↖)를 클릭해 전체 페이지로 전환합니다.

02. 제목 하단의 빈칸을 클릭하고 '30일 운동과 건강 식단 프로젝트'를 입력합니다. 왼쪽 핸들(⠿)을 클릭하고 메뉴에서 **전환 ▶ 제목2**와 **색 ▶ 파란색 배경**을 선택합니다.

운동 목표 만들기

01. 30일 운동 프로젝트 목표를 만들어보겠습니다. 먼저 '운동 목표'를 입력합니다. 왼쪽 핸들(⠿)을 클릭하고 메뉴에서 **전환 ▶ 제목3**과 **색 ▶ 보라색 배경**을 선택합니다.

02. 운동 목표는 3×2단으로 만들겠습니다. '스쿼', '푸시업', '플랭크', '필라테스', '러닝'처럼 30일 동안 할 운동 목록을 작성합니다. 5가지 목표를 드래그 블록으로 만들고 왼쪽 핸들(⠿)을 클릭하고 **전환 ▶ 콜아웃**을 선택합니다.

03. '푸시업' 콜아웃의 왼쪽 핸들(⠿)을 클릭하고 '스쿼' 우측으로 이동해 2단을 만듭니다. '플랭크'도 같은 방식으로 '푸시업' 우측으로 이동해 3단을 만듭니다.

04. '필라테스'의 왼쪽 핸들(⠿)을 클릭하고 '스쿼' 하단으로 이동합니다. '러닝'도 같은 방식으로 '푸시업' 하단으로 이동합니다.

05. 5개의 콜아웃 상자에 있는 **전구(💡)** 아이콘을 클릭합니다. 이모지 옵션 창이 나오면 '알통'을 입력하고 **알통(💪)** 아이콘을 선택합니다.

06. 각 콜아웃 상자에는 운동의 목표를 기록해봅시다. '스쿼' 콜아웃 상자에 들어가서 '스쿼' 제목 옆에서 시프트키와 엔터를 동시에 눌러 줄바꿈을 합니다. ':black rightwards arrow' 명령을 입력하고 오른쪽 화살표(➡) 이모지를 선택합니다. 이모지 오른쪽으로 '스쿼'에 해당하는 목표를 기록합니다.

07. '푸시업', '플랭크', '필라테스', '러닝'도 위의 **06**번과 같이 화살표 아이콘과 운동 목표를 기록합니다.

그림 7.2 완성된 운동 목표

건강 식단표 만들기

01. 운동 목표를 만들었으면 건강 식단표를 만들겠습니다. '건강 식단표'를 입력합니다. 왼쪽 핸들(⠿)을 클릭하고 **전환 ▶ 제목3**과 **색 ▶ 보라색 배경**을 선택합니다.

02. 건강 식단표는 3단으로 만들겠습니다. '아침', '점심', '저녁'을 입력합니다. 3가지 식사를 드래그 블록으로 만들고 왼쪽 핸들(⠿)을 클릭하고 **전환 ▶ 콜아웃**을 선택합니다.

03. '점심' 콜아웃의 왼쪽 핸들(⠿)을 클릭해 '아침' 우측으로 이동해 2단을 만듭니다. '저녁'도 같은 방식으로 '점심' 우측으로 이동해 3단을 만듭니다.

04. 콜아웃 상자에 있는 알통 아이콘을 클릭합니다. 아이콘 옵션 창이 나오면 '샐러드'를 입력하고 **샐러드**(🥗) 아이콘을 선택합니다.

05. 아침 콜아웃 상자에는 건강 식단을 기록하겠습니다. '아침' 콜아웃 상자에서 '아침' 제목 오른쪽에서 시프트키와 엔터를 동시에 누르면 줄바꿈이 됩니다. ':black rightwards arrow' 명령을 입력하고 오른쪽 화살표(◼) 이모지를 선택합니다. 이모지 오른쪽으로 아침 건강 식단표를 기록합니다.

06. '점심', '저녁'도 위의 **05**번과 같이 화살표 아이콘과 건강 식단표를 기록합니다.

그림 7.3 완성된 건강 식단표

목표 달성 조건과 달성률 만들기

건강 식단표를 만들었으면 목표 달성 조건과 목표 달성률을 만들겠습니다.

01. '일일 목표 달성 조건'과 '목표 달성률'을 입력합니다. 왼쪽 핸들(⠿)을 클릭하고 **전환 ▶ 제목3**과 **색 ▶ 보라색 배경**을 선택합니다.

02. '목표 달성률'의 왼쪽 핸들(⠿)을 클릭하고 '일일 목표 달성 조건' 우측으로 이동해 2단을 만듭니다.

03. '일일 목표 달성 조건' 하단에 '/콜아웃' 명령을 입력해 콜아웃 상자를 만듭니다. 콜아웃 상자에 '목표 달성 조건'을 입력합니다. 콜아웃의 **샐러드(🥗)** 이모지를 클릭하고 옵션 창에 '체크 표시'를 입력합니다.

04. 콜아웃 상자에 ':black rightwards arrow'를 입력합니다. 오른쪽 화살표 이모지를 선택합니다. 이모지 오른쪽에 목표 달성 조건을 기록합니다.

05. 목표 달성률 하단에는 만능 태그를 만들어보겠습니다. '/표 보기'를 입력하고 데이터베이스를 만듭니다. 데이터베이스의 오른쪽 기존 데이터베이스 선택 옵션 창에서 '만능 태그'를 입력하고 하단에 '**+ 새 데이터베이스: 만능 태그**'를 클릭합니다. 데이터베이스의 오른쪽 '**+**'를 1번 클릭하여 1개의 열을 추가합니다. 데이터베이스 오른쪽 상단에 있는 **전체 페이지로 열기(⬈)**를 클릭해 전체 페이지로 전환합니다. 참고로, 만능 태그에는 '관계형' 속성과 '롤업' 속성을 활용해 목표 달성률 계산식을 만듭니다. 하지만 아직 '30일 프로젝트' 데이터베이스와 관계형 속성으로 연결이 안 되었기에 첫 번째 '이름'과 세 번째 '최종 달성률'을 먼저 설정하겠습니다. 두 번째 '목표달성'는 '30일 프로젝트' 데이터베이스를 완성한 후에 설정하겠습니다. 네 번째 '태그'는 '30일 프로젝트' 데이터베이스와 연결하면 자동으로 만들어집니다.

06. 만능 태그 데이터베이스는 아래와 같이 구성합니다. 데이터베이스의 열의 이름을 클릭하면 속성 메뉴가 나옵니다. 속성 메뉴에서 '속성 편집'을 클릭하면 데이터베이스 오른쪽에 속성 편집 옵션 창이 나옵니다. 속성 편집 옵션 창에서 아래의 이름과 속성으로 변경합니다.

위치	이름	속성	사용방법
1번째	이름	제목	프로젝트명을 입력합니다. 예) 30일 프로젝트
2번째	목표달성	롤업	롤업 옵션을 '관계형 : 태그, 속성 : 목표달성, 계산 : 체크 표시된 비율(%)'로 설정해 30일 동안 달성한 목표의 개수를 출력합니다. 주의 : 205쪽까지 마무리 한 후에 롤업 설정을 해야 합니다.

위치	이름	속성	사용방법
3번째	최종 달성률	수식	최종 목표 달성률을 확인하기 위해 아래의 수식을 입력합니다. **'관계형'** 속성으로 '30일 데이터베이스'와 연결된 후에 입력합니다. `round(prop("목표 달성") / 30 * 1000) / 1000`
4번째	태그	관계형	30일 프로젝트 데이터베이스와 관계형 속성으로 연결합니다. '30일 데이터베이스'에서 관계형 속성으로 만능 태그와 연결하면 자동으로 생성됩니다.

7.1.2. 30일 운동과 건강 식단 프로젝트 만들기

운동과 건강 식단표를 만들고 만능 태그가 준비되었으면 30일 운동과 건강 식단 프로젝트를 만들 준비가 된 것입니다. 이제는 30일 운동과 건강 식단 프로젝트를 만들어보겠습니다.

'30일 운동과 건강 식단 프로젝트' 템플릿 만들기

01. '30일 운동과 건강 식단 프로젝트'를 입력합니다. 그리고 왼쪽 핸들(⠿)을 클릭하고 **'전환 ▶ 제목3'**과 **'색 ▶ 보라색 배경'**으로 설정합니다.

02. 제목 하단에 '/표 보기'를 입력하고 데이터베이스를 만듭니다. 데이터베이스의 오른쪽 기존 데이터베이스 선택 옵션 창에서 '30일 프로젝트'를 입력하고 하단에 '**+ 새 데이터베이스: 30일 프로젝트**'를 클릭합니다. 데이터베이스의 오른쪽 '**+**'를 9번 클릭하여 9개의 열을 추가합니다. 열 간격을 최소한의 크기로 조정합니다.

03. 표 데이터베이스는 아래와 같이 구성합니다. 데이터베이스의 열의 이름을 클릭하면 속성 메뉴가 나옵니다. 속성 메뉴에서 '속성 편집'을 클릭하면 데이터베이스 오른쪽에 속성 편집 옵션 창이 나옵니다. 속성 편집 옵션 창에서 아래의 이름과 속성으로 변경합니다.

위치	이름	속성	사용방법
1번째	이름	제목	프로젝트 일차를 입력합니다. 예) 1일차, 2일차, 3일차 등
2번째	태그	관계형	관계형 속성으로 만능 태그 데이터베이스와 연결합니다. 만능 태그에 표시를 활성화하고, 만능 태그의 관계형 속성에 '태그'라고 입력합니다.
3번째	날짜	날짜	캘린더에서 날짜를 선택합니다.

위치	이름	속성	사용방법
4번째	스쾃	체크박스	일자별로 스쾃 운동 여부를 체크합니다.
5번째	푸시업	체크박스	일자별로 푸시업 운동 여부를 체크합니다.
6번째	플랭크	체크박스	일자별로 플랭크 운동 여부를 체크합니다.
7번째	필라테스	체크박스	일자별로 필라테스 운동 여부를 체크합니다.
8번째	러닝	체크박스	일자별로 러닝 운동 여부를 체크합니다.
9번째	식단관리	체크박스	일자별로 식단관리 여부를 체크합니다.
10번째	목표달성	수식	일일 목표 달성 조건에 부합하면 체크, 부합하지 않으면 체크되지 않도록 자동계산식을 입력합니다. if(round(toNumber(prop("스쾃")) + toNumber(prop("푸시업")) + toNumber(prop("플랭크")) + toNumber(prop("필라테스")) + toNumber(prop("러닝"))) >= 3 and prop("식단관리"), true, false)
11번째	목표 달성률	롤업	롤업 옵션을 '관계형 : 태그, 속성 : 최종 달성률, 계산 : 원본 표시'로 설정해 10번째 열의 목표 달성 횟수를 표시합니다.

만능 태그에서 목표달성 롤업 속성 설정하기

01. 만능 태그 데이터베이스의 목표달성 롤업 속성을 설정해보겠습니다. 만능 태그의 오른쪽 상단에 있는 '전체 페이지로 열기(↖)'를 클릭해 전체 페이지로 이동합니다. 30일 프로젝트 데이터베이스에서 관계형 속성으로 만능 태그와 연결하였기에 4번째 열에 '태그' 속성이 자동으로 만들어집니다.

02. 만능 태그 데이터베이스의 두 번째 목표달성 열의 빈칸에 마우스를 이동하고 '롤업 구성'을 클릭합니다. 롤업 설정은 '관계형 : 태그, 속성 : 목표달성, 계산 : 체크 표시된 비율(%)'로 설정합니다.

03. 만능 태그 데이터베이스의 세 번째 열 '최종 달성률'의 빈칸을 클릭하고 아래의 수식을 입력합니다. 숫자의 옵션은 '%'로 설정합니다.

```
round(prop("목표달성") / 30 * 1000) / 1000
```

한 달을 31일로 설정했으면 아래와 같이 입력합니다.

```
round(prop("목표달성") / 31 * 1000) / 1000
```

04. 30일 프로젝트의 최종 달성률만 확인하기 위해 '리스트 보기'를 사용하겠습니다. 만능 태그 데이터베이스의 상단 **표**를 선택한 다음 **보기 편집**'을 선택하면 오른쪽에 '보기 설정' 옵션 창이 나옵니다. '레이아웃'을 클릭하고 '리스트'를 선택하면 '표'가 '리스트'로 바뀝니다.

05. 리스트 보기에서 두 개의 '제목없음' 하위 페이지는 삭제합니다. 왼쪽 상단에 있는 '운동과 음식 다이어리'를 클릭해 메인 페이지로 돌아갑니다.

그림 7.4 불필요한 하위 페이지를 삭제하고 메인 페이지로 돌아가기

'30일 프로젝트' 하위 페이지 템플릿 만들기

30일 프로젝트 데이터베이스가 완성되었으면 일자별로 일지를 기록할 수 있는 하위 페이지 템플릿을 만들어보겠습니다.

01. 30일 프로젝트 데이터베이스 오른쪽 상단에 있는 **새로 만들기** 버튼의 아래 화살표(⌄)를 클릭하고 옵션 창 하단의 **새 템플릿**을 클릭하세요. 그러면 템플릿을 만들 수 있는 하위 페이지가 열립니다. 템플릿 제목은 '운동과 식단 일지'로 작성합니다. 왼쪽 상단의 **전체 페이지로 열기**(⤢)를 클릭해 전체 페이지로 전환합니다.

02. '운동 기록'을 입력하고 왼쪽 핸들(⠿)을 클릭합니다. 메뉴에서 '**전환 ▶ 제목2**'와 '**색 ▶ 파란색 배경**'으로 설정합니다.

03. 스쿼트, 플랭크, 푸시업, 필라테스, 러닝을 차례로 입력합니다. 플랭크의 왼쪽 핸들(⠿)을 클릭해 스쿼트 오른쪽으로 이동합니다. 그러면 2단이 만들어집니다. 나머지 운동 종류도 이동해 5단을 만듭니다.

04. 5단을 전체 드래그해 블록을 만들고, 스쿼트의 왼쪽 핸들(⠿)을 클릭하고 '**전환 ▶ 제목3**'과 '**색 ▶ 주황색 배경**'으로 설정합니다.

05. 각 하단을 클릭하고 '/할 일 목록' 명령을 입력합니다. 체크박스가 나오면 스쿼트, 플랭크, 푸시업, 필라테스, 러닝의 운동량을 기록합니다.

06. '음식 다이어리'를 입력하고 왼쪽 핸들(⠿)을 클릭합니다. 메뉴에서 '**전환 ▶ 제목2**'와 '**색 ▶ 파란색 배경**'으로 설정합니다.

07. 아침, 점심, 저녁, 간식, 음료를 차례로 입력합니다. 점심의 왼쪽 핸들(⠿)을 클릭해 아침의 맨 오른쪽으로 이동합니다. 그러면 2단이 만들어집니다. 나머지도 같은 방식으로 이동해 5단을 만듭니다.

08. 5단을 전체 드래그해 블록을 만들고, 아침의 왼쪽 핸들(⠿)을 클릭하고 '**전환 ▶ 제목3**'과 '**색 ▶ 주황색 배경**'으로 설정합니다.

09. 아침 하단을 클릭하고 '/글머리 기호 목록'을 입력합니다. 템플릿을 만들고 있으므로 글머리 기호에는 어떤 텍스트도 입력하지 말고 그대로 둡니다.

10. '일일 평가'를 입력하고 왼쪽 핸들(⠿)을 클릭합니다. 메뉴에서 '**전환 ▶ 제목2**'와 '**색 ▶ 파란색 배경**'으로 설정합니다.

11. 잘한 점과 못한 점을 입력합니다. 못한 점을 왼쪽 핸들(⠿)을 클릭해 잘한 점의 오른쪽으로 이동합니다. 그러면 2단이 만들어집니다.

12. 2단을 전체 드래그해 블록을 만들고, 아침의 왼쪽 핸들(⠿)을 클릭하고 '**전환 ▶ 제목3**'과 '**색 ▶ 주황색 배경**'으로 설정합니다.

13. 잘한 점 아래에 빈칸을 클릭하고 '/글머리 기호 목록'을 입력합니다. 글머리 기호가 나오면 하루 중 잘한 점을 기록합니다. 못한 점 하단에도 글머리 기호 목록을 만들고 못한 점을 기록합니다.

14. 템플릿 작업을 완료하고 페이지 왼쪽 위에 '**←뒤로**'를 클릭하면 자동저장이 됩니다. '운동과 식단 일지' 템플릿을 사용하려면, 30일 프로젝트 하위 페이지에 들어가서 '운동과 식단 일지'를 클릭하면 됩니다. 그러면 지금까지 만들었던 템플릿이 자동으로 만들어집니다.

그림 7.5 완성된 하위 페이지 템플릿

'30일 프로젝트' 마무리 설정하기

'30일 프로젝트' 데이터베이스를 만들었습니다. 지금부터는 '30일 프로젝트'를 설정하는 방법을 알아보겠습니다.

01. '30일 프로젝트' 데이터베이스의 '이름' 열에 1일차부터 30일차까지 기록합니다. 일자별로 날짜를 설정합니다. 태그는 '30일 프로젝트'로 설정합니다.

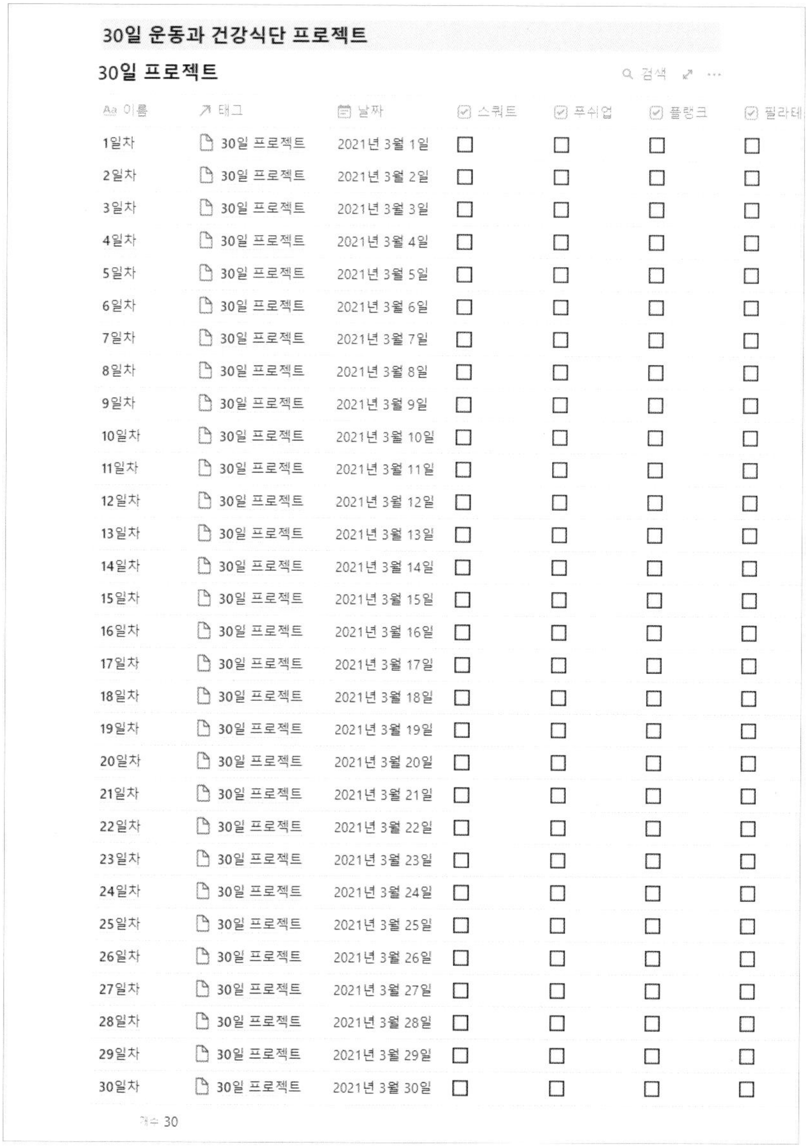

Aa 이름	↗ 태그	📅 날짜	☑ 스쿼트	☑ 푸쉬업	☑ 플랭크	☑ 필라테
1일차	📄 30일 프로젝트	2021년 3월 1일	☐	☐	☐	☐
2일차	📄 30일 프로젝트	2021년 3월 2일	☐	☐	☐	☐
3일차	📄 30일 프로젝트	2021년 3월 3일	☐	☐	☐	☐
4일차	📄 30일 프로젝트	2021년 3월 4일	☐	☐	☐	☐
5일차	📄 30일 프로젝트	2021년 3월 5일	☐	☐	☐	☐
6일차	📄 30일 프로젝트	2021년 3월 6일	☐	☐	☐	☐
7일차	📄 30일 프로젝트	2021년 3월 7일	☐	☐	☐	☐
8일차	📄 30일 프로젝트	2021년 3월 8일	☐	☐	☐	☐
9일차	📄 30일 프로젝트	2021년 3월 9일	☐	☐	☐	☐
10일차	📄 30일 프로젝트	2021년 3월 10일	☐	☐	☐	☐
11일차	📄 30일 프로젝트	2021년 3월 11일	☐	☐	☐	☐
12일차	📄 30일 프로젝트	2021년 3월 12일	☐	☐	☐	☐
13일차	📄 30일 프로젝트	2021년 3월 13일	☐	☐	☐	☐
14일차	📄 30일 프로젝트	2021년 3월 14일	☐	☐	☐	☐
15일차	📄 30일 프로젝트	2021년 3월 15일	☐	☐	☐	☐
16일차	📄 30일 프로젝트	2021년 3월 16일	☐	☐	☐	☐
17일차	📄 30일 프로젝트	2021년 3월 17일	☐	☐	☐	☐
18일차	📄 30일 프로젝트	2021년 3월 18일	☐	☐	☐	☐
19일차	📄 30일 프로젝트	2021년 3월 19일	☐	☐	☐	☐
20일차	📄 30일 프로젝트	2021년 3월 20일	☐	☐	☐	☐
21일차	📄 30일 프로젝트	2021년 3월 21일	☐	☐	☐	☐
22일차	📄 30일 프로젝트	2021년 3월 22일	☐	☐	☐	☐
23일차	📄 30일 프로젝트	2021년 3월 23일	☐	☐	☐	☐
24일차	📄 30일 프로젝트	2021년 3월 24일	☐	☐	☐	☐
25일차	📄 30일 프로젝트	2021년 3월 25일	☐	☐	☐	☐
26일차	📄 30일 프로젝트	2021년 3월 26일	☐	☐	☐	☐
27일차	📄 30일 프로젝트	2021년 3월 27일	☐	☐	☐	☐
28일차	📄 30일 프로젝트	2021년 3월 28일	☐	☐	☐	☐
29일차	📄 30일 프로젝트	2021년 3월 29일	☐	☐	☐	☐
30일차	📄 30일 프로젝트	2021년 3월 30일	☐	☐	☐	☐

개수 30

그림 7.6 30일차 설정하기

02. 데이터베이스의 상단에 '표'를 클릭하면 오른쪽에 '보기 편집' 옵션 창이 나옵니다. '레이아웃'을 클릭하고 '캘린더'를 선택하면 '표'가 '캘린더'로 바뀝니다. 캘린더 오른쪽 상단 메뉴(•••)에서 속성을 선택합니다. 속성 옵션 창에서는 **목표달성과 목표달성률**만 켜기로 설정하고 나머지는 끄기로 설정합니다.

03. 캘린더에서 **1일차** 카드를 클릭하면 하위 페이지로 이동합니다. 하위 페이지의 속성이 무작위로 섞여 있습니다. 왼쪽 핸들(⋮⋮)을 클릭해 순서에 맞게 배열합니다.

그림 7.7 순서대로 재배열한 속성

04. 속성 하단에 있는 '운동과 식단일지' 템플릿을 클릭합니다. 그러면 하위 페이지 템플릿이 자동으로 만들어집니다.

7.1.3. 운동과 음식 다이어리 템플릿 완성

운동과 음식 다이어리 템플릿을 완성했습니다. 완성된 템플릿은 https://bit.ly/3r89WcE에서 확인할 수 있습니다.

건강관리를 하려면 운동과 식단 조절이 필수입니다. 운동과 음식 다이어리 템플릿을 사용해 꾸준하게 운동을 하고 식단을 관리를 해 보세요. 처음에는 어려워도 습관이 들면 건강해지는 자신을 발견할 수 있습니다. 개인의 건강에도 큰 관심을 가지고 관리를 해 보세요.

7.2. 여행 계획표 템플릿 만들기

여행 계획표는 여행을 준비하고 여행에 필요한 정보를 보관하는 템플릿입니다. 여행 계획표 템플릿에 여행에 필요한 정보와 자료를 보관하면 체계적인 여행을 할 수 있습니다. 여행 계획표를 사용하는 3가지 이유가 있습니다.

첫째, 비행기표, 호텔 바우처 등 여행 관련 서류를 쉽게 관리할 수 있습니다.

둘째, 여행 일기를 작성할 수 있어서 추억을 기록으로 남길 수 있습니다.

셋째, 여행 경비 지출을 계산할 수 있습니다.

다음 그림은 여행 계획표 템플릿입니다. 상단에는 여행 전에 준비해야 할 체크 리스트, 가운데에는 여행 일정표, 하단에는 여행 후 정산을 할 수 있게 배치했습니다.

그림 7.8 여행 계획표 템플릿 구성

여행을 체계적으로 준비하고 여행 일정을 정리해 줄 수 있는 여행 계획표 템플릿을 만들려면 여행 계획표 페이지를 만들어야 합니다.

7.2.1. 여행 계획표에 필요한 데이터베이스 만들기

여행 계획표 템플릿을 만들려면 '만능 태그', '일정표', '여행사진' 세 개의 데이터베이스가 필요합니다. 만능 태그 데이터베이스에는 일자별로 여행 일지, 여행 경비, 여행 사진을 정리합니다. 일정표 데이터베이스는 여행 세부 일정을 관리합니다. 여행사진 데이터베이스는 여행 사진을 저장합니다. 세 개의 데이터베이스를 하나씩 만들어보겠습니다.

만능 태그 만들기

만능 태그를 만들려면 신규 페이지를 먼저 만들어야 합니다.

01. 왼쪽 사이드바 하단에 있는 '**+ 새 페이지**' 버튼을 클릭합니다. 페이지 제목은 '여행 계획표DB'로 왼쪽 상단에 '전페 페이지로 열기'를 클릭하여 전체 페이지로 전환합니다.

02. 여행 계획표에는 '만능 태그', '일정표', '여행사진' 세 개의 데이터베이스가 필요합니다. '일정표'와 '여행사진' 데이터베이스는 **관계형** 속성으로 '만능 태그'와 연결합니다. 하지만 아직 세 개의 데이터베이스 모두 만들어지지 않았습니다. 만능 태그 데이터베이스부터 먼저 만들어보겠습니다.

03. 제목 하단의 빈칸에 '/표 보기'를 입력하고 데이터베이스를 만듭니다. 데이터베이스의 오른쪽 기존 데이터베이스 선택 옵션 창에서 '만능 태그'를 입력하고 하단에 '**+ 새 데이터베이스: 만능 태그**'를 클릭합니다. 데이터베이스의 오른쪽 '**+**'를 1번 클릭하여 1개의 열을 추가합니다. 표는 다음과 같이 구성합니다.

위치	이름	속성	사용방법
1번째	이름	제목	여행 일정을 입력합니다. 예) 1일차, 2일차, 3일차 등
2번째	원화	롤업	여행 경비 중 원화를 입력합니다. 일정표와 여행사진 데이터베이스가 관계형 속성으로 연결이 된 후에 롤업 옵션을 설정하겠습니다.
3번째	현지화	롤업	여행 경비 중 현지화를 입력합니다. 일정표와 여행 사진 데이터베이스가 관계형 속성으로 연결이 된 후에 롤업 옵션을 설정하겠습니다.

그림 7.9 만능 태그

04. 만능 태그 데이터베이스에서 1일차 하위 페이지로 이동합니다(그림 7.10). 하위 페이지 제목 위 **아이콘 추가**를 클릭합니다. 임의로 만들어진 아이콘을 클릭하면 이모지 옵션 창이 나옵니다. '키 캡: 1'을 입력 하고 네모숫자 1(**1**) 이모지를 선택합니다. 2일차부터 5일차까지도 마찬가지로 네모 숫자 이모지를 선 택합니다.

그림 7.10 하위 페이지로 이동하기

05. 만능 태그의 나머지 설정은 '일정표' 데이터베이스와 '여행 사진' 데이터베이스를 만든 후에 마무리하 겠습니다.

일정표 데이터베이스 만들기

만능 태그 데이터베이스를 만들었으면 일정표 데이터베이스를 만들어보겠습니다.

01. '/표 보기'를 입력하고 데이터베이스를 만듭니다. 데이터베이스의 오른쪽 기존 데이터베이스 선택 옵 션 창에서 '일정표'를 입력하고 하단에 '**+ 새 데이터베이스: 일정표**'를 클릭합니다. 데이터베이스의 오 른쪽 '**+**'를 4번 클릭하여 4개의 열을 추가합니다. 데이터베이스의 열의 이름을 클릭하면 속성 메뉴가 나옵니다. 속성 메뉴에서 '속성 편집'을 클릭하면 데이터베이스 오른쪽에 속성 편집 옵션 창이 나옵니 다. 속성 편집 옵션 창에서 아래의 이름과 속성으로 변경합니다.

위치	이름	속성	사용방법
1번째	이름	제목	여행지나 방문하는 장소를 입력합니다. 예) 인천공항, 다낭 시내 등
2번째	태그	관계형	관계형 속성으로 만능 태그 데이터베이스와 연결합니다.
3번째	날짜	날짜	캘린더 옵션에서 여행 일정을 선택합니다.
4번째	국가와 장소	다중선택	옵션 창에 여행지의 국가와 장소를 입력합니다.
5번째	원화	숫자	여행 경비 중에서 원화를 입력합니다. 숫자 옵션에서 '**원**'을 선택합니다.
6번째	현지화	숫자	여행 경비 중에서 현지화를 입력합니다. 숫자 옵션에서 '**쉼표가 포함된 숫자**'를 선택합니다. 단, 숫자 옵션에 해당 현지화가 있으면 선택하세요.

그림 7.11 완성된 일정표

02. 두 번째 열 태그는 아래와 같이 관계형 속성을 설정합니다.

– 관계형 대상 : 만능 태그

– 제한 : 제한없음

– 만능 태그에 표시 : 켜기

만능 태그의 관계형 속성 아래에 태그를 입력하고 하단에 관계형 추가를 클릭합니다. 그러면 만능 태그 데이터베이스와 일정표 데이터베이스가 연결됩니다.

여행사진 데이터베이스 만들기

여행 사진을 정리할 수 있는 '여행사진' 데이터베이스를 만들어보겠습니다.

01. '/표 보기'를 입력하고 데이터베이스를 만듭니다. 데이터베이스의 오른쪽 기존 데이터베이스 선택 옵션 창에서 '여행사진'을 입력하고 하단에 '**+ 새 데이터베이스: 여행사진**'을 클릭합니다. 데이터베이스의 오른쪽 '**+**'를 1번 클릭하여 1개의 열을 추가합니다. 데이터베이스의 열의 이름을 클릭하면 속성 메뉴가 나옵니다. 속성 메뉴에서 '속성 편집'을 클릭하면 데이터베이스 오른쪽에 속성 편집 옵션 창이 나옵니다. 속성 편집 옵션 창에서 아래의 이름과 속성으로 변경합니다.

위치	이름	속성	사용방법
1번째	이름	제목	사진의 이름을 입력합니다. 예) 커피, 쌀국수, 박물관 등
2번째	태그	관계형	관계형 속성으로 만능 태그 데이터베이스와 연결합니다.
3번째	종류	선택	옵션 창에 태그의 종류를 입력합니다. 예) 장소, 음료, 영수증 등

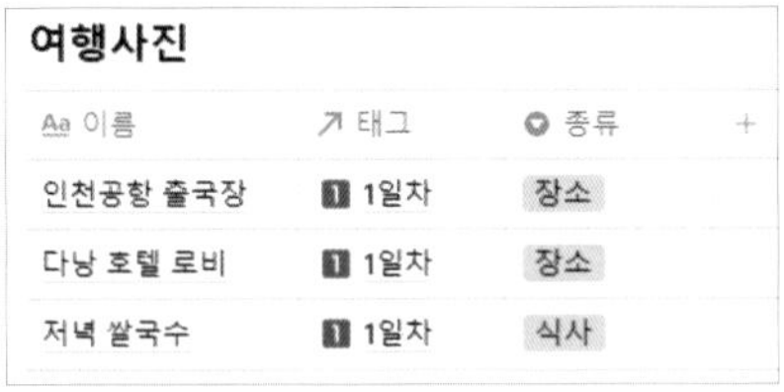

여행사진

Aa 이름	↗ 태그	종류	+
인천공항 출국장	1 1일차	장소	
다낭 호텔 로비	1 1일차	장소	
저녁 쌀국수	1 1일차	식사	

그림 7.12 완성된 여행사진 데이터베이스

02. 두 번째 열 태그는 아래와 같이 관계형 속성을 설정합니다.

– 관계형 대상 : 만능 태그

– 제한 : 제한없음

– 만능 태그에 표시 : 켜기

만능 태그의 관계형 속성 아래에 태그를 입력하고 하단에 관계형 추가를 클릭합니다. 그러면 만능 태그 데이터베이스와 여행사진 데이터베이스가 연결됩니다.

만능 태그 데이터베이스 설정 마무리하기

만능 태그 데이터베이스가 일정표 데이터베이스와 여행사진 데이터베이스와 '관계형' 속성으로 연결되었습니다. 만능 태그 설정을 마무리하겠습니다. 만능 태그 데이터베이스로 이동합니다.

01. 만능 태그 데이터베이스 열의 순서를 다음과 같이 정리합니다. 첫 번째 이름, 두 번째 일정표, 세 번째 여행사진, 네 번째 원화, 다섯 번째 현지화

02. 네 번째 **'원화'** 열의 빈칸을 클릭하고 롤업 구성을 선택합니다. 롤업 속성은 '관계형 : 일정표, 속성 : 원화, 계산 : 합계'로 설정합니다. 일정별로 사용한 원화를 계산합니다.

03. 다섯 번째 **'현지화'** 열의 빈칸을 클릭하고 롤업 구성을 선택합니다. 롤업 속성은 '관계형 : 일정표, 속성 : 현지화, 계산 : 합계'로 설정합니다. 일정별로 사용한 현지화를 계산합니다.

그림 7.13 완성된 만능 태그 데이터베이스

여행일지 1일 차 템플릿 만들기

01. 여행일지를 작성할 수 있는 하위 페이지 템플릿을 만들어보겠습니다. 만능 태그 데이터베이스 오른쪽 상단에 **새로 만들기** 버튼의 아래 화살표(⌄)를 클릭합니다. 템플릿 옵션 창에서 **새 템플릿**을 클릭하면 템플릿을 편집할 수 있는 하위 페이지가 열립니다.

02. 제목에는 '1일차'를 입력합니다. 제목 아래 속성의 왼쪽 핸들(⠿)을 클릭해 **일정표, 여행사진, 원화, 현지화** 순으로 정리합니다. 왼쪽 상단에 **전체 페이지로 열기**(↖)를 클릭해 전체 페이지로 전환합니다.

그림 7.14 제목 입력하고 속성 정리하기

여행 계획표

01. '여행 계획표'를 입력하고 왼쪽 핸들(⠿)을 클릭하고 '**전환 ▶ 제목3**'과 '**색 ▶ 파란색 배경**'을 선택합니다.

02. '/링크된 데이터베이스 보기'를 입력합니다. 기존 데이터베이스 선택 옵션 창에서 '일정표'를 입력하고 일정표 데이터베이스를 선택합니다.

03. 오른쪽 '**기존 보기 복사**' 옵션 창에서 '**+ 새 보기 추가**'를 선택합니다. '**새 보기**' 옵션 창에서 '**리스트**'를 선택하면 리스트 데이터베이스로 전환됩니다.

04. 필터를 사용해 1일 차 정보만 표시해보겠습니다. 데이터베이스 오른쪽 상단 메뉴(•••)에서 **필터**를 선택합니다.

05. 필터 옵션 창에서 **태그**를 선택합니다. 필터 세부 옵션 창에서 **1일차**를 선택합니다. 옵션 창 상단에 **값을 포함하는 데이터**로 설정합니다.

06. 데이터베이스 메뉴에서 **속성**을 선택합니다. 속성에서 **국가와 장소**만 켜기로 설정하고 나머지는 끄기로 설정합니다.

07. '/구분선' 명령을 입력해 구분선을 만듭니다.

여행일기

01. '여행일기'를 입력하고 왼쪽 핸들(⋮⋮)을 클릭하고 '**전환 ▶ 제목3**'과 '**색 ▶ 파란색 배경**'으로 설정합니다.

02. '/글머리 기호 목록'을 입력합니다. 글머리 기호에는 여행 일지를 작성합니다.

03. '/구분선'을 입력해 구분선을 만듭니다.

여행사진

01. '여행사진'을 입력하고 왼쪽 핸들(⋮⋮)을 클릭하고 '**전환 ▶ 제목3**'과 '**색 ▶ 파란색 배경**'으로 설정합니다.

02. '/링크된 데이터베이스 보기'를 입력합니다. 옵션 창에는 '여행사진'을 입력하고 여행사진 데이터베이스를 선택합니다.

03. 오른쪽 '**기존 보기 복사**' 옵션 창에서 '**+ 새 보기 추가**'를 선택합니다. '**새 보기**' 옵션 창에서 '**갤러리**'를 선택하면 갤러리 데이터베이스로 전환됩니다.

04. 1일 차 여행사진만 표시해보겠습니다. 데이터베이스 오른쪽 상단 메뉴(•••)에서 **필터**를 선택합니다.

05. 필터 옵션 창에서 **태그**를 선택합니다. 필터 세부 옵션 창에서 **1일차**를 선택합니다. 옵션 창 상단에 값을 포함하는 데이터로 설정합니다.

06. 왼쪽 상단의 '← **뒤로**'를 클릭하면 템플릿이 저장됩니다.

템플릿 복제하기

01. 만능 태그 데이터베이스 오른쪽 상단의 **새로 만들기** 버튼을 클릭하면 '1일차' 템플릿이 있습니다. 오른쪽 메뉴(···)를 클릭하면 옵션 창이 나옵니다. 옵션 창에서 **복제**를 클릭합니다.

그림 7.15 만들어진 1일차 템플릿

02. 복제된 '1일차' 하위 페이지가 열립니다. 제목을 '2일차'로 변경하고 '일정표'와 '여행사진'의 필터를 '**태 그 – 2일차 – 값을 포함하는 데이터**'로 변경합니다. 변경한 후에는 왼쪽 상단의 '← **뒤로**'를 클릭합니다.

03. 위의 과정을 반복해 5일 차까지 템플릿을 만듭니다. 템플릿은 하위 페이지의 일자별 템플릿 버튼을 클릭하면 사용할 수 있습니다.

7.2.2. 여행 계획표 메인 페이지 만들기

여행 계획표 DB를 완성했습니다. 이제는 여행의 체크 리스트와 일정을 관리하고 결산을 할 수 있는 메인 페이지를 만들어보겠습니다.

아이콘과 커버 추가하기

01. 화면 왼쪽 사이드바에서 '**+ 페이지 추가**'를 누르고 신규 페이지를 만듭니다. 페이지 제목은 '여행 계획표'를 입력합니다. 왼쪽 상단의 **전체 페이지로 열기**(↖)를 클릭하면 전체 페이지로 전환합니다. 전체화면을 사용할 수 있게 우측 상단 메뉴(···)를 누르고 '**전체 너비**'를 켜기로 바꿉니다.

02. '여행 계획표' 위의 '아이콘 추가' 버튼을 클릭합니다. 아이콘 옵션 창에 '비행기 이륙'을 입력하고 비행기 아이콘을 클릭합니다.

03. '여행 계획' 제목 위로 **커버 추가** 버튼이 나옵니다. **커버 추가**를 클릭하면 무작위로 커버가 선택됩니다. 우측 하단에 **커버 변경**을 클릭하고 '메트로폴리탄 미술관' 탭에 있는 카날레토 커버를 선택합니다.

그림 7.16 아이콘과 커버 변경 완료

여행 계획 체크 리스트 만들기

여행을 가기 전에 여행 준비가 제대로 다 되었는지 확인할 수 있는 체크 리스트가 필요합니다. 체크 리스트가 없다면 중요한 물건이나 필요한 서류를 챙기지 않아서 여행 중에 당황하는 일이 생길 수 있습니다. 따라서, 좋은 여행을 하려면 체크 리스트를 만들고 여행 가기 전에 반드시 점검을 해야 합니다. 여행 가기 전 점검할 수 있는 체크 리스트를 3×2단으로 만들어보겠습니다.

01. 제목 하단의 빈칸을 클릭하고 '여행 전 - 체크 리스트'를 입력합니다. 왼쪽 핸들(⋮⋮)을 클릭하고 **'전환 ▶ 제목2'**와 **'색 ▶ 파란색 배경'**을 선택합니다.

02. 필수, 의류, 전자제품, 세면도구, 상비약, 기타를 차례로 입력합니다. 6개의 목록을 드래그해 블록을 만듭니다. 왼쪽 핸들(⋮⋮)을 클릭하고 **'전환 ▶ 토글 목록'**을 선택합니다.

03. 의류 왼쪽의 핸들(⋮⋮)을 클릭하고 필수 오른쪽으로 이동해 2단을 만듭니다. 전자제품도 왼쪽 핸들(⋮⋮)을 클릭하고 의류 오른쪽으로 옮겨서 3단을 만듭니다. 세면도구의 왼쪽 핸들(⋮⋮)을 클릭해 필수 하단으로 이동합니다. 상비약과 기타도 같은 방법으로 의류와 전자제품 하단으로 이동합니다.

04. 필수 토글(▶)을 클릭하고 하단 빈칸에 '/할 일 목록'을 입력합니다. 여행에 꼭 필요한 필수 목록을 작성합니다.

05. 의류, 전자제품, 세면도구, 상비약, 기타도 **04**의 방법으로 체크 리스트를 작성합니다. 작성이 완료되면 편집을 위해 모든 토글을 닫아주세요.

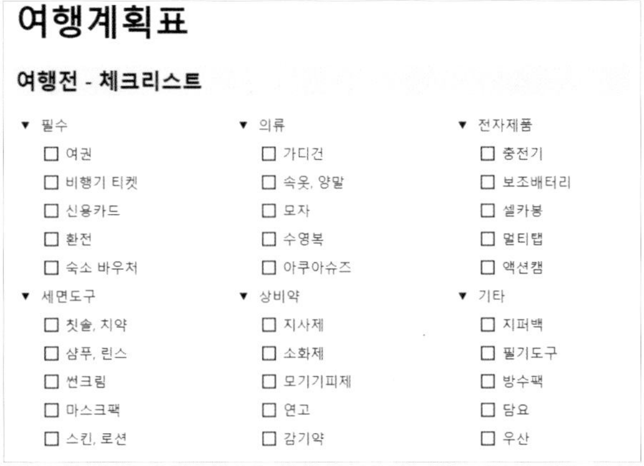

여행계획표
여행전 - 체크리스트
필수
여권
비행기 티켓
신용카드
환전
숙소 바우처
의류
가디건
속옷, 양말
모자
수영복
아쿠아슈즈
전자제품
충전기
보조배터리
셀카봉
멀티탭
액션캠
세면도구
칫솔, 치약
샴푸, 린스
썬크림
마스크팩
스킨, 로션
상비약
지사제
소화제
모기기피제
연고
감기약
기타
지퍼백
필기도구
방수팩
담요
우산

그림 7.17 완성된 여행 전 체크 리스트

06. '/구분선' 명령을 입력해 구분선을 만듭니다.

여행 계획 일정표 만들기

여행 전 체크 리스트를 완성했으면 여행 중 일정표를 만들어 보겠습니다. 여행 일정표는 여행을 다니면서 일정을 확인하고 여행 일지를 작성해 추억을 기록하는 공간입니다. 여행 계획 일정표를 만들어보겠습니다.

01. '여행 중 - 일정표'를 입력합니다. 왼쪽 핸들(⋮⋮)을 클릭하고 '**전환 ▶ 제목2**'와 '**색 ▶ 파란색 배경**'을 선택합니다.

02. '/링크된 데이터베이스 보기'를 입력합니다. 옵션 창에서 '일정표'를 선택합니다.

03. 오른쪽 '**기존 보기 복사**' 옵션 창에서 '**+ 새 보기 추가**'를 선택합니다. '**새 보기**' 옵션 창에서 '**타임라인**'을 선택하면 타임라인 데이터베이스로 전환됩니다.

04. 타임라인 보기 모드의 기본 시간 단위는 **월**입니다. 일정을 일자별로 보려면 **월**을 **주**로 변경해야 합니다. 타임라인 오른쪽 가운데에 있는 **월**을 클릭하고 옵션 창에서 **주**를 선택합니다.

월
오늘
몇 시간
일
주
격주
월
분기
년

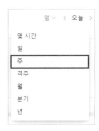

그림 7.18 타임라인 보기 모드 선택

05. 타임라인 왼쪽 표는 타임라인 바와 중복이 되어 일정 보기에 불편합니다. 왼쪽 표는 숨기는 것이 좋습니다. 왼쪽 표 위에 **표 숨기기**(≪)를 클릭하면 표가 사라집니다.

06. 타임라인 하단에는 백링크 기능을 활용해 일정별 여행일지를 연결해보겠습니다. '@'을 입력하고 '1일차'를 입력하고 **1일차** 페이지를 선택합니다.

그림 7.19 백링크 기능으로 1일차 페이지 연결하기

07. **06**번과 같은 방식으로 5일차까지 백링크로 연결합니다. 그리고 2일차의 왼쪽 핸들(⋮⋮)을 클릭해 1일차 오른쪽으로 이동해 2단을 만듭니다. 같은 방법으로 5일까지 이동해 5단을 만듭니다.

08. '/구분선' 명령을 입력해 구분선을 만듭니다.

그림 7.20 완성된 일정표 데이터베이스

여행 결산 만들기

01. '여 행 후 - 결산'을 입력합니다. 왼쪽 핸들(⠿)을 클릭하고 '**전환 ▶ 제목2**'와 '**색 ▶ 파란색 배경**'을 선택합니다.

02. '/링크된 데이터베이스 보기'를 입력합니다. 옵션 창에서 '만능 태그'를 입력하고 만능 태그 데이터베이스를 선택합니다.

03. 만능 태그 데이터베이스는 이름, 일정표, 여행사진, 원화, 현지화 순으로 정렬합니다. 데이터베이스 오른쪽 상단의 ···를 클릭하고 **정렬**을 선택합니다. 정렬은 '이름 - 오름차순'으로 설정합니다. 그러면 일자별로 정리됩니다.

04. '원화' 열과 '현지화' 하단의 '**계산**'을 클릭하고 **합계**를 선택합니다. 그러면 여행 경비가 계산됩니다.

그림 7.21 완성된 결산 데이터베이스

여행 참고 사이트 임베드하기

01. '여행 참고 사이트'를 입력합니다. 왼쪽 핸들(⠿)을 클릭하고 '**전환 ▶ 제목2**'와 '**색 ▶ 파란색 배경**'을 선택합니다.

02. 여행에 참고할 만한 여행 블로그나 홈페이지를 북마크로 표시해보겠습니다. '/북마크'를 입력합니다. 북마크 옵션 창에 블로그나 홈페이지 웹 주소를 입력하고 '**북마크 생성**' 버튼을 클릭합니다.

7.2.3. 여행 계획표 템플릿 완성

여행 계획표 템플릿을 완성했습니다. 완성된 템플릿은 http://bit.ly/2KyL5hg에서 확인할 수 있습니다.

여행 계획표 템플릿만 있으면 여행 준비 체크 리스트부터 여행 후 결산까지 가능합니다. 여행 계획표 템플릿을 만들어서 여행을 같이 가는 가족, 친구, 지인들과 공유해보세요. 여행 준비가 한결 수월해지고 여행의 추억까지 공유할 수 있습니다. 여행 계획표 템플릿과 즐거운 여행을 해 보세요.

7.3. 개인 블로그 템플릿 만들기

노션의 가장 큰 장점은 원하는 곳에 블록을 만들고 꾸밀 수 있다는 것입니다. 노션으로 나만의 스타일로 개성 있는 블로그를 만들어 보겠습니다. 노션 블로그는 다음 3가지 장점이 있습니다.

첫째, 나만의 스타일로 블로그를 꾸밀 수 있습니다.

둘째, 공통의 관심사를 가진 사람들과 지식을 공유할 수 있는 블로그를 만들 수 있습니다.

셋째, 노션에 저장된 데이터베이스를 활용해 블로그를 만들 수 있습니다.

아래의 그림은 블로그 템플릿입니다. 상단은 3단으로 구성해 블로거를 소개하고 카테고리를 만들어 하위 페이지를 구성했습니다. 하단에는 추천 포스팅을 배치했습니다.

그림 7.22 블로그 템플릿 구성

개인 블로그 템플릿을 만들려면 신규 페이지를 만들어야 합니다. 신규 페이지는 메인 페이지로 사용하고 블로그 포스팅은 하위 페이지에 배치합니다.

7.3.1. 블로그 페이지 상단 만들기

01. 왼쪽 사이드바 하단에 있는 '**+ 새 페이지**' 버튼을 클릭합니다. 페이지 제목에는 '홍길동 블로그'로 이름을 왼쪽 상단에 '전페 페이지로 열기'를 클릭하여 전체 페이지로 전환합니다.

02. 전체 페이지의 오른쪽 상단 메뉴(···)에서 **전체 너비**를 켜기로 설정합니다.

03. '**홍길동 블로그**' 제목 위의 '**아이콘 추가**' 버튼을 클릭합니다. 아이콘 옵션 창에 '하트 장식'을 입력하고 하트 장식 아이콘을 클릭합니다.

04. 아이콘 위에 마우스를 올리면 하단에 **커버 추가** 버튼이 나옵니다. **커버 추가**를 클릭하면 무작위로 커버가 선택됩니다. 오른쪽 아래의 **커버 변경**을 클릭하고 암스테르담 국립미술관의 '**페테르 클라스 1628, 스피나리오가 있는 바니타스 정물화**'를 선택합니다.

05. 블로그 상단은 3단으로 구성합니다. 제목 아래에 '/이미지'와 '/콜아웃', '카테고리'를 각각 입력합니다.

왼쪽	중간	오른쪽
사진, 블로거 소개	블로그 소개	카테고리
준비물: 사진, 이메일 주소, 자기소개	준비물: 블로그 소개서	준비물: 페이지 구성

상단 왼쪽

01. 콜아웃 왼쪽 핸들(⠿)을 클릭하고 사진을 오른쪽으로 옮겨서 2단을 만듭니다. 카테고리도 같은 방법으로 블로그 소개 문구 오른쪽으로 옮겨서 3단으로 만듭니다. 콜아웃 왼쪽의 회색 바를 클릭하고 이미지 쪽으로 이동해 콜아웃의 단을 넓힙니다.

02. 블로그 프로필 이미지를 만들어보겠습니다. 이미지 임베드를 클릭합니다. 옵션 창에서 블로그 프로필 사진을 업로드합니다. 올릴 사진이 없으면 언스플래시에서 제공하는 사진을 사용할 수 있습니다.

03. 사진 하단의 빈칸을 클릭하고 '/인용'을 입력합니다. 인용 표시가 나오면 이름과 이메일을 입력합니다. 블로거 소개도 입력합니다.

상단 가운데

01. 가운데 있는 콜아웃에는 블로그 인사말을 입력합니다.

02. 인사말 하단에 '/글머리 기호 목록'을 입력해 글머리 기호를 만듭니다. ':활짝 웃는 웃음'을 입력하면 웃음 이모지가 나옵니다. 이모지 오른쪽에 '소개'를 입력합니다.

03. 엔터 키를 눌러 줄을 바꾼 후에 탭을 눌러서 들여쓰기를 합니다. 들여쓰기 한 글머리 기호에는 블로그의 소개를 작성합니다.

상단 오른쪽

01. 오른쪽 '카테고리'의 왼쪽 핸들(⠿)을 클릭하고 '**전환 ▶ 제목1**'로 설정합니다.

02. 카테고리 하단을 클릭하고 '/번호 매기기 목록' 명령을 입력합니다. 카테고리는 아래와 같이 입력합니다.

- 영화 이야기
- 영화 리뷰
- 해외 생활 이야기
- 필리핀 이야기
- 자기계발
- 영어공부

03. 각 카테고리의 하위 페이지를 만들어 보겠습니다. '2. 영화 리뷰'에서 탭을 눌러 들여쓰기를 만듭니다. 왼쪽 핸들(⠿)을 클릭하고 '전환 ▶ 페이지'를 선택합니다. 이제 '영화 리뷰'는 '1. 영화 이야기'의 하위 페이지가 됩니다.

04. 같은 방법으로 '2. 해외 생활 이야기' 아래에 '필리핀 이야기' 페이지가 오게 하고, '3. 자기계발' 아래에 '영어 공부' 페이지가 오게 합니다.

05. 위의 03~04에서 만든 하위 페이지의 왼쪽에 있는 아이콘을 클릭합니다. 옵션 창에 'black rightwards arrow'을 입력하고 오른쪽 화살표(▶)를 클릭합니다.

06. 빈칸 왼쪽에 있는 핸들(⠿)을 클릭해 화면 하단으로 내려 3단을 탈출합니다. 그리고 '/구분선' 명령을 입력해 구분선을 만들어 구역을 나눕니다.

홍길동 블로그

홍길동
(honggildong@
hanmail.net)

영화와 영어공부 블로그를 운영하는 홍길동입니다. 블로그를 통해 많은 소통을 기대합니다.

💡 홍길동 블로그에 오신 모든 분들을 환영합니다.

- 😊 소개
  - 취미는 영화관람입니다. 주말에는 늘 영화관에서 가서 영화를 봅니다.
  - 영어 공부를 하려고 하나, 늘 마음뿐이고 영어 블로깅하는 것으로 만족하고 있습니다.
  - 필리핀에 거주했던 경험을 나누고 싶습니다.

카테고리

1. 영화이야기
   ▶ 영화 리뷰
2. 해외 생활 이야기
   ▶ 필리핀 이야기
3. 자기계발
   ▶ 영어공부

그림 7.23 완성된 상단

7.3.2. 블로그 페이지 가운데 만들기

01. 가운데에는 블로그에서 사용할 데이터베이스를 만들어 보겠습니다. 우선, ':올린 엄지'를 입력하고 아이콘을 선택합니다. 그리고 '추천 포스팅'을 입력합니다.

02. 추천 포스팅을 드래그하면 텍스트 편집 팝업이 나옵니다. **'텍스트'**를 **'제목2'**로 전환합니다. 다시 드래그해서 **텍스트 색(A)**을 클릭하고 **'파란색 배경'**을 선택합니다.

03. '/표 보기'를 입력하고 데이터베이스를 만듭니다. 데이터베이스의 오른쪽 기존 데이터베이스 선택 옵션 창에서 '포스팅'을 입력하고 하단에 **'+ 새 데이터베이스: 포스팅'**을 클릭합니다. 데이터베이스의 오른쪽 **'+'**를 2번 클릭하여 2개의 열을 추가합니다. 데이터베이스의 열의 이름을 클릭하면 속성 메뉴가 나옵니다. 속성 메뉴에서 '속성 편집'을 클릭하면 데이터베이스 오른쪽에 속성 편집 옵션 창이 나옵니다. 속성 편집 옵션 창에서 아래의 이름과 속성으로 변경합니다.

위치	이름	속성	사용방법
1번째	이름	제목	포스팅 제목을 입력합니다.
2번째	태그	다중 선택	포스팅의 주제를 입력합니다. 예) 영화, 영어, 해외, 필리핀 등
3번째	작성일	날짜	캘린더에서 포스팅을 작성한 날짜를 선택합니다.
4번째	메인	체크박스	메인 페이지에 표시할 포스팅을 선택합니다.

그림 7.24 완성된 데이터베이스

04. 포스팅 데이터베이스 상단의 **'표'**를 클릭하면 메뉴가 나옵니다. 메뉴에서 **'보기 편집'**을 클릭하고 오른쪽 보기 설정에서 레이아웃을 선택합니다. 레이아웃 옵션에서 '갤러리'를 선택하면 갤러리 보기로 전환됩니다.

05. 데이터베이스 오른쪽 위에 있는 메뉴(•••)에서 **'필터'**를 선택합니다. 필터 옵션 필터 옵션에서 메인을 선택합니다. 세부 필터 옵션에서 **'체크 표시됨'**을 선택하고 옵션 창 상단에 있는 **'값을 포함하는 데이터'**를 선택합니다. 그러면, 포스팅 데이터베이스에서 체크 확인된 포스팅만 표시됩니다.

06. 최신 포스팅이 순서상 처음으로 표시되게 내림차순으로 설정하겠습니다. 표 오른쪽 위 메뉴(⋯)에서 **'정렬'**을 선택합니다. 정렬 옵션에서 작성일을 선택하고, 정렬 세부 옵션 창에서 **'작성일 – 내림차순'**으로 설정합니다.

07. 갤러리 카드에 표시할 정보를 선택해보겠습니다. 표 오른쪽 위 메뉴(⋯)에서 **'속성'**을 선택합니다. 속성 옵션에서 이름과 태그만 켜기를 하고 작성일과 메인은 끄기로 설정합니다.

08. 코멘트와 피드백을 남길 수 있는 연락처를 만들어보겠습니다. '/인용'을 입력합니다. 인용 칸에 '코멘트와 피드백은 honggildong@hanmail.net으로 보내주세요.'를 입력합니다. 왼쪽 핸들(⣿)을 클릭해 **'색 ▶ 파란색 배경'**으로 선택합니다.

09. 맨 아래에는 블로그의 최종 업데이트 날짜와 저작권 표시를 해 보겠습니다. 'Last update'를 입력하고 최종 업데이트 날짜를 입력합니다. 그리고 'Copyright © 2021. 홍길동. all rights reserved.'를 입력해 저작권을 표시합니다.

👍 추천 포스팅

포스팅 ▦ 갤러리 보기 ˅

📄 원더

영화 감동 추천

📄 필리핀 에피소드 1화

필리핀

📄 일상 생활 영어

영어

코멘트와 피드백은 honggildong@hanmail.net으로 보내주세요

Last update : 2021.03.01

Copyright © 2021. 홍길동. all rights reserved.

그림 7.25 완성된 가운데

블로그 메인 페이지를 완성했습니다. 이제부터는 포스팅을 페이지로 만들어보겠습니다.

7.3.3. 블로그 하위 페이지 만들기

블로그 상단 오른쪽에 있는 카테고리 '1. 영화 이야기' 아래의 '영화 리뷰' 하위 페이지로 이동합니다.

01. 하위 페이지의 '영화 리뷰' 제목 아래에 목록 열기를 만들어보겠습니다. '/구분선' 명령을 입력합니다. 구분선 아래에 '/토글 목록'을 입력합니다.

02. 토글 제목에 ':북마크' 명령을 입력하고 **북마크** 아이콘을 선택합니다. 아이콘 오른쪽에 '목록열기'를 입력합니다. 아이콘과 목록열기를 드래그하면 나오는 텍스트 편집 팝업 메뉴에서 'A'를 클릭하고 **파란색 배경**을 선택합니다.

03. 토글 하단에 '/링크된 데이터베이스 보기'를 입력합니다. 옵션 창에 '포스팅'을 입력하고 **포스팅** 데이터베이스를 선택합니다.

04. 오른쪽 **'기존 보기 복사'** 옵션 창에서 **'+ 새 보기 추가'**를 선택합니다. '새 보기' 옵션 창에서 '리스트'를 선택하면 리스트 데이터베이스로 전환됩니다.

05. **포스팅** 표의 상단 오른쪽 메뉴(⋯)에서 **필터**를 선택합니다. 필터 옵션 창에서 '태그'를 선택합니다. 필터 세부 옵션창에서 **'영화'**를 선택하고 옵션 창 상단에서 **'값을 포함하는 데이터'**를 설정합니다.

06. 포스팅이 최신부터 정렬될 수 있게 설정해보겠습니다. 포스팅 표의 상단 오른쪽 메뉴(⋯)를 클릭하고 **정렬**을 선택합니다. 정렬 옵션 창에서 **'작성일'**을 선택합니다. 정렬 세부 옵션 창에서 **'작성일 – 내림차순'**으로 설정합니다.

07. 토글을 접습니다. '/구분선' 명령을 입력해 구분선을 만듭니다.

08. 목록열기를 만들었으니 '갤러리 보기' 모드로 블로그 포스팅을 만들어 보겠습니다. '/링크된 데이터베이스 생성'을 입력합니다. 옵션 창에 '포스팅'을 입력하고 포스팅 데이터베이스를 선택합니다.

09. 오른쪽 **'기존 보기 복사'** 옵션 창에서 **'+ 새 보기 추가'**를 선택합니다. '새 보기' 옵션 창에서 '갤러리'를 선택하면 갤러리 데이터베이스로 전환됩니다.

10. 포스팅 표의 상단 오른쪽 메뉴(⋯)를 클릭하고 **필터**를 선택합니다. 필터 옵션 창에서 '태그'를 선택합니다. 필터 세부 옵션 창에서 **'영화'**를 선택하고 옵션 창 상단에 있는 **'값을 포함하는 데이터'**로 설정합니다.

11. 포스팅이 최신부터 정렬되게 설정해보겠습니다. 포스팅 표의 상단 오른쪽 메뉴(•••)를 클릭하고 정렬을 선택합니다. 정렬 옵션 창에서 '**작성일**'을 선택합니다. 정렬 세부 옵션 창에서 '**작성일 – 내림차순**'으로 설정합니다.

12. 갤러리 카드의 사이즈를 크게 변경해보겠습니다. 표 오른쪽 상단에 있는 메뉴(•••)를 클릭하고 '**속성**'을 선택합니다. 속성 옵션은 '**이름**'과 '**태그**'는 켜기로 하고 '작성일'과 '메인'은 끄기로 설정합니다.

그림 7.26 완성된 하위 페이지

13. 메인 페이지의 카테고리 중에서 '필리핀 이야기'와 '영어공부' 포스팅 페이지도 위의 ①~⑫ 순서에 따라 페이지를 만들어보세요.

7.3.4. 노션 포스팅 페이지 꾸미기

노션 블로그의 형태를 다 만들었으니 이제는 포스팅 페이지를 꾸며보겠습니다. 노션은 원하는 대로 블록을 만들 수 있습니다. 포스팅 페이지도 블록을 사용해 원하는 스타일로 만들 수 있습니다. 지금부터 영화《원더》를 예시로 포스팅 글쓰기를 해보겠습니다.

영화 리뷰 하위 페이지 만들기

01. 포스팅 데이터베이스로 이동합니다. 갤러리 보기에 '**+새로 만들기**'를 클릭하면 하위 페이지가 만들어집니다 왼쪽 상단의 '전체 페이지로 열기'를 클릭해 전체 페이지로 전환합니다.

02. 하위 페이지의 제목을 '원더'로 입력합니다. 태그 옵션을 클릭하고 포스팅의 주제와 맞는 태그를 선택합니다. 작성일은 포스팅을 작성하는 날짜로 선택합니다. 메인 페이지에 표시하기 위해 메인 체크박스를 체크합니다.

03. 페이지 상단에는 영화 포스터를 커버로 만들어보겠습니다. 제목 위에 '**커버 추가**'를 클릭합니다. 커버가 임의로 만들어집니다. 커버의 오른쪽 아래에 '**커버 변경**'을 클릭합니다. 업로드 탭을 누르고 영화 포스터를 업로드합니다.

04. '**위치 변경**'을 클릭하면 커버의 위치를 변경할 수 있습니다. 영화의 제목이 보이도록 커버의 위치를 변경하고 '**위치 저장**'을 클릭합니다.

그림 7.27 커버 위치 변경하기

05. 포스팅 페이지는 2단으로 구성하겠습니다. 한쪽에는 글을 쓰고 반대쪽에는 사진이나 그림을 삽입하는 구조입니다. '/콜아웃' 명령을 입력합니다. 콜아웃 상자에는 포스팅의 주제를 입력합니다.

06. 2단을 만들어서 왼쪽에는 영화 소개, 오른쪽에 영화 포스터를 배치하겠습니다. '/글머리 기호 목록' 명령을 입력합니다. 그리고 '/이미지' 명령을 입력합니다. 이미지 임베드의 왼쪽 핸들(⋮⋮)을 클릭하고 글머리 기호 오른쪽으로 이동해 2단을 만듭니다. 왼쪽 단을 2/3, 오른쪽 단을 1/3로 간격을 조정합니다.

07. 글머리 기호에는 영화의 도입부를 입력합니다. 이미지 임베드를 클릭해 영화 포스터를 업로드합니다.

08. 빈칸의 왼쪽 핸들(⋮⋮)을 클릭하고 하단으로 이동해 2단을 탈출합니다. 그리고 단락을 구별하기 위해 '/구분선'을 입력해 구분선을 만듭니다.

포스팅 내용

01. 소제목을 입력하기 위해 '인용'을 사용하겠습니다. '/인용'을 입력합니다. 인용 칸에는 소제목을 입력합니다.

02. '/글머리 기호 목록'을 입력합니다. 글머리 기호 목록에는 포스팅의 내용을 작성합니다.

03. 2개의 사진을 삽입하고 2단으로 만들어보겠습니다. '/이미지'를 입력하고 **'이미지를 선택하세요'** 버튼을 클릭합니다. 데스크톱에서 업로드할 사진을 선택합니다. 동일한 방법으로 1개의 사진을 추가합니다.

04. 두 번째 사진의 왼쪽 핸들(⋮⋮)을 클릭합니다. 그리고 첫 번째 사진 오른쪽으로 이동해 2단을 만듭니다. 각 사진 밑에는 사진의 설명을 작성합니다.

05. 빈칸의 왼쪽 핸들(⋮⋮)을 클릭하고 화면 아래로 내려서 2단을 탈출합니다. 단락을 구별하기 위해 '/구분선'을 입력합니다.

포스팅의 결론

01. 포스팅의 결론을 작성해보겠습니다. '/인용'을 입력합니다. 그리고 포스팅의 소제목을 입력합니다.

02. 포스팅의 결론 문구를 작성합니다. 그리고 왼쪽 핸들(⋮⋮)을 클릭하고 **'전환 ▶ 제목3'**과 **'색 ▶ 빨간색 배경'**을 선택합니다.

03. 2단을 만들어서 왼쪽 단에는 결론을, 오른쪽 단에는 사진을 삽입하겠습니다. '/글머리 기호 목록'을 입력합니다. '/이미지'를 입력합니다. 글머리 기호에는 결론을 작성합니다. 이미지의 왼쪽 핸들(⋮⋮)을 클릭하고 글머리 기호 오른쪽으로 이동해 2단을 만듭니다. 왼쪽 단은 2/3, 오른쪽 단은 1/3로 간격을 조정합니다.

04. 글머리 기호 목록에 결론을 입력합니다. 이미지 임베드를 클릭하면 **'이미지를 선택하세요'** 버튼이 나옵니다. 버튼을 클릭하고 데스크톱에서 사진을 업로드합니다.

05. 빈칸의 왼쪽 핸들(⠿)을 클릭하고 화면 하단으로 내려 2단을 탈출합니다. '/구분선'을 입력해 단락을 마무리 짓습니다.

그림 7.28 완성된 포스팅

7.3.5. 블로그 템플릿 완성

블로그 템플릿을 완성했습니다. 완성된 템플릿은 http://bit.ly/3ao4Ump에서 확인할 수 있습니다.

평소에 관심 있는 주제를 노션 블로그에 포스팅을 해보세요. 요즘은 퍼스널 브랜드가 중요한 시대입니다. 다른 사람들과 차별화된 노션 블로그를 통해 나의 가치가 더욱 상승하게 될 것입니다. 노션 블로그가 퍼스널 브랜드를 구축하고 실현하는 도구가 되어줄 것입니다.

7.4. 개인 포트폴리오 템플릿 만들기

이력서는 개인의 이력, 학력, 경력 등을 보여주는 구직자에게는 중요한 수단입니다. 최근 인터넷이 발전하고 다양한 플랫폼이 등장하면서 개인의 개성을 잘 보여주는 이력서나 포트폴리오가 늘어나고 있습니다. 이런 면에서 노션은 개인의 이력과 참여한 프로젝트를 잘 보여줄 수 있는 훌륭한 도구입니다. 원하는 스타일대로 포트폴리오를 꾸밀 수 있고, 참여한 프로젝트 링크를 연결하거나 다양한 보기 모드를 활용해 바로 확인할 수 있습니다. 노션 포트폴리오는 3가지 장점이 있습니다.

첫째, 포트폴리오를 원하는 스타일과 방식으로 꾸밀 수 있습니다.

둘째, 용량이나 페이지의 제한이 없어 원하는 정보를 모두 넣을 수 있습니다.

셋째, 공유 기능을 활용해 필요한 사람들에게 쉽게 포트포리오를 전달할 수 있습니다.

다음 그림은 포트폴리오 템플릿입니다. 상단은 자기 소개로 구성했고, 가운데는 경력, 학력, 전문분야로 구성했고, 하단에는 참여한 프로젝트를 바로 확인할 수 있게 구성했습니다.

아비가일(Abigail)
영어 회화 전문 강사
실전에 바로 사용하는 영어 회화 를 가르쳐드립니다.
영어 초보도 3개월 이면 외국인과 회화를 할 수 있습니다.
아비가일과 함께라면 영어 울렁증 이 사라잡니다.
콩글리쉬가 아닌 실생활 영어 를 가르칩니다.
수 많은 강의생이 추천한 영어 회화 전문 강사 입니다.
010-1234-5678
abigail@gmail.com
Facebook | Instagram | Blog
경력사항
現 팟캐스트 : 실전영어회화 운영
現 토플/IELTS/SAT 강의
現 기업 회화 강의
前 영어유치원 강사
前 개인 그룹 과외 다수
학력사항
한국외국어대학교 영어학과 졸업
한국외국어대학교 통번어대학원 졸업
한국외국어대학교 테솔 자격증
전문분야
영어회화
실전에 바로 활용할 수 있는 강의
영어 뉘앙스를 알려주는 강의
실제 원어민이 사용하는 100개 영어 표현 연습
상황에 맞는 올바른 표현 익히기
영화, 애니메이션을 활용한 시청각 교육
영어발음
체계적인 파닉스 교육
무성음과 유성음 훈련
영어 발성 연습하기
미디어를 통한 시청각 교육
영어 발음 교정
포트폴리오
포트폴리오 갤러리 보기
기업 영어 강의
영어회화 기업
학원 수업
영어발음 학교
Last update : 2021. 03. 01
Copyright © 2021. 아비가일(Abigail). all rights reserved.

그림 7.29 포트폴리오 템플릿 구성

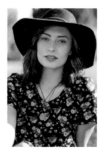

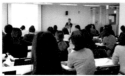

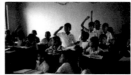

포트폴리오 템플릿을 만들려면 신규 페이지를 만들어야 합니다. 신규 페이지는 포트폴리오 메인 페이지로 사용합니다. 하위 페이지는 따로 만들 필요가 없습니다.

7.4.1. 포트폴리오 페이지 상단 만들기

01. 왼쪽 사이드바 하단에 있는 '**+ 새 페이지**' 버튼을 클릭합니다. 페이지 제목에는 이름을 입력하고 왼쪽 상단에 '전페 페이지로 열기'를 클릭하여 전체 페이지로 전환합니다.

02. 페이지 제목 아래 자기를 소개 문구를 작성해 보겠습니다. '/인용' 명령을 입력합니다. 인용에는 자신을 소개하는 문구를 입력합니다.

03. 자기소개와 사진으로 2단으로 구성하겠습니다. '/글머리 기호 목록'을 입력합니다. '/이미지' 명령을 입력합니다. 이미지 임베드의 왼쪽 핸들(⋮⋮)을 클릭하고 글머리 기호 오른쪽으로 이동해 2단을 만듭니다. 왼쪽 단을 2/3, 오른쪽 단을 1/3로 간격을 조정합니다.

그림 7.30 2단 만들고 간격 조정하기

04. 글머리 기호에는 자신의 소개를 기록합니다. 소개 문구 중에서 중요한 내용을 선택해서 드래그합니다. 텍스트 편집 팝업 창에서 **코드로 표시(〈〉)**를 클릭합니다.

그림 7.31 중요 문구를 드래그해 메뉴 팝업창에서 코드로 설정하기

05. 콜아웃 블록을 만들고 연락처를 기록해보겠습니다. '/콜아웃'을 입력합니다. 콜아웃 블록에 아래와 같이 연락처를 입력합니다. 줄바꿈을 할 때는 시프트 키와 엔터를 동시에 누릅니다.

이모지	내용
:수화기	전화번호
:이메일	이메일 주소
:노트북	Facebook ｜ Instagram ｜ Blog

그림 7.32 완성된 연락처

06. SNS 계정에 링크를 연결해보겠습니다. Facebook을 드래그하면 텍스트 편집창이 나옵니다. '/링크'를 클릭하고 SNS 계정 주소를 입력합니다. 그러면 SNS 계정으로 바로 이동할 수 있는 링크가 연결됩니다. Instagram과 Blog도 같은 방법으로 링크를 연결합니다.

그림 7.33 링크 연결하기

07. 빈칸의 왼쪽 핸들(⠿)을 클릭하고 화면 하단으로 옮겨서 2단을 탈출합니다. '/구분선'을 입력해 구분짓습니다.

그림 7.34 완성된 포트폴리오 상단

7.4.2. 포트폴리오 페이지 가운데 만들기

포트폴리오 가운데에는 경력, 학력, 전문분야를 작성하고 꾸며보겠습니다.

01. 구분선 아래의 빈칸을 클릭합니다. ':올린 엄지'를 입력하고 **올린 엄지** 아이콘을 선택합니다. 엄지 아이콘 오른쪽으로 경력사항을 기록합니다. 줄을 바꿔서 명령어 ':학교'를 입력하고 학교 아이콘을 선택합니다. 줄을 바꿔서 명령어 ':알통'을 입력하고 **알통** 아이콘을 선택합니다. 아이콘 오른쪽으로 전문분야를 입력합니다.

02. 경력사항, 학력사항, 전문분야를 전부 드래그해 블록을 만듭니다. 왼쪽 핸들(⋮⋮)을 클릭하고 '**전환 ▶ 제목2**'와 '**색 ▶ 파란색 배경**'으로 설정합니다. 블록이 설정되어 있어 3줄이 동시에 적용됩니다.

03. 학력사항 왼쪽 핸들(⋮⋮)을 클릭해 경력사항 오른쪽으로 이동해 2단을 만듭니다. 전문분야도 동일한 방법으로 학력사항 오른쪽으로 이동해 3단을 만듭니다.

04. 경력사항 아래에 '/글머리 기호 목록'을 입력합니다. 글머리 기호에는 경력사항을 입력합니다.

05. 학력사항 아래에 '/글머리 기호 목록'을 입력합니다. 글머리 기호에는 학력사항을 입력합니다.

06. 전문분야 하단에는 '영어회화'와 '영어발음'을 입력합니다. '영어회화'와 '영어발음'을 드래그해 블록을 만듭니다. 왼쪽 핸들(⋮⋮)을 클릭하고 '**전환 ▶ 제목3**'과 '**색 ▶ 분홍색 배경**'으로 설정합니다.

07. '영어발음'의 왼쪽 핸들(⋮⋮)을 클릭하고 '영어회화' 오른쪽으로 이동해 2단을 만듭니다.

08. '영어회화' 하단을 클릭하고 '/글머리 기호 목록'을 입력합니다. 글머리 기호에는 영어회화의 전문성을 작성합니다.

09. '영어발음' 하단을 클릭하고 '/글머리 기호 목록'을 입력합니다. 글머리 기호에는 영어발음의 전문성을 작성합니다.

10. 빈칸의 왼쪽 핸들(⠿)을 클릭하고 2단 탈출합니다. '/구분선'을 입력해 구분선을 만듭니다.

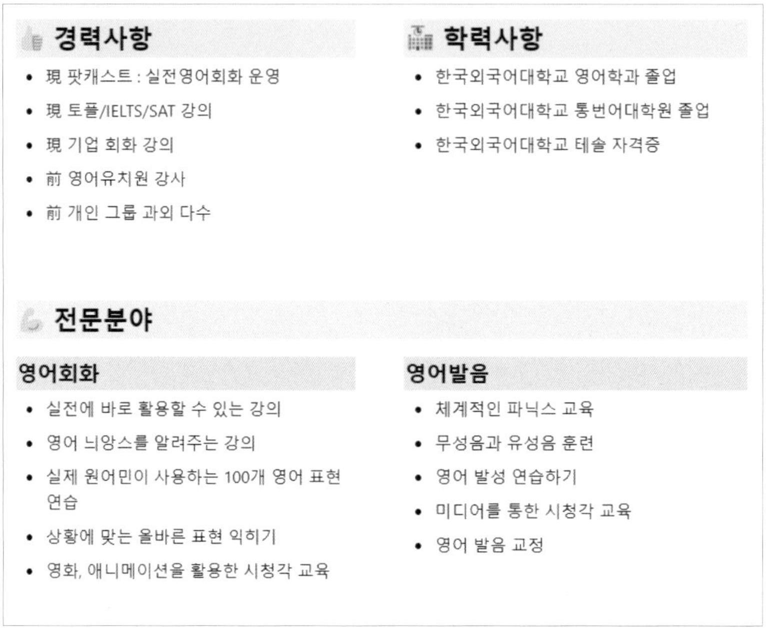

📦 경력사항

- 現 팟캐스트 : 실전영어회화 운영
- 現 토플/IELTS/SAT 강의
- 現 기업 회화 강의
- 前 영어유치원 강사
- 前 개인 그룹 과외 다수

🏛 학력사항

- 한국외국어대학교 영어학과 졸업
- 한국외국어대학교 통번어대학원 졸업
- 한국외국어대학교 테솔 자격증

✋ 전문분야

영어회화

- 실전에 바로 활용할 수 있는 강의
- 영어 뉘앙스를 알려주는 강의
- 실제 원어민이 사용하는 100개 영어 표현 연습
- 상황에 맞는 올바른 표현 익히기
- 영화, 애니메이션을 활용한 시청각 교육

영어발음

- 체계적인 파닉스 교육
- 무성음과 유성음 훈련
- 영어 발성 연습하기
- 미디어를 통한 시청각 교육
- 영어 발음 교정

그림 7.35 포트폴리오 가운데 부분 완성

7.4.3. 포트폴리오 페이지 하단 만들기

포트폴리오 하단에는 참여한 프로젝트를 표시해보겠습니다.

01. ':폴더'를 입력하고 **폴더** 아이콘을 선택합니다. 아이콘 오른쪽에 '포트폴리오'를 입력합니다. 왼쪽 핸들(⠿)을 클릭하고 '**전환 ▶ 제목2**'와 '**색 ▶ 파란색 배경**'을 선택합니다.

02. '/표 보기'를 입력하고 데이터베이스를 만듭니다. 데이터베이스의 오른쪽 기존 데이터베이스 선택 옵션 창에서 '**포트폴리오**'를 입력하고 하단에 '**＋ 새 데이터베이스: 포트폴리오**'를 클릭합니다. 데이터베이스의 오른쪽 '**＋**'를 1번 클릭하여 1개의 열을 추가합니다. 데이터베이스의 열의 이름을 클릭하면 속성 메

뉴가 나옵니다. 속성 메뉴에서 '속성 편집'을 클릭하면 데이터베이스 오른쪽에 속성 편집 옵션 창이 나옵니다. 속성 편집 옵션 창에서 아래의 이름과 속성으로 변경합니다.

위치	이름	속성	사용방법
1번째	이름	제목	참여한 프로젝트명을 입력합니다.
2번째	태그	다중선택	프로젝트와 관련 있는 키워드를 입력합니다. 예) 영어회화, 영어발음, 영작문 등
3번째	날짜	날짜	캘린더에 프로젝트 기간을 선택합니다.

03. 포트폴리오 데이터베이스 상단의 '**표**'를 클릭하면 메뉴가 나옵니다. 메뉴에서 '**보기 편집**'을 클릭하고 오른쪽 보기 설정에서 레이아웃을 선택합니다. 레이아웃 옵션에서 '**갤러리**'를 선택하면 갤러리 보기로 전환됩니다.

04. 표의 오른쪽 상단에 있는 메뉴(···)를 클릭하고 **속성**을 선택합니다. 속성 옵션은 '이름'과 '태그'는 켜기로 하고 '날짜'는 끄기로 설정합니다.

05. 갤러리 하위 페이지에 포트폴리오 템플릿을 만들어보겠습니다. 데이터베이스의 오른쪽 **새로 만들기** 버튼의 아래 화살표(▼)를 클릭합니다. 템플릿 옵션 창에서 '**+ 새 템플릿**'을 클릭해 하위 페이지로 이동합니다.

06. 하위 페이지 제목은 '포트폴리오'로 입력합니다. 왼쪽 상단의 **페이지로 열기**(↗)를 클릭해 전체 페이지로 전환합니다.

07. '/이미지'를 입력해 이미지 임베드를 생성합니다. 포트폴리오를 작성할 때 이미지를 삽입합니다.

08. '프로젝트 내용'을 입력합니다. 왼쪽 핸들(⠿)을 클릭하고 '**전환 ▶ 제목3**'으로 설정합니다.

09. '/글머리 기호 목록'을 입력합니다. 포트폴리오 작성 시 참여한 프로젝트에 대한 설명을 입력합니다.

10. '/북마크'를 입력합니다. 포트폴리오 작성 시 참여한 프로젝트가 SNS, 블로그, 신문 기사 등의 웹페이지가 있으면 북마크를 활용해 표시합니다.

11. 왼쪽 상단의 '← **뒤로**'를 클릭해 템플릿을 저장합니다.

12. 갤러리 데이터베이스의 카드를 클릭해 하위 페이지로 이동합니다. '**포트폴리오**' 버튼을 클릭해 포트폴리오 템플릿을 만들고 포트폴리오를 기록합니다.

13. 갤러리 보기 아래를 클릭하고 '/구분선'을 입력합니다.

14. 맨 아래에는 포트폴리오의 최종 업데이트 날짜와 저작권 표시를 해 보겠습니다. 'Last update'를 입력하고 최종 업데이트한 날짜를 입력합니다. 그리고 'Copyright © 2021. 홍길동. all rights reserved.'를 입력해 저작권 표시를 합니다.

그림 7.36 완성된 포트폴리오 하단

7.4.4. 포트폴리오 템플릿 완성

나만의 콘텐츠를 관리할 수 있는 포트폴리오 템플릿을 완성했습니다. 완성된 템플릿은 http://bit.ly/2WuYYzK에서 확인할 수 있습니다.

퍼스널 브랜딩에는 포트폴리오가 매우 중요합니다. 완성된 포트폴리오는 SNS에 올려서 홍보를 해 보세요. 명함이나 이력서를 요청하는 거래 업체에 포트폴리오를 공유해보세요. 나를 알리고 나의 전문성을 알리는 데 도움이 됩니다. 다른 사람들과 차별화된 포트폴리오는 나의 가치를 더욱 높여 줄 것입니다.

A.1. 작업 속도를 2배로 올려줄 단축키와 명령어

슬래시(/) 명령어

노선은 모든 기능을 슬래시(/) 명령어를 활용해 사용할 수 있습니다. 기존의 프로그램처럼 상단에 메뉴바가 있는 것이 아닙니다. 슬래시(/)로 텍스트 편집부터 이미지 삽입, 임베드, 데이터베이스 만들기 등의 작업을 할 수 있습니다. 슬래시(/)의 기능을 익히면 노션 작업 속도를 2배로 올려 줄 수 있습니다.

부록 A.1 슬래시(/) 명령어

슬래시를 사용하는 방법은 두 가지가 있습니다. 첫째는 슬래시를 입력하고 메뉴 팝업 창에서 메뉴를 하나씩 살펴보면서 필요한 기능을 선택하는 방법입니다. 이 방법은 처음 노션을 배울 때 사용하는 방법입니다. 슬래시로 사용할 수 있는 메뉴를 하나씩 살펴보면서 노션의 기능을 익히는 것입니다. 하지만 이 방법은 필요한 기능을 하나씩 찾아야 하기에 작업의 속도가 떨어집니다. 두 번째 방법은 슬래시와 명령어를 같이 사용하는 방법입니다. 예를 들어, "/이미지"와 같이 슬러시(/) 뒤에 "이미지"를 입력하면 이미지를 임베드하는 메뉴가 나옵니다. 평소에 자주 사용하는 명령어를 외워서 슬러시와 같이 사용한다면 작업 속도를 2배 향상할 수 있습니다.

작업 속도를 2배 향상할 수 있는 슬러시 + 명령어는 다음과 같습니다.

01. **/표 보기**: 페이지에 표 데이터베이스를 만듭니다.

02. **/페이지**: 현재 있는 페이지에서 하위 페이지를 만듭니다.

03. **/링크된 데이터베이스 보기**: 원본 데이터베이스와 동일한 데이터베이스를 만듭니다.

04. **/파란색** 또는 **/파란색 배경**: 글자 색이나 배경의 색상을 변경합니다.

05. **/제목1** 또는 **/제목2 또는 제목3**: 글자의 크기를 변경합니다.

06. **/할 일 목록**: 체크박스를 만듭니다

07. **/글머리 기호 목록**: 불릿 기호를 만듭니다.

08. **/인용**: 인용문을 만듭니다.

09. **/콜아웃**: 콜아웃 상자를 만듭니다

10. **/토글**: 토글 목록을 만듭니다.

11. **/목차**: 페이지의 개요를 보여줍니다.

12. **/이모지**: 이모지 옵션 창에서 이모지를 선택합니다.

13. **/임베드**: 임베드 블록을 만듭니다.

14. **/PDF**: PDF 블록을 만듭니다.

이 외에 자주 사용하는 슬러시 명령어를 외워서 사용하면 노션 작업 속도가 빨라집니다.

A.2. 마크다운 스타일 문법

노션은 마크다운 문법을 사용하여 텍스트나 문서를 편집합니다. 마크다운이란 텍스트로 서식을 만드는 경량 마크업 언어입니다. 마크다운은 #, -, 〉와 같은 특수기호와 문자를 활용하여 빠르게 문서 작성과 편집을 할 수 있습니다. 마크다운은 기존에 사용하던 아래아 한글이나 마이크로소프트 워드처럼 프로그램 상단의 메뉴바에서 기능을 선택해서 문서를 편집하는 방식과 다릅니다. 노션을 처음 사용하는 사용자들에게는 마크다운이 생소하고 불편할 수밖에 없습니다. 하지만 마크다운은 쉽게 배울 수 있고, 작업 속도를 향상할 수 있기에 노션을 활용하는 데 필수입니다. 노션에서 많이 사용하는 마크다운 문법을 살펴보겠습니다.

첫 번째는 글자의 크기를 바꾸는 마크다운 문법입니다.

글자 크기를 조절할 수 있는 마크다운 문법은 #입니다. 노션에서는 제목1-제목2-제목3-텍스트 총 4가지의 글자 크기를 사용할 수 있습니다. #의 개수만큼 글자의 크기가 변경됩니다. 빈칸에 # 한 개를 입력하고 스페이스 바를 누르면 제목1로 변경됩니다. ##를 입력하고 스페이스 바를 누르면 제목2, ###를 입력하고 스페이스 바를 누르면 제목3으로 변경됩니다. 노션은 제목3까지만 지원하기에 #을 네 번 입력하면 글자의 크기가 변경되지 않고 '####' 가 표시됩니다.

두 번째는 글자의 서체를 바꾸는 마크다운 문법입니다.

글자를 굵게(볼드체) 만드는 마크다운 문법은 **입니다. 글자 앞뒤에 **를 붙이면 굵게가 적용됩니다. 예를 들어 **노션**으로 입력하면 볼드체로 전환됩니다.

이탤릭체를 만드는 마크다운 문법은 *입니다. 여기서 주의할 점은 볼드체는 ** 2개이고 이탤릭체는 * 1개입니다. *를 글자 앞뒤에 붙이면 이탤릭체가 됩니다. 예를 들어, *노션*으로 입력하면 이탤릭체가 됩니다.

텍스트를 코드로 변환하는 마크다운 문법은 입니다. 를 텍스트 앞뒤에 붙이면 글자가 코드로 바뀝니다. 예를 들어, 노션을 입력하면 노션이 코드로 전환됩니다.

취소선을 만드는 마크다운 문법은 ~입니다. 텍스트 앞뒤에 ~를 붙이면 해당 텍스트에 취소선이 생깁니다. 예를 들어, ~노션~을 입력하면 노션에 취소선이 표시됩니다.

세 번째는 문서 편집에 도움을 주는 마크다운 문법입니다.

할 일 목록을 만드는 마크다운 문법은 []입니다. 빈칸에 []를 입력하고 스페이스 바를 누르면 체크박스가 만들어집니다. 엔터를 누르면 체크박스가 계속 만들어집니다.

글머리 기호 목록을 만드는 마크다운 문법은 – 입니다. 빈칸에 – 를 누르고 스페이스 바를 누르면 불릿 기호가 만들어집니다. 엔터를 누르면 불릿 기호가 계속해서 만들어집니다.

번호 매기기 목록을 만드는 마크다운 문법은 1입니다. 빈칸에 1을 누르고 스페이스 바를 누르면 번호 매기기가 만들어집니다. 엔터를 누르면 번호가 증가하게 됩니다.

토글 목록을 만드는 마크다운 문법은 〉입니다. 빈칸에 〉을 누르고 스페이스 바를 누르면 토글이 만들어집니다. 엔터를 누르면 토글이 계속 만들어집니다.

인용구를 만드는 마크다운 문법은 | 입니다. 빈칸에 |를 누르고 스페이스 바를 누르면 인용구 블록이 만들어집니다. 만약 텍스트가 있으면 텍스트 맨 앞에서 |와 스페이스를 누르면 인용구 블록이 만들어지고 텍스트가 인용구 블록 안에서 자동 삽입됩니다.

구분선을 만드는 마크다운 문법은 –(대시)를 세 번 연달아 입력하는 것입니다. ---를 입력하면 구분선이 자동으로 만들어집니다. 구분선을 사용할 때 주의할 점은 볼드체, 이탤릭체 등은 표나 콜아웃 등에서 사용할 수 있지만 구분선은 사용할 수 없습니다. 반드시 빈 줄에서 구분선을 사용하세요.

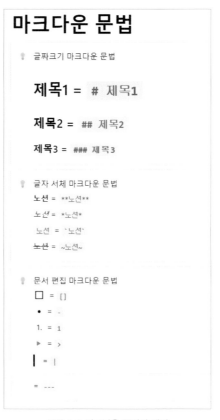

부록 A.2 마크다운 문법과 예시

위의 마크다운 명령어만 알고 있어도 텍스트를 수정하거나 편집할 때 유용하게 사용할 수 있습니다. 간단하면서 빠르게 작업할 수 있도록 도와주는 마크다운 문법을 배워보세요. 작업 속도가 2배로 증가할 것입니다.

A.3. 빠른 실행을 도와주는 단축키

단축키는 노션의 특정 기능을 키보드로 명령어를 입력하여 수행하도록 지정된 키입니다. 작업 속도를 향상하려면 마우스보다 단축키를 사용하는 것이 더 빠릅니다. 노션의 작업 속도를 향상할 수 있는 단축키를 살펴보겠습니다.

첫 번째로 페이지와 관련된 단축키를 살펴보겠습니다.

신규 페이지 생성은 ctrl + n입니다. 신규 페이지를 만들고 싶은 페이지에서 ctrl + n을 누르면 신규 페이지가 만들어집니다. 이전 페이지로 이동하고 싶으면, ctrl + [을 누르고 다음 페이지로 이동할 때는 ctrl +]을 누릅니다. 마우스로 뒤로 가기를 클릭하는 것보다 단축키가 훨씬 빠릅니다. 페이지 생성과 이동은 마우스보다는 단축키를 사용하는 습관을 길러보세요.

부록 A.3 신규 페이지 생성

두 번째는 왼쪽 사이드바와 관련된 단축키를 살펴보겠습니다.

왼쪽 사이드바에는 설정과 개인페이지, 휴지통 등이 있습니다. 노션의 전체 화면을 사용하고 싶다면, ctrl + ₩를 눌러보세요. 왼쪽 사이드바가 숨겨집니다. 다시 ctrl + ₩을 누르면 왼쪽 사이드바가 보입니다. 문서 작업이나 편집 등을 할 때 유용하게 사용할 수 있습니다. 빠른 검색은 ctrl + p입니다. 노션 페이지에서 특정한 내용을 찾을 때는 ctrl + p를 눌러 빠른 검색을 열어서 검색을 할 수 있습니다.

부록 A.4 ctrl + \ 페이지 숨기기

세 번째로 텍스트 편집이나 수정과 관련된 단축키를 살펴보겠습니다.

줄 바꿈은 블록의 범위 내에서 줄을 변경하여 텍스트를 입력할 수 있는 기능입니다. 예를 들어, 콜아웃 상자에서 텍스트를 입력하고 엔터를 누르면 콜아웃 상자를 벗어납니다. 하지만, 줄 바꿈을 하면 콜아웃 상자에서 줄을 바꿔 텍스트를 계속 입력할 수 있습니다. 줄 바꿈 단축키는 shift + 엔터(enter)입니다. 줄 바꿈은 콜아웃, 표, 글머리 기호 목록 등에서 사용할 수 있습니다.

부록 A.5 shift + Enter 줄바꿈

들여쓰기는 탭(tab)입니다. 들여쓰기는 문장의 시작점을 오른쪽으로 당겨서 다른 문장과 구별하는 것입니다. 즉, tab을 누르면 왼쪽에서 한글은 두 칸, 영문은 네 칸이 이동한 상태가 됩니다. 만약 글머리 기호 목록에서 tab을 누르면 들여쓰기가 되면서 불릿 기호의 모양도 바뀌게 됩니다. 할 일 목록에서 tab을 누르면 계층적인 할 일 목록도 만들 수 있습니다. 들여쓰기의 반대는 내어쓰기입니다. 내어쓰기는 문장의 시작점을 원래 위치로 되돌립니다. 내어쓰기 단축키는 shift + tab입니다. 글머리 기호 목록, 할 일 목록 등의 불릿 기호나 체크박스가 원래 위치로 되돌아가고 불릿 기호의 모양도 원래의 모양으로 돌아옵니다.

들여쓰기, 내어쓰기

- Tap은 들여쓰기, Shift + Tap은 내어쓰기
  ◦ Tap 들여쓰기
- Shift + Tap은 내어쓰기

부록 A.6 들여쓰기, 내어쓰기

토글은 하위의 내용을 닫거나 열 수 있습니다. 토글을 여는 단축키는 ctrl + alt + t 입니다. ctrl + alt + t를 한 번 누르면 토글이 닫히고, 한 번 더 누르면 토글이 열립니다. 여러 개의 토글을 마우스로 드래그하여 블록으로 지정하고 ctrl + alt + t를 누르면 토글이 동시에 닫히거나 열립니다. 토글을 하나씩 닫거나 열어야 할 때 단축키를 사용해보세요.

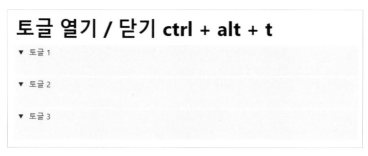

토글 열기 / 닫기 ctrl + alt + t

▼ 토글 1

▼ 토글 2

▼ 토글 3

부록 A.7 ctrl + alt + t로 모든 토글 열기

노션 페이지에 있는 블록을 복제하는 단축키는 ctrl + d입니다. 콜아웃, 글머리 기호 목록, 인용구 등의 모든 것을 복제할 수 있습니다. 단, 데이터베이스를 복제하면 새로운 데이터베이스가 만들어집니다. 기존의 데이터베이스를 복사해서 사용하려고 하면 '/링크된 데이터베이스 보기'를 사용해야 합니다.

부록 A.8 ctrl + d 복제

단축키는 작업의 속도를 향상하려면 반드시 알아야 합니다. 이번 절에서 설명하 단축키를 한 번씩 연습해 보세요. 그러면 금방 익숙해지고 작업의 속도도 향상될 것입니다.

A.4. 자료를 빠르게 찾는 빠른 검색 기능

노션을 업무에 사용하다 보면 업무에 관련된 데이터와 정보를 입력하게 됩니다. 그리고 때로는 입력한 데이터와 정보를 찾지 못할 때도 있습니다. 이럴 때는 빠른 검색 창(단축키 ctrl + p)에서 키워드나 단어를 입력하여 원하는 데이터와 정보를 입력하여 찾는 방법이 있습니다.

빠른 검색은 두 단계로 원하는 데이터와 정보를 찾을 수 있습니다. 첫 번째는 단어나 키워드를 입력하면 페이지를 검색하여 보여주는 방법입니다. 만약, 원하는 정보를 찾았다면 해당 페이지를 눌러서 이동합니다. 두 번째는 원하는 정보나 페이지를 찾지 못했을 때 빠른 검색 창 오른쪽 상단에 있는 '필터추가'를 클릭하여 조건을 설정하여 검색하는 방법입니다. '필터추가'를 클릭하면 오른쪽 사이드바가 나오고, 필터링할 조건을 추가할 수 있습니다.

'제목만 일치'를 켜기로 설정하면 페이지의 제목이나 데이터베이스의 제목만 검색합니다.

'삭제된 항목만'을 켜기로 설정하면 삭제된 페이지나 데이터베이스에서 검색합니다.

빠른 필터 탭에서 '내가 작성한 콘텐츠'를 클릭하면 내가 작성한 페이지나 데이터베이스에서 검색합니다. 자신 외에 다른 사람도 추가할 수 있습니다.

'지난 주에 편집'은 오늘을 기준으로 지난 주에 작업한 페이지나 데이터베이스에서 검색합니다. 검색 날짜는 변경할 수 있습니다.

'현재 페이지'는 지금 작업하고 있는 페이지에서 검색합니다.

추가 필터 탭에서 '페이지 내 콘텐츠'는 검색하고자 하는 페이지를 선택할 수 있습니다.

'생성자'는 페이지나 데이터베이스를 만든 사람으로 검색할 수 있습니다.

'생성일'은 페이지나 데이터베이스를 만든 날짜를 필터링하여 검색할 수 있습니다. 시작일과 종료일을 설정할 수 있습니다.

'최종 편집'은 페이지나 데이터베이스를 최종적으로 수정한 날짜를 필터링하여 검색할 수 있습니다. 시작일과 종료일을 설정할 수 있습니다.

부록 A.9 빠른 검색과 필터 추가 옵션

A.5. 태그를 활용한 분류 체계를 만들어 검색하기

때로는 빠른 검색만으로는 원하는 데이터나 정보를 찾기 어려울 때가 있습니다. 이럴 때는 검색 기능에만 의지하지 말고, 자체적으로 분류 시스템을 만들어야 합니다. 중요한 데이터나 정보를 '#해시태그'를 사용하여 분류하면 빠르고 정교한 검색을 할 수 있습니다.

에버노트, 롬 리서치, 옵시디언 등과 같은 메모 앱들은 '#해시태그'로 태그를 만들 수 있습니다. 하지만 노션에서는 '#해시태그'로 태그를 만드는 기능은 지원하지 않습니다. '#해시태그'는 노션 전체 페이지의 지도와 같은 역할을 합니다. 노션의 모든 페이지에 저장된 데이터와 정보에 대한 꼬리표를 달아주기에 빠르고 정교한 검색이 가능해집니다.

예를 들어, 업무와 관련된 할일 목록이 있는 페이지에 '#체크리스트'를 입력합니다. 빠른 검색에서 '#체크리스트'를 입력하면 '#체크리스트'가 있는 페이지가 상단에 표시됩니다. '#체크리스트'가 있는 모든 페이지나 데이터베이스가 검색됩니다. 표 데이터베이스의 하위 페이지도 검색됩니다.

부록 A.10 #체크리스트 검색

'#체크리스트'와 같이 분류 시스템을 만들면 빠른 검색을 통해 노션 페이지에 흩어져 있는 체크리스트를 한 번 모아서 볼 수 있다는 장점이 있습니다. '#체크리스트'를 활용하면 업무에서 체크리스트를 누락하는 일은 없게 됩니다. 이때 주의할 점은 완료가 된 태그는 삭제해야 합니다. 체크리스트가 완료됐으면 태그를 삭제해야 합니다. 그렇지 않으면 완료된 체크리스트가 계속 검색됩니다.

검색 기능에만 의존하지 말고, 나만의 업무 분류 시스템을 만들어야 합니다. 자주 하는 업무나 중요한 업무는 #중요, #긴급, #보고 등과 같은 태그를 만들어 보세요. 업무가 아니더라도 개인과 관련된 태그 #일정, #쇼핑, #버킷리스트 등과 같은 태그도 만들어보세요. 태그를 활용하여 원하는 데이터와 정보를 빠르게 찾을 수 있습니다.

A.6. 대표적인 커뮤니케이션 협업 도구, 슬랙과 연동하기

노션은 팀이나 회사에서 프로젝트를 관리하는 데 유용한 앱입니다. 노션을 활용하면 업무를 협업할 수 있고, 원활한 업무 커뮤니케이션이 가능해집니다. 예를 들어, 노션의 캘린더를 사용하면 팀원들과 일정을 관리할 수 있고, 노션에서 작성한 서류는 팀원들과 공동으로 수정하거나 편집할 수 있습니다. 노션은 업무 관리나 프로젝트 관리에 있어서 팀이나 회사의 생산성을 높여줄 수 있습니다.

이러한 노션의 장점에도, 노션의 약점은 채팅 기능입니다. 노션에도 댓글 기능이나 사용자를 소환할 수 있는 기능이 있지만, 실시간 대화를 하는 메신저로 사용하기에는 부족합니다. 비대면이나 재택 근무할 때는 업무를 지시하거나 보고받을 때 사용할 수 있는 메신저가 있어야 합니다. 여러 가지 메신저가 있지만, 노션과 연동되면서 협업에 도움이 되는 메신저는 바로 슬랙(slack)입니다.

슬랙은 협업툴 기반의 메신저입니다. 슬랙은 게임 회사에서 협업을 위해 개발된 메신저입니다. 회사에서 협업으로 사용하던 메신저이기에, 협업에 특화된 메신저입니다. 그래서 많은 기업과 직장인들은 슬랙을 도입하여 업무에 활용하고 있습니다.

슬랙의 장점은 노션, 구글 드라이브, 구글 캘린더와 같은 앱과 연동이 가능하다는 것입니다. 다른 앱과 호환성이 높기 때문에 기존의 데이터를 슬랙으로 가져와서 활용할 수 있습니다. 또한 메신저의 기능도 충실하여 팀원들과 원활한 업무 커뮤니케이션을 할 수 있습니다. 하지만 슬랙으로 대화가 쌓이게 되면 업무 정리하는 것이 쉽지 않다는 단점이 있습니다. 업무의 데이터나 정보를 찾기 위해 메신저를 검색하거나 하나씩 찾아야 합니다. 또한 슬랙 자체만으로 문서 작성이 되지 않아서 문서 프로그램을 따로 사용해야 한다는 것도 단점입니다.

협업에 필요한 모든 기능이 있는 노션과 강력한 메신저 기능이 있는 슬랙을 같이 사용한다면 업무의 생산성을 2배로 향상할 수 있습니다. 노션으로 업무에 필요한 서류를 작성 및 공유하고, 슬랙으로 팀원들과 업무 커뮤니케이션을 할 수 있습니다. 재택근무나 비대면 근무에서 두 가지 앱을 활용하면 높은 생산성을 유지할 수 있습니다. 노션의 장점과 슬랙의 장점을 동시에 사용할 수 있는 방법을 살펴보겠습니다.

노션과 슬랙을 연동하면 한 개의 노션 페이지와 슬랙의 채널이 연결됩니다. 노션의 업무일지를 예로 들어 노션과 슬랙을 연결하는 방법을 살펴보겠습니다.

1. 슬랙 웹 페이지로 이동하여 로그인합니다. 슬랙에서 노션과 연결할 '업무일지' 채널을 만듭니다.

2. 노션으로 이동하여 로그인합니다. 슬랙과 연동할 페이지로 이동합니다.

3. 슬랙과 연동할 노션 페이지의 오른쪽 상단 ⋯ 메뉴를 클릭하고 메뉴에서 'Slack 채널 연결'을 클릭합니다.

4. 슬랙 웹 페이지가 열리고 노션에서 슬랙 워크스페이스에 접근하기 위해 권한을 요청합니다. 화면 하단에서 노션과 연동할 '업무일지' 채널을 선택하고 '허용' 버튼을 클릭합니다.

5. 권한을 허락하면 슬랙 페이지에서 노션의 업무일지 페이지로 이동합니다. 노션 페이지의 오른쪽 상단의 ⋯ 메뉴를 클릭했을 때 '노션 Slack 채널에 연결됨'으로 표시되면 노션과 슬랙이 연결된 것입니다. 슬랙 채널에서도 업무일지 채널과 노션의 업무일지 페이지가 연결된 것을 확인할 수 있습니다.

부록 A.11 슬랙 '업무일지' 채널 생성

부록 A.12 노션 메뉴에서 'Slack 채널 연결' 클릭

부록 A.13 노션과 슬랙 채널 권한 설정

부록 A.14 노션 페이지와 슬랙 채널 연결

부록 A.15 슬랙 채널에서 노션과 연결 현황 확인

이처럼 노션과 슬랙의 연동은 어렵지 않습니다. 노션과 슬랙을 효율적으로 활용할 수 있는 방법은 두 가지입니다. 첫째는 노션 페이지에 업무일지를 작성하고 팀장에게 슬랙으로 보고하는 것입니다. 슬랙과 연동된 페이지에 업무일지 데이터베이스를 만듭니다. 업무일지에는 날짜별로 업무일지와 보고할 내용 등을 작성합니다. 팀장은 슬랙을 통해 업무일지를 확인할 수 있기에 팀원들의 업무 진행 상황을 파악할 수 있습니다.

둘째는 결재나 검토를 요청할 수 있습니다. 슬랙과 연동된 페이지에 결재나 검토받아야 하는 페이지 링크를 만들어서 팀장에게 공유합니다. 팀장은 슬랙의 채널을 통해 결재나 검토를 요청 받은 노션 페이지로 이동하고 피드백을 슬랙으로 남깁니다. 이런 워크플로우를 만들면 업무의 히스토리가 남게 되고, 업무의 진행 상황을 점검할 수 있습니다.

노션과 슬랙을 연동해서 사용하면 업무에 효율성을 두 배로 향상할 수 있습니다. 처음에는 팀원들과 노션과 슬랙을 사용하는 것이 쉽지는 않습니다. 하지만 팀원들과 시간을 가지고 노션과 슬랙을 사용하다 보면 업무 체계를 구축할 수 있습니다. 어렵다고 포기하지 말고 팀의 생산성을 높여보세요.

A.7. 새로운 프로젝트를 위한 새 워크스페이스 활용하기

노션은 워크스페이스 – 페이지 – 데이터베이스의 순서로 구성돼 있습니다. 워크스페이스는 서류를 보관하는 2공 바인더와 같습니다. 워크스페이스를 업무별, 개인의 용도별로 만들고 관련 정보나 자료를 보관하는 것이 효율적입니다. 여기서 주의해야 할 점은 워크스페이스간은 데이터베이스나 페이지를 이동할 수 는 있지만 연동되지는 않습니다. 바인더에 있는 서류를 빼서 다른 바인더에 옮기는 것과 같은 이치입니다. 따라서 용도별로 워크스페이스를 만들어서 정보와 자료를 관리하는 것이 좋습니다.

워크스페이스는 업무별, 개인의 용도별로 만들어야 합니다. 그 이유는 업무와 개인의 자료와 정보가 섞이지 않게 하려는 것입니다. 예를 들어, 업무 워크스페이스에서 빠른 검색을 하면 업무 워크스페이스에 있는 정보와 자료만 검색이 가능합니다. 개인 워크스페이스에 있는 정보와 자료는 검색되지 않습니다. 또한, 링크된 데이터베이스 보기 기능을 사용할 때 업무 워크스페이스에 있는 데이터베이스만 사용할 수 있기에 개인 데이터베이스와 혼동하는 일이 발생하지 않습니다.

워크스페이스 만드는 방법을 살펴보겠습니다.

1. 왼쪽 사이드바 상단에 있는 워크스페이스를 클릭하면 워크스페이스 목록이 나옵니다.

2. 목록의 오른쪽 상단에 있는 …을 클릭하고 '워크스페이스 생성 또는 참여'를 선택합니다. 그러면 워크스페이스를 개인용으로 사용할 것인지 팀용으로 사용할 것인지 선택하는 옵션이 나옵니다. 워크스페이스 설정은 '1.3.3. 용도 설정'을 참고해주세요.

3. 새로 만든 워크스페이스에서 왼쪽 사이드바의 '설정과 멤버'를 클릭하고 워크스페이스 탭에서 설정을 클릭합니다.

4. 이름 옵션 창에 워크스페이스 이름을 입력합니다. 예를 들면, '업무일지'로 입력합니다.

5. 아이콘을 클릭하면 이모지 옵션 창이 나옵니다. 업무와 관련
된 이모지를 선택합니다. 워크스페이스의 아이콘은 이모지
보다는 색깔로 구별하는 것이 좋습니다. 예를 들어, 필터 옵
션 창에 '파란색 사각형'을 입력하고 파란색 사각형을 선
택합니다.

부록 A.16 새로운 워크스페이스 만들기

부록 A.17 워크스페이스 용도 설정하기

부록 A.18 이름과 아이콘 설정하기

워크스페이스의 아이콘을 색깔로 하는 것은 용도를 쉽게 구별하기 위한 목적입니다. 예를 들어, 해외 업무 관련 워크스페이스는 '빨간색 사각형'을 사용하고, 국내 업무 관련 워크스페이스는 '파란색 사각형'을 사용하고, 개인과 관련된 워크스페이스는 '노란색 사각형'으로 합니다. 마치, 바인더를 색깔별로 동일한 업무를 표시하는 것과 같은 원리입니다.

워크스페이스를 체계적으로 만들고 관리하는 것이 결국 업무의 생산성을 높이는 방법입니다. 그렇다고 불필요하게 많은 워크스페이스를 만드는 것은 오히려 업무의 생산성을 떨어뜨릴 수 있으니 적당한 워크스페이스를 만들어보세요.

A.8. 인터넷에 있는 각종 정보를 스크랩하는 웹 클리핑

데스크톱이나 모바일로 웹 서핑을 하다 보면 좋은 정보나 자료를 발견하게 됩니다. 좋은 정보와 자료는 한 번 보고 지나가면 다시 찾기가 쉽지 않습니다. 이럴 때는 노션의 데스크톱 웹 클리퍼와 모바일 웹 클리퍼 서비스를 사용하면 언제 어디서나 웹 페이지를 저장할 수 있습니다. 노션으로 클리핑한 자료는 데스크톱이나 모바일에서 확인할 수 있습니다. 저장된 페이지는 수정 및 편집이 가능하기에 업무에 활용할 수도 있고, 개인 지식관리에도 활용할 수 있습니다.

A.8.1. 웹 클리핑 사용을 위한 웹 클리퍼 설치

클리핑하려면 우선 노션 웹 클리퍼를 내려받아야 합니다. 먼저 노션 웹 클리퍼 페이지(https://www.notion.so/ko-kr/web-clipper)로 이동합니다. 웹 클리퍼 데스크톱 버전은 윈도우즈(windows), macOS에서 사용할 수 있고, 모바일 버전은 iOS, 안드로이드에서 사용할 수 있으며 웹 클리퍼를 사용할 수 있는 브라우저는 크롬, 사파리, 파이오폭스입니다. 데스크톱 환경에서는 웹 클리퍼 프로그램을 내려받아야 클리핑 할 수 있지만, 모바일에서는 웹 클리핑을 기본으로 제공하기 때문에 내려받을 필요가 없습니다.

부록 A.19 노션 웹 클리퍼 페이지

노션 웹 클리퍼를 내려받고 활용하는 방법은 윈도우즈 데스크톱의 크롬 브라우저를 예를 들어 설명하겠습니다. 노션 웹 클리퍼 페이지에서 'Chrome용 설치' 버튼을 클릭하면 크롬 웹 스토어로 이동합니다. 크롬 웹 스토어의 오른쪽 상단에 있는 'Chrome에 추가'를 클릭하면 크롬 노션 웹 클리퍼가 설치됩니다. 설치가 완료되면 크롬의 주소창 오른쪽에 노션 아이콘이 생깁니다. 이 아이콘이 노션 웹 클리퍼입니다. 노션 웹 클리퍼를 클릭하면 노션 로그인창이 열립니다. 노션에 로그인하면 노션 웹 클리퍼를 사용하여 웹 페이지를 노션에 저장할 수 있게 됩니다.

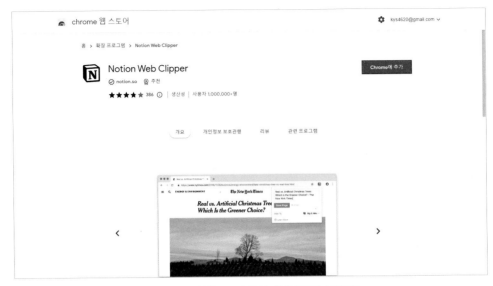

부록 A.20 크롬 웹 스토어에서 노션 웹 클리퍼 설치하기

노션 웹 클리퍼를 사용해 웹 페이지를 클리핑해 보겠습니다. 클리핑할 페이지로 이동합니다. 크롬 주소창 오른쪽에 있는 노션 웹 클리퍼를 클릭하면 클리핑 옵션이 나옵니다. 클리핑 옵션의 상단에는 제목을 입력합니다. 'Add to'는 웹 페이지를 저장할 페이지나 데이터베이스를 선택합니다. 'Workspace'는 저장할 워크스페이스를 선택합니다. 워크스페이스를 선택할 경우에는 Add to가 워크스페이스에 맞게 바뀝니다. 순서상, 워크스페이스를 먼저 선택하고 Add to를 선택합니다.

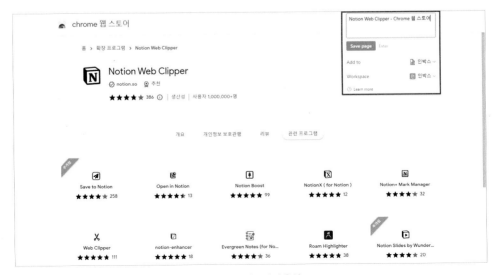

부록 A.21 웹 클리핑 옵션

A.8.2. 스마트폰에서 웹 클리핑 사용하기

스마트폰에서 웹 페이지를 클리핑하는 방법은 데스크톱에서 클리핑하는 방법과 크게 다르지 않습니다. iOS나 안드로이드의 브라우저에서 클리핑할 페이지를 찾았으면 브라우저의 메뉴를 클릭하고 공유를 선택합니다. 공유에서 옵션에서 노션 아이콘을 선택하면 데스크톱과 동일한 클리핑 옵션 창이 나옵니다.

클리핑할 페이지의 제목을 입력하고, 인박스 데이터베이스가 있는 워크스페이스를 선택한 다음, 추가 대상에서는 인박스 데이터베이스를 선택합니다. 그러면 인박스 데이터베이스에 클리핑한 페이지의 제목, 날짜, URL이 저장됩니다. 인박스 데이터베이스에서 하위 페이지로 이동하면 클리핑한 페이지를 확인할 수 있습니다.

클리핑할 때 주의할 점은 모든 웹 페이지가 저장되지는 않는다는 점입니다. 저작권 문제가 있거나 마우스 오른쪽 버튼의 클릭이 제한된 일부 페이지는 클리핑이 되지 않습니다. 웹 클리핑 후에는 클리핑이 제대로 됐는지 확인하는 것이 좋습니다. 웹 클리핑이 제대로 되지 않는다면 클리핑할 페이지의 URL를 복사하여 인박스 데이터베이스에 페이지의 제목을 입력하고 URL을 기록하세요.

또한 클리핑한 자료를 정리하지 않고 관리하지 않으면 활용도가 떨어집니다. 클리핑한 후에는 인박스 데이터베이스로 이동하여 분류 속성에 클리핑한 페이지의 분류를 선택해야 합니다. 분류를 활용해야 클리핑한 페이지의 활용도가 높아집니다. 분류되지 않은 클리핑 자료는 다시 읽어보며 내용을 파악해야 합니다. 분류가 이런 수고를 줄여줍니다. 클리핑한 후에는 반드시 클리핑한 페이지를 분류해야 합니다.

A.8.3. 웹 클리핑을 가장 효과적으로 관리하는 데이터베이스

노션 웹 클리퍼를 효과적으로 관리하는 방법은 인박스 데이터베이스를 만드는 것입니다. 클리핑한 웹 페이지를 여러 페이지나 데이터베이스에 보관하는 것이 아닌 클리핑 전용 데이터베이스에 보관하는 것입니다. 인박스 데이터베이스가 있으면 클리핑할 때마다 어디에 저장해야 할지 고민할 필요가 없습니다. 또한 웹 페이지의 URL이나 클리핑한 날짜도 자동으로 생성되므로 검색이나 관리가 용이해집니다.

그럼, 클리핑 자료를 보관할 인박스 데이터베이스를 만들어 보겠습니다. ctrl + N을 누르고 신규 페이지를 하나 만듭니다. 신규 페이지 하단의 데이터베이스 탭에서 '표'를 선택합니다. 그러면

'표 데이터베이스 – 전체 페이지'가 만들어집니다. 화면 오른쪽 옵션 창에서 '인박스'를 입력하고 하단의 **'+ 새 데이터베이스: 인박스**'를 클릭합니다. 그러면 인박스 데이터베이스가 만들어집니다. 데이터베이스의 오른쪽 '**+**'를 두 번 클릭하여 2개의 열을 추가합니다. 데이터베이스는 다음과 같이 구성합니다.

위치	이름	속성	사용방법
1번째	이름	제목	클리핑한 웹 페이지의 이름을 입력합니다.
2번째	날짜	생성일시	클리핑한 날짜를 자동으로 생성합니다.
3번째	사용 목적	다중 선택	클리핑한 웹 페이지를 활용하려는 목적을 기록합니다. 예) 자료조사, 사례, 데이터, 참고 등
4번째	URL	URL	클리핑한 웹 페이지의 URL을 자동으로 저장합니다.

인박스 데이터베이스 설정을 완료한 다음 클리핑한 페이지가 인박스 데이터베이스에 저장되는지 테스트해보겠습니다. Chrome 웹 스토어의 노션 웹 클리퍼 페이지에서 노션 웹 클리퍼를 클릭합니다. 클리핑 옵션 창에서 웹 페이지의 이름인 'Notion Web Clipper – Chrome 웹 스토어'라고 자동으로 입력됩니다. 이름은 자유롭게 바꿀 수 있습니다. 옵션 창에서 워크스페이스는 인박스 데이터베이스가 있는 인박스 워크스페이스를 선택합니다. Add to를 클릭하고 인박스 데이터베이스를 선택합니다. 옵션 설정이 끝난 뒤에 '완료'를 클릭하면 인박스 데이터베이스로 클리핑한 웹 페이지가 저장됩니다. 인박스 데이터베이스로 이동하여 웹 페이지가 제대로 저장됐는지 확인합니다. 확인 후에 웹 페이지의 사용 목적 열에서 웹 페이지를 활용하려면 목적을 '참고'로 선택합니다. 그러면 웹 클리핑이 완료됩니다.

부록 A.22 인박스 데이터베이스에 클리핑 된 웹 페이지

인박스 데이터베이스에 클리핑한 웹 페이지가 쌓여가는 것에 만족하면 안 됩니다. 웹 페이지의 사용 목적을 정리하고, 업무에 어떻게 활용할 수 있을지 고민하고 정리해야 합니다. 인박스 데이터베이스에 쌓인 웹 페이지는 나를 성장하게 할 수 있는 중요한 자산입니다. 인박스 데이터베이스 관리에 소홀하지 말고 정기적으로 관리해보세요.

A.9. 실수를 되돌리는 히스토리 & 페이지 복구하기

노션은 클라우드 기반의 프로그램으로 노션에서 작업하는 모든 내용이 자동으로 저장됩니다. 자동 저장되므로 여러 버전으로 문서를 저장하면서 작업할 수 없다는 단점도 있지만, 노션은 이전 작업 기록을 제공하고 필요에 따라서 이전 작업 내용을 복구할 수 있는 서비스를 제공하고 있습니다. 실수로 데이터베이스나 페이지를 삭제한 경우에 복구하는 방법을 살펴보겠습니다.

우선 삭제한 페이지나 수정한 내용을 복구하려면 유료 요금제를 사용해야 합니다. 개인 무료 요금제에서는 페이지 복구 기능이 제공되지 않습니다. 개인 프로나 팀 요금제는 수정하거나 삭제한 지 30일 이내의 페이지와 데이터베이스라면 복구할 수 있습니다. 기업 요금제는 무제한으로 페이지를 복구할 수 있습니다. 페이지 복구 서비스를 이용하고 싶다면 유료 요금제로 전환하세요.

페이지를 복구하는 방법을 살펴보겠습니다.

1. 삭제나 수정을 복구하고자 하는 페이지로 이동합니다.

2. 오른쪽 상단의 …를 클릭하면 메뉴가 나옵니다. 메뉴에서 페이지 기록을 클릭하면 페이지 기록 창이 열립니다.

3. 페이지 기록창의 오른쪽 사이드바에 수정한 날짜가 표시되고, 왼쪽 페이지에는 해당 날짜의 최종 작업물이 표시됩니다. 해당 날짜의 페이지를 복구하고 싶으면 하단에 있는 '**버전 복원**'을 클릭합니다. 그러면 현재 페이지가 이전 버전으로 복구 됩니다.

부록 A.23 메뉴에서 페이지 기록 클릭하기

부록 A.24 페이지 기록 옵션 창

페이지나 데이터베이스를 복구하더라도, 내가 원하는 정확한 시점으로 복구되지 않을 수 있습니다. 또한, 복구하려는 페이지를 쉽게 찾지 못하거나, 30일이 지나서 복구하지 못하는 경우가 발생할 수 있습니다. 이런 경우를 대비해서 백업 페이지나 백업 데이터베이스를 만들어야 합니다. 페이지 기록 기능을 너무 신뢰하지 말고, 정기적인 백업을 하여 데이터나 자료를 관리하세요.

자동계산을
할 수 있는 수식

노션의 데이터베이스는 엑셀처럼 함수 기능을 사용할 수 있습니다. '**수식**' 속성이 익숙하지 않고 어렵게 느껴질 수 있습니다. 하지만 함수를 조금만 사용해도 노션의 활용도가 급격히 상승합니다. 어렵다고 포기하지 말고 기본적인 함수를 배워서 활용해 보세요. 그럼, 수식의 기본 사용법부터 배워보겠습니다.

수식 속성에 있는 빈칸을 클릭하면 옵션 창이 열립니다. 수식 옵션 창은 세 부분으로 구성돼 있습니다. 상단에는 수식을 입력하는 창이 있고 왼쪽 하단에는 속성과 상수를 보여주는 창이 있고 오른쪽 하단에는 상수의 구문과 예시를 보여주는 창이 있습니다. 수식 옵션 창 사용법은 다음과 같습니다.

01. 수식을 입력할 때 데이터베이스의 열은 prop("이름")의 형태로 입력해야 합니다.

02. 수식을 문법에 맞게 입력하면 오른쪽 상단에 있는 '**완료**' 버튼이 진하게 표시됩니다. 문법이 안 맞으면 색깔이 연한 색으로 변경됩니다.

03. 수식에 오류가 있으면 옵션 창 하단에 오류 원인이 나타납니다.

04. 수식 입력을 완료했으면 **완료** 버튼을 클릭하거나 Ctrl + Enter를 눌러 결과를 확인합니다.

부록 B.1 '수식' 속성과 옵션 창

B.1. 상수

수식의 종류에 대해서 알아보겠습니다. 노션에서 사용할 수 있는 수식은 크게 3가지입니다. 첫째는 상수, 둘째는 연산자, 셋째는 함수입니다.

첫째, 상수의 기능을 살펴보겠습니다.

01. e는 초월수라 불리며 무리수 2.718281828459…가 표시됩니다.

　　수식 입력 방법: e

02. pi는 원주율이며 무리수 3.14159265359……가 표시됩니다.

　　수식 입력 방법: pi

03. true는 수식의 결과가 참이면 체크가 된 체크박스가 표시됩니다.

　　수식 입력 방법: true

04. false는 수식의 결과가 거짓이면 체크가 해제된 체크박스가 표시됩니다.

　　수식 입력 방법: false

부록 B.2 상수 수식

B.2. 연산자

연산자에는 논리 연산자, 숫자 연산자, 조건 연산자가 있습니다. 하나씩 살펴보겠습니다.

B.2.1. 논리 연산자

01. if는 조건이 참인지 거짓인지 구분해주는 함수입니다.

수식 입력 방법: if(prop("첫 번째 열") == 1, true, false)

부록 B.3 if: 첫 번째 열이 숫자 1이면 체크박스 아니면 빈 박스

B.2.2. 숫자 연산자

01. add는 데이터베이스의 열에 다른 열을 더해주는 함수입니다. 두 열이 '숫자' 속성일 때는 더하기 기능을 하고 '텍스트' 속성일 때 텍스트를 붙여주는 역할을 합니다.

수식 입력 방법: add(prop("첫 번째 열"), prop("두 번째 열"))

부록 B.4 add: 첫 번째 열의 '텍스트'와 두 번째 열 '텍스트' 더하기

02. subtract는 데이터베이스의 숫자 열에서 다른 숫자 열을 빼주는 함수입니다.

수식 입력 방법: subtract(prop("첫 번째 열"), prop("두 번째 열"))

부록 B.5 subtract: 첫 번째 열에서 두 번째 열 빼기

03. `multiply`는 데이터베이스의 숫자 열을 다른 숫자 열과 곱해주는 함수입니다.

    수식 입력 방법: `multiply(prop("첫 번째 열"), prop("두 번째 열"))`

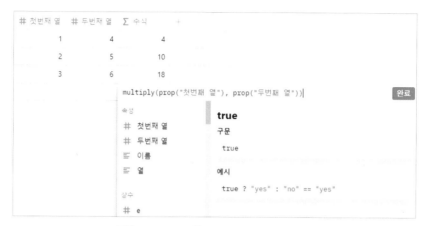

부록 B.6 multiply: 첫 번째 열과 두 번째 열 곱하기

04. `divide`는 데이터베이스의 숫자 열을 다른 숫자 열로 나누어주는 함수입니다.

    수식 입력 방법: `divide(prop("첫 번째 열"), prop("두 번째 열"))`

부록 B.7 divide: 첫 번째 열을 두 번째 열로 나누기

05. pow는 데이터베이스의 숫자 열을 다른 숫자 열로 거듭제곱하는 함수입니다.

수식 입력 방법: pow(prop("첫 번째 열"), prop("두 번째 열"))

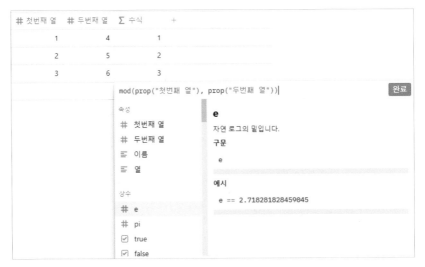

부록 B.8 pow: 첫 번째 열을 두 번째 열로 거듭제곱하기

06. mod는 데이터베이스의 숫자 열을 다른 숫자 열로 나눈 나머지를 반환하는 함수입니다.

수식 입력 방법: mod(prop("첫 번째 열"), prop("두 번째 열"))

부록 B.9 mod: 첫 번째 열을 두 번째 열로 나눈 후 나머지를 반환한 값

07. unaryMinus는 수식의 결과가 양수이면 음수로 바꾸고 음수이면 양수로 바꾸는 함수입니다.

수식 입력 방법: unaryMinus(prop("첫 번째 열"))

부록 B.10 unaryMinus: 첫 번째 열의 양수를 음수로, 음수를 양수로 바꾸기

08. unaryPlus는 수식의 결과가 숫자인 경우는 그대로 출력하고, 참 · 거짓인 경우는 참이면 1로 출력하고 거짓이면 0으로 출력합니다.

수식 입력 방법: unaryPlus(prop("첫 번째 열"))

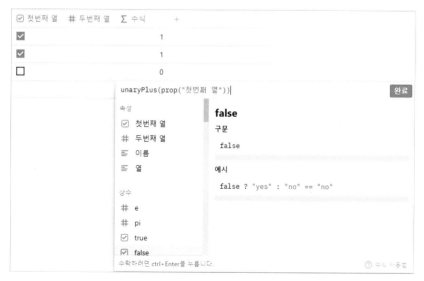

부록 B.11 unaryPlus: 첫 번째 열이 true이면 1, false이면 0으로 출력하기

B.2.3. 조건 연산자

01. not은 체크박스의 결과를 반대로 출력하는 함수입니다. 체크가 완료된 체크박스는 해제하고 해제된 체크박스는 체크 완료 체크박스로 출력합니다.

수식 입력 방법: not(prop("첫 번째 열"))

부록 B.12 not: true이면 false, false는 true로 출력하기

02. and는 데이터베이스의 두 열이 모두 참인 조건일 때 체크가 완료된 체크박스를 출력합니다.

수식 입력 방법: prop("첫 번째 열") and prop("두 번째 열")

부록 B.13 and: 첫 번째 열과 두 번째 열이 참이면 true로 출력

03. or는 데이터베이스의 두 열 중에 하나만 참이어도 체크가 완료된 체크박스를 출력합니다.

수식 입력 방법: or(prop("첫 번째 열"), prop("두 번째 열"))

부록 B.14 or: 첫 번째 열과 두 번째 열 중에서 하나만 참이어도 true 출력

04. equal은 데이터베이스의 두 열이 같을 때 체크가 완료된 체크박스를 출력합니다.

수식 입력 방법: equal(prop("첫 번째 열"), prop("두 번째 열"))

부록 B.15 equal: 두 열이 같으면 true 출력

05. unequal은 데이터베이스의 두 열이 서로 다를 때 체크가 완료된 체크박스를 출력합니다.

수식 입력 방법: unequal(prop("첫 번째 열"), prop("두 번째 열"))

부록 B.16 unequal: 두 열이 서로 다를 때 true 출력

06. larger는 데이터베이스의 첫 번째 열이 두 번째 열보다 값이 클 때 체크가 완료된 체크박스를 출력합니다.

수식 입력 방법: larger(prop("첫 번째 열"), prop("두 번째 열"))

부록 B.17 larger: 첫 번째 열이 두 번째 열보다 크면 true 출력

07. largerEq는 데이터베이스의 첫 번째 열이 두 번째 열보다 값이 크거나 같을 때 체크가 완료된 체크박스를 출력합니다.

수식 입력 방법: largerEq(prop("첫 번째 열"), prop("두 번째 열"))

부록 B.18 largerEq: 첫 번째 열이 두 번째 열보다 크거나 같으면 true 출력

08. smaller는 데이터베이스의 첫 번째 열이 두 번째 열보다 값이 작을 때 체크가 완료된 체크박스를 출력합니다.

수식 입력 방법: smaller(prop("첫 번째 열"), prop("두 번째 열"))

부록 B.19 smaller: 첫 번째 열이 두 번째 열보다 작으면 true 출력

09. smallerEq는 데이터베이스의 첫 번째 열이 두 번째 열보다 값이 작거나 같을 때 체크가 완료된 체크박스를 출력합니다.

수식 입력 방법: smallerEq(prop("첫 번째 열"), prop("두 번째 열"))

부록 B.20 smallerEq: 첫 번째 열이 두 번째 열보다 작거나 같으면 true 출력

B.3. 함수

함수는 엑셀의 수식 기능과 비슷합니다. 글자를 합치거나 다른 단어로 변경하거나 날짜 계산를 계산하는 등의 다양한 결과물을 만들어냅니다. 이번 절에서는 다양한 함수의 기능을 살펴보겠습니다.

B.3.1. 문자열 함수

01. concat은 데이터베이스의 두 열의 텍스트를 합쳐서 출력합니다.

수식 입력 방법: concat(prop("첫 번째 열"), prop("두 번째 열"))

부록 B.21 concat: 첫 번째 열과 두 번째 열 합치기

02. join은 데이터베이스의 첫 번째 열과 두 번째 열 사이에 텍스트를 추가해 출력합니다.

수식 입력 방법: join("과", prop("첫 번째 열"), prop("두 번째 열"))

부록 B.22 join: 첫 번째 열과 두 번째 열 사이에 "과" 추가하여 출력

03. slice는 텍스트의 일부분을 출력합니다. slice(text, number)는 text에서 number로 지정한 곳부터 끝까지 출력합니다. slice(text, number1, number2)는 텍스트에서 number1부터 number2에 해당하는 곳까지 출력합니다.

수식 입력 방법: slice(prop("첫 번째 열"), 1)

부록 B.23 slice: 첫 번째 열의 첫 번째 글자 삭제하기

04. length는 데이터베이스의 열에 있는 텍스트의 길이(글자 수)를 세는 함수입니다. 숫자, 알파벳, 빈 공간까지 모두 셀 수 있습니다.

수식 입력 방법: length(prop("첫 번째 열"))

부록 B.24 length: 첫 번째 열 글자 수 세기

05. format은 데이터베이스 열의 속성을 모두 텍스트로 바꾸는 함수입니다. 숫자나 날짜를 텍스트로 바꿀 때 사용합니다.

수식 입력 방법: format(prop("첫 번째 열"))

부록 B.25 format: 숫자를 텍스트로 전환하기

06. contains는 데이터베이스 두 번째 열의 텍스트가 첫 번째 열에 포함되면 체크가 완료된 체크박스를 출력합니다.

수식 입력 방법: contains(prop("첫 번째 열"), prop("두 번째 열"))

부록 B.26 contains: 두 번째 열이 첫 번째 열을 포함하면 true 출력

07. replace는 데이터베이스의 열과 일치하는 한 가지 항목을 찾아서 새로운 결과물로 출력합니다.

수식 입력 방법: replace(prop("첫 번째 열"), "선택", "첫 번째 열과 일치")

부록 B.27 replace: 첫 번째 열과 일치하는 항목은 '첫 번째 열과 일치'로 출력

08. replaceAll은 데이터베이스의 첫 번째 열과 두 번째 열의 일치하는 모든 항목을 찾아서 새로운 결과물로 출력합니다.

　　수식 입력 방법: replaceAll(prop("첫 번째 열"), prop("두 번째 열"), "일치")

<table>
<tr><td>☰ 첫번째 열</td><td>☰ 두번째 열</td><td>∑ 수식</td><td>＋</td></tr>
<tr><td>선택</td><td>다중선택</td><td>선택</td><td></td></tr>
<tr><td>관계형</td><td>롤업</td><td>관계형</td><td></td></tr>
<tr><td>날짜와 선택</td><td>날짜</td><td>일치와 선택</td><td></td></tr>
</table>

replaceAll(prop("첫번째 열"), prop("두번째 열"), "일치")|　　完료

속성
☰ 첫번째 열
☰ 두번째 열
☰ 이름
☰ 열

상수
e
pi
☑ true

e
자연 로그의 밑입니다.
구문
e
예시
e == 2.718281828459045

부록 B.28 replaceAll: 첫 번째 열에서 '선택'이 들어가는 모든 항목에 '일치' 출력

09. test는 데이터베이스의 첫 번째 열에 일치하는 항목이 있으면 체크가 완료된 체크박스를 출력합니다.

　　수식 입력 방법: test(prop("첫 번째 열"), "선택")

<table>
<tr><td>☰ 첫번째 열</td><td>☰ 두번째 열</td><td>∑ 수식</td><td>＋</td></tr>
<tr><td>선택</td><td>다중선택</td><td>☑</td><td></td></tr>
<tr><td>관계형</td><td>롤업</td><td>☐</td><td></td></tr>
<tr><td>날짜와 선택</td><td>날짜</td><td>☑</td><td></td></tr>
</table>

test(prop("첫번째 열"), "선택")|　　完료

속성
☰ 첫번째 열
☰ 두번째 열
☰ 이름
☰ 열

상수
e
pi
☑ true
☑ false

e
자연 로그의 밑입니다.
구문
e
예시
e == 2.718281828459045

부록 B.29 test: 첫 번째 열에 '선택'이 있으면 체크박스로 출력

B.3.2. 날짜 함수

01. date: 데이터베이스의 날짜 속성을 일자로 출력합니다.

　　　수식 입력 방법: date(prop("첫 번째 열"))

부록 B.30 date: 첫 번째 열의 날짜를 숫자로 출력

02. dateAdd는 데이터베이스의 날짜 속성에서 지정한 날짜를 더한 날짜를 출력합니다.

　　　수식 입력 방법: dateAdd(prop("첫 번째 열"), 1, "months")

– 단위 명령어

Years	quarters	months	weeks	days	minutes	seconds	Milliseconds
년	분기	월	주	일	분	초	밀리초

부록 B.31 dateAdd: 첫 번째 열의 날짜에서 한 달 후로 출력하기

03. dateBetween: 날짜 속성을 가진 두 데이터베이스의 시간을 출력하는 함수입니다.

수식 입력 방법: dateBetween(prop("첫 번째 열"), prop("두 번째 열"), "days")

부록 B.32 dateBetween: 첫 번째 열과 두 번째 열의 날짜 차이를 계산하여 출력

04. dateSubtract는 데이터베이스의 날짜 속성에서 지정한 날짜를 뺀 날짜를 출력합니다.

수식 입력 방법: dateSubtract(prop("첫 번째 열"), 1, "months")

부록 B.33 dateSubtract: 첫 번째 열의 날짜에서 한 달 전으로 출력하기

05. year: 데이터베이스의 날짜 속성을 연도로 출력합니다.

수식 입력 방법: year(prop("첫 번째 열"))

부록 B.34 year: 첫 번째 열의 년도를 숫자로 출력

06. month: 데이터베이스의 날짜 속성을 0(1월)부터 11(12월)까지 달로 출력합니다.

수식 입력 방법: month(prop("첫 번째 열"))

부록 B.35 month: 첫 번째 열의 월을 숫자로 출력

07. day: 데이터베이스의 날짜 속성을 요일로 출력합니다. 요일 출력값은 일요일을 0으로 시작하여 토요일의 출력값은 6입니다.

수식 입력 방법: day(prop("첫 번째 열"))

부록 B.36 day: 첫 번째 열의 요일을 숫자로 출력

08. hour: 현재 시간의 '시'를 출력합니다.

수식 입력 방법: hour(prop("첫 번째 열"))

부록 B.37 hour: 현재의 시간을 출력

09. minute: 현재 시간의 '분'을 출력합니다.

수식 입력 방법: minute(prop("첫 번째 열"))

부록 B.38 minute: 현재의 분을 출력

10. now는 현재 날짜와 시간을 출력하는 함수입니다.

수식 입력 방법: now( )

부록 B.39 now(): 오늘의 날짜와 시간을 출력

11. start는 데이터베이스의 날짜 속성에서 시작일을 출력하는 함수입니다.

수식 입력 방법: start(prop("첫 번째 열"))

부록 B.40 start: 첫 번째 열의 시작일을 출력

12. end는 데이터베이스의 날짜 속성에서 종료일을 출력하는 함수입니다.

수식 입력 방법: end(prop("첫 번째 열"))

부록 B.41 end: 첫 번째 열의 종료일을 출력

13. formatDate: 시간 형식의 텍스트를 입력하여 날짜 형식을 출력하는 함수입니다.

수식 입력 방법: formatDate(prop("첫 번째 열"),"dddd, MMMM, YYYY")

– 날짜 형식

연(Y)	월(M)	일(D)	시(H)	분(M)
YYYY, YY	MMMM, MM	dddd, ddd	hh, h	mm, m

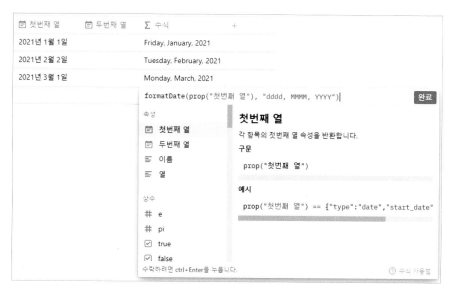

부록 B.42 formatDate: 날짜를 텍스트로 출력

14. `timestamp`는 데이터베이스의 날짜 속성의 날짜를 밀리초로 출력하는 함수입니다.

수식 입력 방법: `timestamp(prop("첫 번째 열"))`

부록 B.43 timestamp: 날짜를 밀리초로 출력

15. fromTimestamp: 밀리초를 날짜로 변환하여 출력하는 함수입니다.

수식 입력 방법: fromTimestamp(prop("첫 번째 열"))

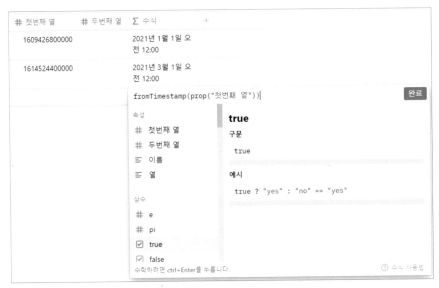

부록 B.44 fromTimestamp: 밀리초를 날짜로 출력

B.3.3. 수학 함수

01. abs는 데이터베이스의 숫자 속성의 열을 절댓값으로 출력합니다.

수식 입력 방법: abs(prop("첫 번째 열"))

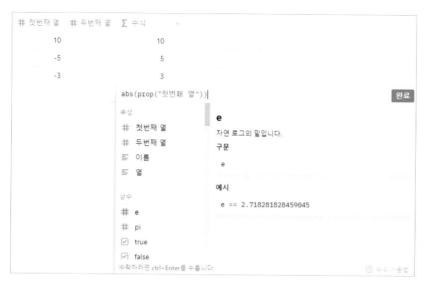

부록 B.45 abs: 첫 번째 열의 숫자를 절댓값으로 출력

02. cbrt는 데이터베이스의 열의 세제곱근을 출력합니다.

수식 입력 방법: cbrt(prop("첫 번째 열"))

부록 B.46 cbrt: 첫 번째 열의 세제곱근 출력

03. ceil은 데이터베이스의 숫자 속성의 열을 올림하여 출력합니다.

수식 입력 방법: ceil(prop("첫 번째 열"))

부록 B.47 ceil: 첫 번째 열의 숫자를 올림하여 출력

04. exp는 오일러의 상수를 데이터베이스의 열에 있는 숫자만큼 거듭제곱하여 출력합니다.

수식 입력 방법: exp(prop("첫 번째 열"))

부록 B.48 exp: 첫 번째 열의 숫자를 오일러 상수의 거듭제곱으로 출력

05. floor는 데이터베이스의 숫자 속성의 열을 내림하여 출력합니다.

수식 입력 방법: floor(prop("첫 번째 열"))

부록 B.49 floor: 첫 번째 열의 숫자를 내림하여 출력

06. ln은 데이터베이스의 숫자 속성의 열을 자연로그로 출력합니다.

수식 입력 방법: ln(prop("첫 번째 열"))

부록 B.50 ln: 첫 번째 열의 숫자를 자연로그로 출력

07. log2는 데이터베이스의 숫자 속성의 열을 밑이 2인 로그로 출력합니다.

   수식 입력 방법: log2(prop("첫 번째 열"))

부록 B.51 log2: 첫 번째 열의 숫자를 밑이 2인 로그로 출력

08. log10은 데이터베이스의 숫자 속성의 열을 밑이 10인 로그로 출력합니다.

   수식 입력 방법: log10(prop("첫 번째 열"))

부록 B.52 log10: 첫 번째 열의 숫자를 밑이 10인 로그로 출력

09. max는 주어진 숫자 중에서 가장 큰 값을 출력합니다.

수식 입력 방법: max(prop("첫 번째 열"), prop("두 번째 열"))

부록 B.53 max: 첫 번째 열과 두 번째 열 중에서 가장 큰 값을 출력

10. min은 주어진 숫자 중에서 가장 작은 값을 출력합니다.

수식 입력 방법: min(prop("첫 번째 열"), prop("두 번째 열"))

부록 B.54 min: 첫 번째 열과 두 번째 열 중에서 가장 작은 값을 출력

11. round는 데이터베이스의 숫자 속성의 열에서 숫자를 반올림해 출력합니다.

수식 입력 방법: round(prop("첫 번째 열"))

부록 B.55 round: 첫 번째 열의 숫자를 반올림해 출력

12. sign은 데이터베이스의 숫자 속성의 열에서 숫자가 양수일 때는 1, 음수일 때는 –1, 0일 때는 0을 출력하는 함수입니다.

수식 입력 방법: sign(prop("첫 번째 열"))

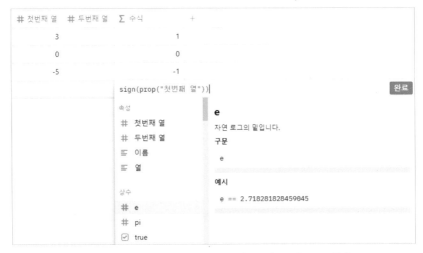

부록 B.56 sign: 첫 번째 열이 양수이면 1, 음수이면 –1, 0은 0으로 출력

13. sqrt는 데이터베이스의 숫자 속성의 열에서 숫자를 제곱근으로 출력하는 함수입니다.

수식 입력 방법: sqrt(prop("첫 번째 열"))

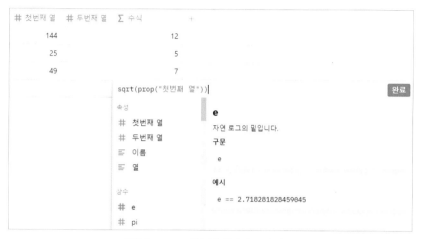

부록 B.57 sqrt: 첫 번째 열의 제곱근을 출력

14. toNumber: 데이터베이스 열의 속성을 모두 숫자로 바꾸는 함수입니다. toNumber 함수를 사용하면 텍스트는 사라지고 숫자만 출력됩니다.

수식 입력 방법: toNumber(prop("첫 번째 열"))

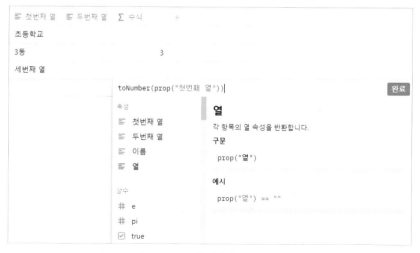

부록 B.58 toNumber: 첫 번째 열에서 숫자만 출력하기

B.3.4. 기타 함수

01. empty는 데이터베이스의 첫 번째 열이 빈칸이면 체크가 완료된 체크박스를 출력합니다.

수식 입력 방법: empty(prop("첫 번째 열"))

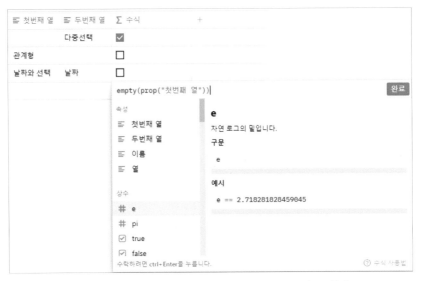

부록 B.59 empty: 첫 번째 열이 빈칸이면 체크 완료된 체크박스로 출력

B.4. 데이터베이스에서 수식 속성으로 다양한 계산식 만들기

수식은 노션의 속성을 활용하여 자동으로 계산하는 기능입니다. 수식 속성을 사용해 사칙연산, D-day, 날짜 계산 등을 할 수 있고, 자동 계산식을 만들 수 있습니다. 이와 같이 수식은 템플릿의 기능을 풍족하게 만들어줍니다.

하지만 수식에 익숙하지 않은 사용자에게는 수식 속성을 사용하는 것이 쉬운 문제는 아닙니다. 수식에 사용하는 용어를 배웠다고 해서 수식을 자유자재로 사용할 수는 없습니다. 따라서, 이번 단원에서는 템플릿에서 많이 사용하는 숫자 계산, D-day 만들기, 조건절 체크박스 수식을 만드는 연습을 해보겠습니다.

B.4.1. 사칙연산 수식

데이터베이스에 두 개 이상의 '숫자' 속성을 사용하면 '수식' 속성을 사용하여 두 개의 속성을 덧셈, 뺄셈, 곱셈, 나눗셈을 할 수 있습니다. 수식을 사용해 엑셀의 스프레드시트와 같이 자동으로 계산하는 것입니다. 예를 들면, 단가와 수량을 곱해서 공급가를 계산할 수 있습니다. 주의할 점으로 노션은 특정한 셀만 지정해 계산할 수 없고 복잡한 계산식을 만들기는 어렵습니다. 그럼, 사칙연산 수식을 살펴보겠습니다.

01. 두 개의 숫자 속성 데이터베이스를 사칙연산으로 계산하는 방법은 다음과 같습니다.

> 덧셈: prop("첫 번째 열") + prop("두 번째 열")
> 뺄셈: prop("첫 번째 열") - prop("두 번째 열")
> 곱셈: prop("첫 번째 열") * prop("두 번째 열")
> 나눗셈: prop("첫 번째 열") / prop("두 번째 열")

02. 위의 나눗셈의 경우, 1/3은 0.33333333……의 무한소수로 출력됩니다. 무한소수가 필요하지 않으니 반올림 함수인 round를 사용해 소수점 자리수를 1~2자리만 출력되게 설정해보겠습니다. 수식 옵션 창에 아래의 수식을 입력합니다.

> 소수점 한 자리: round(prop("첫 번째 열") / prop("두 번째 열") * 10) / 10
> 소수점 두 자리: round(prop("첫 번째 열") / prop("두 번째 열") * 100) / 100

03. 위의 경우처럼 1/3을 퍼센트로 변경하면 퍼센트가 무한소수로 출력됩니다. 반올림 round 수식을 활용해 소수점 한 자리까지만 출력해보겠습니다. 우선, 수식 속성 열의 숫자 옵션을 '%'로 변경합니다.

부록 B.60 숫자 옵션을 '%'로 변경하기

04. 아래의 수식을 입력합니다. 그러면 퍼센트도 소수점 한 자리까지만 출력됩니다.

소수점 한 자리: round(prop("첫 번째 열") / prop("두 번째 열") * 1000) / 1000

부록 B.61 퍼센트 소수점 한 자리까지 출력

B.4.2. 날짜 계산 수식

수식을 사용하면 날짜를 계산할 수 있습니다. 데이터의 시작일과 종료일을 계산해서 며칠이 남았는지 계산합니다. 업무나 기념일 등이 며칠 남았는지 계산하는 데 유용합니다. 날짜 계산 수식을 만들려면 두 가지 조건이 필요합니다. 첫째는 데이터베이스에 한 개 이상의 '날짜' 속성이 필요합니다. '날짜' 속성이 없으면 날짜를 계산할 수 없습니다. 둘째는 시작일과 종료일이 있어야 합니다. 시작일이 있는데 종료일이 없다면 계산 자체가 불가능합니다.

날짜 속성을 활용하여 D-day를 만들어 보겠습니다. D-day는 두 가지 방법으로 만들 수 있습니다. 첫째는 한 개의 '날짜' 속성에서 시작일과 종료일을 설정하는 방법입니다. '날짜' 속성 옵션에서 종료일을 켜기로 하여 데이터의 기간을 정하는 방법입니다. 둘째는 두 개의 날짜 속성을 만들어서 시작일과 종료일을 따로 설정하는 방법입니다. 시작일과 종료일을 다른 '날짜' 속성에서 정하는 방법입니다.

첫째 방법부터 먼저 소개하겠습니다. '날짜' 속성에 시작일과 종료일을 설정했으면 D-day 계산식은 다음과 같습니다.

수식: ceil(dateBetween(end(prop("날짜")), now(), "hours") / 24)

위의 수식은 '날짜' 속성에서 오늘부터 종료일까지 며칠이 남았는지를 계산합니다. 내용을 풀어 보면 다음과 같습니다.

ceil: 숫자를 정수로 반환합니다.

datebetween: 시작일과 종료일의 두 날짜 차이를 계산합니다.

end(prop("날짜")), now(), "hours") / 24: 오늘부터 종료일까지의 날짜를 계산합니다.

수식을 적용하면 2020년 12월 11일(집필일 기준으로 오늘)을 기준으로 12월 15일까지 4일이 남았다고 출력됩니다.

부록 B.62 한 개의 '날짜' 속성에 시작일과 종료일을 설정한 경우 D-day 계산

둘째 방법으로, 시작일과 종료일이 다른 날짜 속성에 있는 D-day 계산식은 아래와 같습니다.

수식: ceil(dateBetween(prop("종료일"), now(), "hours") / 24)

ceil: 숫자를 정수로 반환합니다.

datebetween: 시작일과 종료일의 두 날짜 차이를 계산합니다.

prop("종료일"), now(), "hours") / 24: 오늘부터 종료일까지 날짜를 계산합니다.

수식을 적용하면 2020년 12월 11일(집필일 기준으로 오늘)을 기준으로 12월 15일까지 4일이 남았다고 출력됩니다.

부록 B.63 시작일과 종료일 다른 날짜 속성의 D-day

D-day 계산식에서 주의해야 할 두 가지가 있습니다. 첫째는 D-day를 계산할 때 시작일은 중요하지 않습니다. 종료일을 기준으로 오늘부터 며칠이 남았는지를 계산하는 것입니다. 둘째는 날짜 계산을 'days'로 할 경우 오류가 발생할 수 있습니다. 예를 들어, D-day가 내일이지만 숫자는 0으로 표시될 수 있습니다. 따라서 날짜를 시간으로 계산해야 더 정확한 날짜를 계산할 수 있습니다.

수식에서는 숫자와 텍스트를 함께 사용할 수 있습니다. D-day가 당일이면 '당일'과 D-day가 'n일 남음'을 출력하는 수식을 만들어 보겠습니다. 이 수식은 '날짜' 속성이 두 개일 때 사용할 수 있습니다.

```
수식: if(empty(prop("종료일")), "대기", if(ceil(dateBetween(prop("종료일"), now(),
"hours") / 24) == 0, "당일", if(prop("종료일") < now(), format(abs(ceil(dateBetween(p
rop("종료일"), now(), "hours") / 24))) + "일 지남", if(prop("종료일") > now(), format
(abs(ceil(dateBetween(prop("종료일"), now(), "hours") / 24))) + "일 남음", "")))))
```

if(empty(prop("종료일")), **"대기"**: 종료일이 비어있으면 '대기'라고 출력

if(ceil(dateBetween(prop("종료일"), now(), "hours") / 24) == 0, **"당일"**: 당일이 D-day이면 '당일'로 출력

if(prop("종료일") < now(), format(abs(ceil(dateBetween(prop("종료일"), now(), "hours") / 24))) + **"일 지남"**: D-day가 종료일보다 과거이면 'n일 지남'으로 출력

if(prop("종료일") > now(), format(abs(ceil(dateBetween(prop("종료일"), now(), "hours") / 24))) + **"일 남음"**, "")))): D-day가 종료일보다 미래이면 'n일 남음'으로 출력

D-day에서 텍스트 문구를 변경하고 싶으면 위의 수식 중에서 볼드체로 된 텍스트를 변경해보세요.

부록 B.64 D-day에서 숫자와 텍스트 같이 사용하기

B.4.3. 조건절 자동 계산 수식

수식은 사칙연산, 날짜 계산 외에도 데이터베이스의 속성값에 따라 자동 계산식을 만들 수 있습니다. 매입 매출 관리 대장을 예를 들어 설명해보겠습니다. **'선택'** 속성 열에서 '매입'을 선택하면 '매입액' 속성 열에서 계산이 되고, '매출'을 선택하면 '매출'에 속성이 계산되게 수식을 만들어보겠습니다.

01. '/표 보기'를 입력하고 데이터베이스를 만듭니다. 데이터베이스의 오른쪽 기존 데이터베이스 선택 옵션 창에서 '매출매입장부'를 입력하고 하단에 '**+ 새 데이터베이스: 매출매입장부**'를 클릭합니다. 데이터베이스의 오른쪽 '**+**'를 6번 클릭하여 6개의 열을 추가합니다. 표는 다음과 같이 구성합니다.

열 이름	이름	구분	수량	단가	공급가액	세액	매입액	매출액
속성	텍스트	선택	숫자	숫자	수식	수식	수식	수식
예시	노트	매입	100	1,000				
예시	볼펜	매출	100	500				

02. 공급가액은 수량과 단가를 곱한 값입니다. 세액은 공급가액에 0.1을 곱한 값입니다. 공급가액과 세액의 수식은 아래와 같이 입력합니다.

공급가액: prop("수량") * prop("단가")
세액: prop("공급가액") * 0.1

03. '구분' 열이 매입이면 '매입액' 열에 매입액만 계산되는 수식을 만들어보겠습니다.

if(prop("구분") == "매입", prop("공급가액") + prop("세액"), 0)
- if(prop("구분") == "매입": 만약 '구분' 열이 '매입'이면
- prop("공급가액") + prop("세액"): (조건1) 공급가액과 세액을 덧셈
- 0): (조건2) '매입'이 아니면 숫자 0으로 출력

04. '구분' 열이 매출이면 '매출액' 열에 매출액만 계산되는 수식을 만들어보겠습니다.

if(prop("구분") == "매출", prop("공급가액") + prop("세액"), 0)
- if(prop("구분") == "매출": 만약 '구분' 열이 '매출'이면
- prop("공급가액") + prop("세액"): (조건1) 공급가액과 세액을 덧셈
- 0): (조건2) '매출'이 아니면 숫자 0으로 출력

수식으로 사칙연산과 날짜 계산, 조건절 계산을 하는 방법을 알아보았습니다. 수식을 배우고 활용하는 것이 어렵기는 하지만 조금씩 공부해서 활용하면 더 실용적인 템플릿을 만들 수 있습니다. 위에서 공부한 수식을 템플릿에 적용해보세요.